DIRK W. OETTING

Das Beschwerderecht des Soldaten

Schriften zum Öffentlichen Recht

Band 35

Das Beschwerderecht
des Soldaten

Von

Dr. jur. Dirk W. Oetting

DUNKER & HUMBLOT / BERLIN

Alle Rechte vorbehalten
© 1966 Duncker & Humblot, Berlin 41
Gedruckt 1966 bei Buchdruckerei Bruno Luck, Berlin 65
Printed in Germany

Vorwort

Das militärische Beschwerderecht — wie überhaupt das Wehrrecht — hat die Aufmerksamkeit der Wissenschaft bisher nur in verhältnismäßig geringem Maße auf sich zu lenken vermocht. Die Bedeutung, die dem Rechtsschutz des Soldaten unter dem Leitbild des Staatsbürgers in Uniform heute zukommt, rechtfertigt jedoch eine eingehende Untersuchung. Die vorliegende Arbeit soll diese Untersuchung in Form einer kritischen Darstellung vornehmen.

Im wesentlichen werden dabei die Wehrbeschwerdeordnung, § 30 der Wehrdisziplinarordnung und § 7 des Gesetzes über den Wehrbeauftragten des Deutschen Bundestages berücksichtigt. Auf weitere Vorschriften wird insoweit eingegangen, als sie für den Rechtsschutz des im spezifisch militärischen Gewaltverhältnis stehenden Staatsbürgers von Bedeutung sind; erwähnt seien in diesem Zusammenhang die Art. 17, 17 a und 19 Abs. 4 des Grundgesetzes, das Gesetz über die Rechtsstellung des Soldaten und die Verwaltungsgerichtsordnung. Im übrigen enthält die Arbeit relativ ausführliche Hinweise auf die Geschichte des Beschwerderechts, auf seine Bewährung in der Praxis des militärischen Alltags sowie auf vergleichbare Regelungen für die Soldaten anderer Streitkräfte. Der Verfasser hofft, hierdurch zu einem besseren Verstehen der Problematik beizutragen, die sich aus dem Spannungsverhältnis zwischen den Notwendigkeiten soldatischer Disziplin einerseits und den Forderungen nach einem möglichst umfassenden Rechtsschutz auch für den Soldaten andererseits ergibt.

Die Untersuchungen über das Beschwerderecht des Soldaten wurden ursprünglich im Herbst 1965 der Juristischen Fakultät der Georg-August-Universität zu Göttingen als Dissertation vorgelegt; zu dieser Zeit noch nicht erschienene Literatur wurde bis zum April 1966 nachträglich eingearbeitet. Vermerkt sei noch, daß die Arbeit auf eine Anregung aus dem Bundesministerium der Verteidigung zurückgeht.

Der Verfasser möchte es nicht versäumen, an dieser Stelle seinem verehrten Lehrer Herrn Professor Dr. Werner Weber zu danken, der ihn als Doktoranden mit Rat und Hilfe in überaus freundlichem Entgegenkommen unterstützte. Ebenso möchte der Verfasser hier seinem Vater Dr. W. Oetting und seiner Großmutter I. Weyrauch-Kolbe dafür Dank sagen, daß sie ihm Studium und Promotion ermöglicht haben.

Berchtesgaden, Jägerkaserne, den 30. Mai 1966

Dirk W. Oetting

Inhaltsverzeichnis

Erster Abschnitt

Einleitender Überblick   11

1. *Kapitel:* Der Rechtsschutz und das Beschwerderecht im militärischen Gewaltverhältnis 11
   - I. Zur Aufgabenstellung 11
   - II. Wesen und Bedeutung des Beschwerderechts 13

Zweiter Abschnitt

Das Recht zur Beschwerde nach der Wehrbeschwerdeordnung   18

2. *Kapitel:* Die geschichtliche Entwicklung des Wehrbeschwerderechts 18
   - I. Entwicklung bis zu der Zeit der Aufstellung von stehenden Heeren 18
   - II. Entwicklung bis zu der Zeit der Aufstellung von Wehrpflichtigen-Heeren 23
   - III. Weitere Entwicklung bis zum Erlaß der Wehrbeschwerdeordnung .. 31
3. *Kapitel:* Die Grundprinzipien der Wehrbeschwerdeordnung 34
   - I. Eröffnung des Gerichtsweges 35
   - II. Grundsatz der Vereinheitlichung 37
   - III. Versuch einer Systematisierung der Einheitsbeschwerde 39
4. *Kapitel:* Die materiellen Voraussetzungen der Wehr- und Kameradenbeschwerde 45
   - I. Unrichtige Behandlung und Verletzung durch Pflichtverstöße von Kameraden 45
   - II. Zum Sonderfall der dienstlichen Beurteilung (§ 1 Abs. III WBO) .. 50
5. *Kapitel:* Die formellen Voraussetzungen 55
   - I. Verfahrensbeteiligte 56
     1. Beschwerdeführer 57
     2. Beschwerdebefugnis 62
     3. „Antragsgegner" 64
   - II. Form- und Fristbestimmungen 66
   - III. Zum Fehlen des Suspensiveffekts 69
6. *Kapitel:* Die Sondervorschriften über Vermittlung und Aussprache 70
   - I. Aussprache 70
   - II. Vermittlung 73

6 Inhaltsverzeichnis

7. Kapitel: Das militärinterne Beschwerdeverfahren 75
    I. Erstbeschwerde 75
        1. Entscheidungskompetenz 75
        2. Vorbereitung der Entscheidung 76
        3. Inhalt der Entscheidung 78
        4. Beschwerdebescheid 83
    II. Weitere Beschwerde 83
    III. Anrufung des Ministers 85
        1. Sprungbeschwerde 86
        2. Zur Problematik der Wahlklage 88
    IV. Beschwerden gegen unmittelbar vom Minister ausgehende Maßnahmen 91

8. Kapitel: Die Anrufung, das Verfahren und die Gerichtsqualität der Wehrdienstgerichte 92
    I. Antrag auf gerichtliche Entscheidung 93
        1. Verletzung der Rechte 93
        2. Anforderungen an die Rechtsverletzung 96
            a) Anforderungen als Voraussetzung der Zulässigkeit eines Antrages 96
            b) Zur Begründetheit des Antrages 100
    II. Verfahren und Besetzung der Wehrdienstgerichte 102
    III. Gerichtsqualität der Wehrdienstgerichte 105
        1. Kritik an der Besetzung und eigene Stellungnahme 105
        2. Kritik an dem Verfahren und eigene Stellungnahme 109
        3. Ergebnis der Untersuchungen 110

9. Kapitel: Die Disziplinar- und Verwaltungsbeschwerden 111
    I. Disziplinarbeschwerden 111
    II. Verwaltungsbeschwerden 114

Dritter Abschnitt
Das Petitionsrecht   117

10. Kapitel: Das Beschwerderecht nach Art. 17 GG 117
    I. Grundrechte und militärisches Gewaltverhältnis 117
        1. Ausgangspunkt: Der Staatsbürger in Uniform 117
        2. Einschränkbarkeit von Grundrechten im Wehrdienstverhältnis unter besonderer Berücksichtigung des Art. 17 GG 120
            a) Bedeutung des Art. 17a GG 120
            b) Gleichbehandlung von Berufssoldaten und Wehrpflichtigen .. 124
    II. Petitionen an die Volksvertretung 127

III. Petitionen an die „zuständigen Stellen" 129
   1. Zum Verhältnis von Dienstaufsichtsbeschwerde und Beschwerde nach der WBO 129
   2. Folgerungen aus der festgestellten Gesetzeslücke 135

11. Kapitel: Das Beschwerderecht nach § 7 WbG 138
   I. Stellung und Aufgaben des Wehrbeauftragten 138
   II. Beschwerden an den Wehrbeauftragten 142
   III. Verhältnis von § 7 WbG zu Art. 17 GG und zur WBO 145

Vierter Abschnitt

Das Beschwerderecht in der Praxis, der Schutz des Beschwerderechts sowie Hinweis auf ausländische Wehrbeschwerderegelungen 150

12. Kapitel: Das Beschwerderecht in der Praxis und sein Schutz 150
   I. Problematik des Beschwerderechts 151
      1. Abneigung von Vorgesetzten gegen Beschwerden 152
      2. Schutzvorschriften und Grenzen des Beschwerderechts 154
   II. Motive für das Nichteinlegen von Beschwerden trotz berechtigten Anlasses 156

13. Kapitel: Hinweis auf Wehrbeschwerdevorschriften im Recht fremder Heere 161
   I. Beschwerderecht im belgischen, französischen, italienischen und österreichischen Heer sowie in der „Volksarmee" 161
   II. Kurzer Vergleich zum geltenden deutschen Wehrbeschwerderecht .. 168

Literaturverzeichnis 170

Gesetzesregister 177

Stichwortregister 178

Abkürzungsverzeichnis

a. A.	anderer Ansicht
ADV	(österreichische) Allgemeine Dienstvorschrift
a. E.	am Ende
ArchMilR	Zeitschrift „Archiv für Militärrrecht" (Band und Seite)
ArchöR	„Archiv des öffentlichen Rechts" (Band, Jahr und Seite)
Art.	Artikel
Az.	Aktenzeichen (folgt: Aktenzeichen eines Erlasses oder einer gerichtlichen Entscheidung)
BayBG	Bayerisches Beamtengesetz
BayVBl.	Zeitschrift "Bayerisches Verwaltungsblatt" (Jahr und Seite)
BayVGH	Bayerischer Verwaltungs- oder Verfassungsgerichtshof
BayVGH in VGH n. F.	Entscheidung des Bayerischen Verwaltungsgerichtshofes usw.; neue Folge der amtlichen Sammlung (Band, Teil und Seite)
BBG	Bundesbeamtengesetz
BDH (WDS)	Bundesdisziplinarhof (Wehrdienstsenat, -e)
BDHE	Entscheidung des Bundesdisziplinarhofes; amtliche Sammlung (Band und Seite)
Ber.	Bericht
BGBl.	Bundesgesetzblatt (Jahr, Teil und Seite)
BGHSt.	Bundesgerichtshof, Strafsachen
BGHStE	Entscheidung des Bundesgerichtshofes in Strafsachen; amtliche Sammlung (Band und Seite)
BK	„Bonner Kommentar"; siehe Literaturverzeichnis
BMVtdg.	Bundesminister (-ium) der Verteidigung
BO	Beschwerdeordnung (die nachfolgende Zahl gibt das Jahr ihres Erlasses an)
BR	Bundesrat
BRAO	Bundesrechtsanwaltsordnung
BRRG	Rahmengesetz zur Vereinheitlichung des Beamtenrechts (Beamtenrechtsrahmengesetz)
BStBl.	Bundessteuerblatt (Jahr, Teil und Seite)
BT	Bundestag
BVerfG	Bundesverfassungsgericht
BVerfGE	Entscheidung des Bundesverfassungsgerichts; amtliche Sammlung (Band und Seite)
BVerwG	Bundesverwaltungsgericht
BVerwGE	Entscheidung des Bundesverwaltungsgerichts; amtliche Sammlung (Band und Seite)

Abkürzungsverzeichnis

BWV	Zeitschrift „Bundeswehrverwaltung" (Jahr und Seite)
DDS	„Der deutsche Soldat in der Armee von morgen"; siehe Literaturverzeichnis
DÖV	Zeitschrift „Die öffentliche Verwaltung" (Jahr und Seite)
DRiG	Deutsches Richtergesetz
DV	Dienstvorschrift
DVBl.	Zeitschrift „Deutsches Verwaltungsblatt" (Jahr und Seite)
EVG	Europäische Verteidigungsgemeinschaft
EVwVerfG (1963)	Entwurf eines Verwaltungsverfahrensgesetzes von 1963
EWBO	Entwurf einer Wehrbeschwerdeordnung
EWDO	Entwurf einer Wehrdisziplinarordnung
GG	Grundgesetz für die Bundesrepublik Deutschland
GR	„Die Grundrechte"; herausgegeben von Bettermann — Nipperdey — Scheuner; Band, Halbband und Seite (Erscheinungsort usw. jeweils bei der Verfasserangabe im Literaturverzeichnis)
GRSold	„Von den Grundrechten des Soldaten"; herausgegeben vom Deutschen Bund für Bürgerrechte; München 1957
HVBl.	Heeresverordnungsblatt
i. e. S.	im engeren Sinne
i. S.	im Sinne
i. w. S.	im weiteren Sinne
JZ	„Juristenzeitung" (Jahr und Seite)
KA	Kriegsartikel
LVG	Landesverwaltungsgericht
MRVO	Militärregierungsverordnung
MStGB	Militärstrafgesetzbuch
NJW	„Neue Juristische Wochenschrift" (Jahr und Seite)
NZWehrR	„Neue Zeitschrift für Wehrrrecht" (Jahr und Seite)
OLG	Oberlandesgericht
OVG	Oberverwaltungsgericht
OVGE	Entscheidungen der Oberverwaltungsgerichte ... Münster ... und Lüneburg; amtliche Sammlung (Band und Seite)
RAbgO	Reichsabgabenordnung
Rdnr.	Randnummer
RGBl.	Reichsgesetzblatt (Jahr, Teil und Seite)
SG	Gesetz über die Rechtsstellung der Soldaten (Soldatengesetz)
Sten. Ber.	Stenographischer Bericht
Stern — Untersuchung	Siehe Literaturverzeichnis
StGB	Strafgesetzbuch
StPO	Strafprozeßordnung
TP	Zeitschrift „Truppenpraxis" (Jahr und Seite)
TrDGer	Truppendienstgericht
VA	Verwaltungsakt

VGG	(früheres süddeutsches) Gesetz über die Verwaltungsgerichtsbarkeit
VGH	Verwaltungsgerichtshof
VGH n. F.	Siehe BayVGH in VGH n. F.
VMBl.	Ministerialblatt des Bundesministers der Verteidigung (Jahr und Seite)
VO	Verordnung
Vtdg	Verteidigung
VVDStRL	„Veröffentlichungen der Vereinigung der deutschen Staatsrechtslehrer" (Band und Seite)
VwGO	Verwaltungsgerichtsordnung
VwRspr	Sammlung „Verwaltungsrechtsprechung in Deutschland", Band und Seite oder Band und Nummer
WBA	Wehrbeauftragter
WBA — Jahresbericht	Jahresbericht des Wehrbeauftragten, siehe unter diesem Titel im Literaturverzeichnis
WbG	Gesetz über den Wehrbeauftragten des Bundestages
WBO	Wehrbeschwerdeordnung
WBO-IFü	„Wehrbeschwerdeordnung", Schriftenreihe Innere Führung, siehe Literaturverzeichnis
WDO	Wehrdisziplinarordnung
WDS	Wehrdienstsenat, -e
WK	Zeitschrift „Wehrkunde" (Jahr und Seite)
WP	Wahlperiode des Bundestages
WPflG	Wehrpflichtgesetz
WRV	Weimarer Reichsverfassung
WStG	Wehrstrafgesetz
WWR	Zeitschrift „Wehrwissenschaftliche Rundschau" (Jahr und Seite)
ZBR	„Zeitschrift für Beamtenrecht" (Jahr und Seite)
ZPO	Zivilprozeßordnung

Erster Abschnitt

Einleitender Überblick

Erstes Kapitel

Der Rechtsschutz und das Beschwerderecht im militärischen Gewaltverhältnis

I. Zur Aufgabenstellung

Mit der Vorstellung vom Soldaten verbindet sich auch heute noch vielfach das Bild eines recht- und schutzlosen Objekts, das im Wehrdienstverhältnis dem hoheitlichen Machtanspruch auf Gnade oder Ungnade ausgeliefert ist. Einzelne Vorfälle, die durch Presse, Rundfunk und Fernsehen in den Blickpunkt des öffentlichen Interesses gerückt werden, pflegen im allgemeinen diesen Eindruck nur zu verstärken.

Sicher stehen bürgerliche Freiheit und militärische Disziplin in einem gewissen Spannungsverhältnis. Die Eigenart des militärischen Dienstes macht eine teilweise Beschränkung der staatsbürgerlichen Rechte des Soldaten notwendig. Doch diese Beschränkung erfolgt nur dort, wo sie unumgänglich ist. Die Konzeption vom Staatsbürger in Uniform geht davon aus, daß „die im Soldatengesetz verankerten Pflichten des Soldaten und die von ihm geforderte Disziplin ... den einzelnen Soldaten nicht zum rechtlosen Untertanen machen (sollen). Er bleibt auch innerhalb der Bundeswehr Staatsbürger, der sich seiner Freiheit und seines Rechts gewiß sein darf"[1].

Zur Wahrung der individuellen Rechtsstellung des Soldaten wurde ein besonderes Schutzsystem geschaffen. In seinen Grundzügen weist es keine Abweichungen von demjenigen auf, das dem Bürger im allgemeinen Gewaltverhältnis von der Rechtsordnung zur Verfügung gestellt wird. In den Einzelregelungen bestehen allerdings Besonderheiten. Auch diese werden zum Teil durch die Anforderungen des militärischen Dienstes bedingt. Teilweise sind sie jedoch darauf zurückzuführen, daß die Eigenarten des militärischen Gewaltverhältnisses in gesteigertem Maße die Rechtsstellung des einzelnen zu gefährden ver-

---

[1] Schriftlicher Ber. des Ausschusses für Vtdg. zum EWBO in Sten. Ber. BT 2. WP 181. Sitzung vom 14. 12. 56 S. 10091; vgl. auch *WBO-IFü* S. 3.

mögen und der Gesetzgeber eben deshalb eine Intensivierung des Rechtsschutzes für notwendig erachtete. Eine Minderung der Effektivität des Rechtsschutzes wird durch die Besonderheiten — insgesamt gesehen — allenfalls in äußerst geringem Umfange bewirkt. Gegenüber dem Rechtsschutz in anderen besonderen Gewaltverhältnissen, von denen sich das Beamtenverhältnis am ehesten zu Vergleichen eignet, läßt sich — wiederum insgesamt gesehen — nur eine Verstärkung feststellen.

Um im Wehrdienst vermeintlich erlittene Unbill einer Kontrolle zuzuleiten, kann sich der Soldat verschiedener Möglichkeiten bedienen. Wie seinem zivilen Mitbürger, der sich durch öffentliche Gewalt unrichtig behandelt glaubt, steht ihm der Weg zu den Organen der Exekutive, zu denen der Legislative und zu denen der Jurisdiktion offen.

Legt ein Soldat Beschwerde nach der Wehrbeschwerdeordnung (WBO) ein, so wendet er sich damit an eine bundeswehrinterne Instanz und veranlaßt eine Selbstkontrolle der vollziehenden Gewalt. Unter bestimmten Umständen ist auch die Beschreitung des Gerichtsweges zulässig, teilweise erst nach abgeschlossenem Beschwerdeverfahren, das dann den Charakter eines Vorverfahrens hatte. In diesem Fall wird — orientiert an dem Festpunkt „Vollziehende Gewalt" — eine Fremdkontrolle durch ein unabhängiges Gericht herbeigeführt. Um eine derartige Fremdkontrolle handelt es sich auch dann, wenn der Beschwerdeführer unmittelbar nach Art. 17 GG den Bundestag oder nach § 7 des Gesetzes über den Wehrbeauftragten (WbG) den Wehrbeauftragten anruft[2].

Die vorliegende Arbeit stellt sich eine kritische Untersuchung derjenigen Rechtsschutzmöglichkeiten zur Aufgabe, mit denen der Soldat der Bundeswehr eine Überprüfung hoheitlichen Handelns oder Unterlassens erreichen kann, das ihn als Angehörigen des spezifisch militärischen Gewaltverhältnisses in seiner Rechtssphäre trifft. Im Mittelpunkt der Untersuchungen wird die Wehrbeschwerdeordnung (WBO) stehen einschließlich des dort gewährten Rechts, Antrag auf Entscheidung der Wehrdienstgerichte zu stellen. Daneben wird auch besonders auf das Recht nach § 7 des Gesetzes über den Wehrbeauftragten (WbG) einzugehen sein, nach dem sich der Soldat mit Eingaben an den Wehrbeauftragten des Bundestages wenden kann. Als dritter Gegenstand eingehender Erörterungen ist Art. 17 GG zu berücksichtigen. Das Petitionsrecht ist zwar keineswegs ausschließlich für den Soldaten normiert, steht aber mit dem Beschwerderecht nach der WBO einerseits und dem Recht aus § 7 WbG andererseits in so engem Zusammenhang, daß es hier nicht unbeachtet bleiben darf.

---

[2] Zum Ganzen vgl. *Lerche* GR IV/1 S. 509 ff.; *Pernthaler* S. 219 ff. (weitgehend nur auf die österreichische Rechtslage bezogen).

Weitere Institute des allgemeinen Rechtsschutzes — vor allem die verwaltungsgerichtliche Klage — sind bisweilen ebenfalls mit dem Wehrrecht nur schwer trennbar verbunden und verflochten. Auf diese soll in dem jeweils notwendig erscheinenden Umfange eingegangen werden. Nicht berücksichtigt werden dagegen die dienstliche „Meldung" und die auch im militärischen Bereich nicht unbekannte „Gegenvorstellung". Beide bieten nur wenig Anlaß zu rechtlichen Erörterungen. Darüber hinaus sind beide nicht mehr als Beschwerde im Sinne der Themenstellung anzusehen und auch kaum als Mittel des Rechtsschutzes aufzufassen.

Der schon in dem Titel der Arbeit vollzogenen Zusammenfassung der verschiedenen Rechtsmittel und Rechtsbehelfe unter dem Oberbegriff „Beschwerde" stehen keine Bedenken entgegen. Eingaben nach Art. 17 GG und nach § 7 WbG sind „formlose Beschwerden" im herkömmlichen Sinne. Die WBO gewährt mit der militärinternen Beschwerde ein Recht zur „förmlichen Beschwerde". Auch die Anrufung der Wehrdienstgerichte kann noch als Beschwerde bezeichnet werden. Sowohl die Terminologie der Gesetze[3] als auch die Ausgestaltung des Verfahrens[4] lassen dieses richtig erscheinen.

Im wesentlichen gemeinsam ist den verschiedenen Beschwerdemöglichkeiten, daß mit dem Einlegen einer Beschwerde auf ein vorausgegangenes hoheitliches Tun oder Unterlassen Bezug genommen wird. Der Beschwerdeführer hält dieses Tun oder Unterlassen für unrechtmäßig oder auch nur unzweckmäßig. Er legt es daher einer bis dahin mit der Sache noch nicht befaßten Instanz zur Kontrolle vor. Die angerufene Instanz ist grundsätzlich zur Entscheidung und zur Bescheidung des Beschwerdeführers verpflichtet. Die Entscheidung ergeht nicht auf der Grundlage eines streitigen (Klage-) Verfahrens.

II. Wesen und Bedeutung des Beschwerderechts

Bisher wurde die Beschwerde nur in ihrer Eigenschaft als Rechtsschutzmittel angesprochen. Diese Eigenschaft, die keiner weiteren Erläuterung bedürftig erscheint, steht heute auch unzweifelhaft im Vordergrund. Das Wesen der Beschwerde erschöpft sich jedoch nicht darin, daß sie dem Soldaten zur Wahrung seiner persönlichen Rechte zur Verfügung gestellt wurde. Neben dieser Funktion, die Anlaß für die Bezeichnung „Individualbeschwerde" sein mag, tritt deutlich noch eine

---

[3] Vgl. „Wehrbeschwerdeordnung"; §§ 17 Abs. I Satz 1, Abs. III Satz 2; 18 Abs. I, Abs. II Satz 4; 19 Abs. II WBO; § 30 Ziff. 3, Ziff. 6 WDO.
[4] Vgl. insbesondere § 18 Abs. II WBO. *Lerche* GR IV/1 S. 511 und passim spricht von „beschwerdegerichtlichem Verfahren".

zweite Funktion hervor, nämlich die eines Anstoßes zur Kontrolle des objektiv recht- und zweckmäßigen Handelns der vollziehenden Gewalt. Insoweit soll hier von einer „Anstoßbeschwerde" gesprochen werden[5].

Nicht ganz offensichtlich ist dieser Doppelcharakter nur in Hinsicht auf die bundeswehrinterne Beschwerde und die Möglichkeit, Antrag auf gerichtliche Entscheidung zu stellen. Bezüglich der Beschwerde zum Wehrbeauftragten dürfte bereits ein Hinweis auf die Formulierung des Art. 45 b GG genügen.

Die vollziehende Gewalt pflegt sich im Rahmen der Dienstaufsicht selber zu kontrollieren. Der Anstoß zu einer solchen Kontrolle kann stets auch von außen gegeben werden, indem ein Bürger von formlosen oder förmlichen Rechtsbehelfen oder Rechtsmitteln Gebrauch macht[6]. In der WBO weisen nun einige Bestimmungen derart deutlich auf die Trennung von Rechtsschutzzweck und der Veranlassung zu einer Kontrolle objektiv ordnungsgemäßen Tätigseins hin, daß *Lerche*[7] von einem „über das Normale gesteigerten Gehalt an Selbstkontrolle des Staates" spricht. Ihm ist jedenfalls insoweit zuzustimmen, als die Pflicht zur Selbstkontrolle ungewöhnlich scharf von dem Rechtsschutzbedürfnis des einzelnen abgehoben wird. Besonders zeigt sich das in den Vorschriften der WBO, die eine Pflicht des Vorgesetzten zur Behebung festgestellter Mängel auch dann betonen, wenn die Beschwerde zurückgezogen (§ 8 Abs. II) oder als unzulässig zurückgewiesen wurde (§ 12 Abs. III Satz 2). Von Bedeutung sind hier ferner: § 14 WBO, nach dem die Untersuchung einer Beschwerde *stets* darauf zu erstrecken ist, ob mangelnde Dienstaufsicht oder sonstige Mängel im dienstlichen Bereich vorliegen; § 13 Abs. II WBO, demzufolge nach Maßgabe der Wehrdisziplinarordnung zu verfahren ist, sofern bei den Untersuchungen ein Dienstvergehen festgestellt wird; § 13 Abs. I Satz 3 WBO, nach dem bei bereits ausgeführten Befehlen in der Entscheidung gegebenenfalls auszusprechen ist, daß sie nicht hätten ergehen dürfen, ohne daß von dem Beschwerdeführer der Nachweis eines Feststellungsinteresses etwa im Sinne des § 113 Abs. I Satz 4 VwGO verlangt wird.

Auch auf die Beurteilung der Spruchtätigkeit der Wehrdienstgerichte wirkt sich der Doppelcharakter des militärischen Beschwerderechts aus. Im Hinblick auf die allgemeine Verwaltungsgerichtsbarkeit ist es streitig, „ob der Verwaltungsprozeß eine Kontrolle objektiv rechtmäßigen Verwaltungshandelns bezweckt oder ob er Rechtsschutz für

---

[5] Dazu und zum folgenden vgl. teilweise auch *Lerche* GR IV/1 S. 517 f. und *Barth* GRSold S. 101.
[6] Vgl. hierzu statt vieler *Forsthoff* S. 461 f., S. 478.
[7] GR IV/1 S. 517.

subjektive Rechte der Rechtsgenossen gewährt"[8]. Für das wehrdienstgerichtliche Verfahren kann die Frage eindeutig dahingehend entschieden werden, daß hier *auch* die Kontrolle objektiv rechtmäßigen Handelns der vollziehenden Gewalt von Bedeutung ist. Zu diesem Schluß zwingen vor allem die Vorschriften des § 19 Abs. I Satz 2 und Abs. II WBO. Beide ließen sich in ihrem Sinngehalt nicht mehr erklären, wollte man hier lediglich von dem Zweck eines Rechtsschutzes für die subjektiven Rechte des Antragstellers ausgehen. Denn sowohl bei der Feststellung der Rechtswidrigkeit eines bereits ausgeführten oder anders erledigten Befehls als auch bei dem Ausspruch der Verpflichtung, nach Maßgabe der Wehrdisziplinarordnung zu verfahren, kann dem Rechtsschutzinteresse des Antragstellers allenfalls eine sehr untergeordnete Bedeutung zukommen. Der Nachweis eines gegenwärtigen Feststellungsinteresses ist im ersten Fall nicht erforderlich. Im zweiten Fall kann ein rechtlich geschütztes Interesse des einzelnen ohnehin nicht nachgewiesen werden. Auf beides wird später noch ausführlich einzugehen sein.

In diesem Zusammenhang ist auch eine weitere Tatsache beachtenswert. Im wehrdienstgerichtlichen wie auch im militärinternen Beschwerdeverfahren ist der Untersuchungsgrundsatz sehr stark hervorgehoben. Gericht wie Vorgesetzter haben „den Sachverhalt von Amts wegen aufzuklären" (vgl. § 18 Abs. II Satz 1, § 10 WBO). Parteien gibt es in dem Verfahren nicht. Für die Gestaltung des Verfahrens sind nicht einmal Anträge des Beschwerdeführers vorgesehen. Er kann lediglich Antrag auf Entscheidung überhaupt stellen sowie einige Anträge, die ebenso ohne Auswirkung auf das Fortschreiten des Prozesses sind.

Bemerkenswert in Hinsicht auf den Doppelcharakter des Wehrbeschwerderechts ist noch, daß auch das Soldatengesetz die Vorgesetztenpflichten gesondert hervorhebt. Während das Beamtenrecht sich mit der Normierung einer allgemeinen Fürsorgepflicht des Dienstherrn begnügt (z. B. § 79 BBG), weist das Wehrrecht darüber hinaus (§ 31 SG!) auch noch jeden einzelnen Vorgesetzten ausdrücklich zur Fürsorge und zur Dienstaufsicht an (§ 10 Abs. II, Abs. III SG).

Die in der WBO normierten Vorgesetztenpflichten ließen sich nun wohl weitgehend auch bereits aus dieser umfassenden Fürsorge- und Dienstaufsichtspflicht herleiten[9]. Daß der Gesetzgeber dennoch und

---

[8] *Menger* GR III/2 S. 728. *Menger* nimmt ebenda S. 727 ff. ausführlich und mit zahlreichen Nachweisen zu dieser Frage Stellung. Vgl. ferner auch *Forsthoff* S. 471 f. und die Ausführungen bei *Ule*, Verwaltungsprozeßrecht S. 3 ff., die aber doch wohl etwas zu einseitig erscheinen.
[9] Das deutet auch *Frahm* S. 75 f. an. Vgl. ferner *Scherer* S. 56.

wiederholt ihre besondere Hervorhebung für notwendig erachtete macht jedoch deutlich, wie im militärischen Bereich losgelöst vom Schutzinteresse des einzelnen noch ein selbständig-unmittelbares und objektives Interesse des Staates an der ordnungsgemäßen Behandlung seiner Bürger in Uniform besteht. Ebenso weist die Einbeziehung des wehrdienstgerichtlichen Verfahrens in den Gedanken einer Wahrung objektiv ordnungsgemäßen Handelns der vollziehenden Gewalt in diese Richtung, da sich dieser Gedanke hier im Gegensatz zum allgemeinen Verwaltungsprozeßrecht relativ einfach nachweisen läßt.

Das soeben genannte objektive Interesse des Staates ist nun im Bereich des Militärwesens nicht allein rechtlich und etwa als eine Verwirklichung der bindenden Verpflichtung aus Art. 1 Abs. III und Art. 20 Abs. III GG, sondern auch faktisch zu begreifen. Denn es ist dem Umstand Rechnung zu tragen, daß einerseits auf einen umfassenden Geltungsanspruch der militärischen Befehlsgewalt gegenüber den Soldaten nicht verzichtet werden kann[10], jedoch andererseits gerade die Durchsetzung dieses Anspruchs die Tendenz zum potentiellen Mißbrauch in sich trägt. Mißbrauchte oder auch nur offenbar unzweckmäßig verwandte Macht wird aber im militärischen Bereich in gesteigerter Weise zu einer Gefahr, weil sie Unzufriedenheit hervorruft. Diese Unzufriedenheit wird sich stets negativ auf den Einsatzwert einer Truppe auswirken. In extremen Fällen führt sie zu Ungehorsam und Meuterei oder anderen Erscheinungen tiefgreifender Disziplinwidrigkeit.

Das nächste Kapitel wird im Rahmen der historischen Entwicklung des Wehrbeschwerderechts zeigen, wie die Gewährung eines Rechts zur Beschwerde ursprünglich stark von dem Motiv bestimmt wurde, die Ursachen für berechtigte Unzufriedenheit der Soldaten als permanenter Gefahr für den Bestand der damaligen Heere zu erkennen. Denn erst das Erkennen der Ursachen im Einzelfall ermöglichte die rechtzeitige Behebung der feststellbaren Mängel und damit Präventivmaßnahmen gegen etwaige Folgen.

Heute steht unzweifelhaft der Gedanke an den Rechtsschutz des einzelnen Soldaten im Vordergrund. Ebenso unzweifelhaft ist die starke Durchbildung der Beschwerde in ihrer Eigenschaft als „Anstoßbeschwerde" darauf zurückzuführen, daß alle mit der Ausübung hoheitlicher Machtbefugnisse betrauten Organe des Staates die Grundprinzipien der Rechtsstaatlichkeit zu wahren und durchzusetzen haben. Für den Bereich des militärischen Gewaltverhältnisses schien dem Gesetzgeber ein nachdrücklicher Hinweis auf die sich hieraus ergebenden

---

[10] Hier abgesehen von den Ausnahmen des § 11 Abs. I Satz 3 und Abs. II SG.

Einzelpflichten besonders der militärischen Vorgesetzten notwendig. Etwas verborgener — doch keineswegs darum zu übersehen — ist die Bedeutung der Beschwerde als „Anstoßbeschwerde" insoweit, als sie heute wie früher zum zeitigen Erkennen von disziplingefährdender, aber dem Grunde nach berechtigter Unzufriedenheit dienen kann.

Zweiter Abschnitt

Das Recht zur Beschwerde nach der Wehrbeschwerdeordnung

Zweites Kapitel

Die geschichtliche Entwicklung des Wehrbeschwerderechts

I. Entwicklung bis zu der Zeit der Aufstellung von stehenden Heeren

Die Entwicklung des Beschwerderechts in historischer Sicht wurde bereits wiederholt untersucht und dargestellt[1]. Trotzdem scheint es gerechtfertigt, erneut hierauf einzugehen und die bisherigen Veröffentlichungen zu ergänzen. Denn für die Statuierung eines speziell militärischen Beschwerderechts in der Zeit vor dem preußischen Erlaß vom 25. Februar 1828 lassen sich erheblich mehr Quellen nachweisen, als bisher angenommen wurde. Diesen älteren Normierungen soll nachfolgend — in Ergänzung der genannten Untersuchungen — besondere Aufmerksamkeit geschenkt werden.

Beschwerden von Soldaten hat es zu allen Zeiten und bei allen Völkern gegeben. Doch sind faktische Beschwerde und ausdrücklich zugebilligte Befugnis zweierlei[2].

Ein förmlich verbrieftes Recht, unrichtige Behandlung durch Vorgesetzte oder Kameraden einer höheren Instanz zur Kontrolle vorzulegen, bestand zur Zeit der Söldnerheere nur vereinzelt. Immerhin aber lassen sich Vorschriften nachweisen, die den ordnungsgemäßen Weg für das Einlegen einer Beschwerde bestimmen. Dabei findet sich auch schon die ungefähre Einteilung, die dem heute geltenden Beschwerderecht zugrunde gelegt ist. Der Soldat kann und konnte sich gegen die Vorenthaltung materieller Gebührnisse beschweren sowie gegen unwür-

---

[1] *Dietz* in seinen Kommentaren zur BO von 1911 und 1938, 1941, 1943; *Beck* ArchMilR 3/99 ff.; R. *Müller* WWR 62/570 ff.; ferner auch *Frahm* in seinem Kommentar von 1956 S. 10 ff.

[2] R. *Müller* WWR 62/570. *Müller* weist ebenda als früheste bekannte Normierung eines militärischen Beschwerderechts die KA des byzantinischen Kaisers Leon VI (886—912) nach.

dige oder entehrende Behandlung durch seine Vorgesetzten oder durch gleichgestellte Kameraden.

Als Unbill empfand es der Landsknecht hauptsächlich, wenn der ihm zustehende Sold nicht oder nicht in der versprochenen Höhe ausgezahlt wurde[3]. Bis weit in die Zeit der stehenden Heere hinein wiederholen sich in allen Kriegsartikeln die nahezu gleichlautenden Gebote, daß der Soldat auch dann zu Treue und Gehorsam verpflichtet bleibe, „so sich das Geldt verzüge und in etzlichen tagen und zeit nicht gleich da were"[4]. In dieser Hinsicht bestand zumindest bis zu der Organisation einer straffen Heeresverwaltung häufig berechtigter Anlaß zur Unzufriedenheit. Entweder ging dem Kriegsherren selber das Geld aus oder — und das dürfte fast regelmäßig der Fall gewesen sein — es wurde zwar noch an die Offiziere ausgezahlt; diese gaben es aber nicht mehr pflichtgemäß an die Soldaten weiter.

Entsprechende Praktiken lassen sich häufig nachweisen. Sie sollen hier durch einige Beispiele belegt werden.

Im „Hollandisch Kriegsrecht oder Artickuls-Brief" von 1590 bestimmt Art. 76: „Der Capitain, der seinen Soldaten weniger giebt, als die Bezahlung, welche die Herren (sc. General-) Staden verordnet haben, soll cassirt werden." Dazu kommentiert der Zeitgenosse Petrus Pappus von Tratzberg in seinen mit spitzer Feder geschriebenen Annotationes: „Wo findet sich heutigen Tages ein Capitain, der das nicht thue?" Und an anderer Stelle wird von ihm vermerkt: „(Die Soldaten) haben sich in Wahrheit über die Generalität, wegen böser Bezahlung, nicht zu beklagen, wenn man nur etlichen Capitainen etwas besser auf die Hände sehen wollte[5]."

Etwa 100 Jahre später spricht ein kaiserliches Kriegsreglement[6] von „Klagen der gemeinen Mannschaft", „daß sie ihre Gebühr, so der

---

[3] Ziegeler S. 486 im Jahre 1677: „Denn wo das (sc. die Soldazahlung) nicht erfolget, so ist unmüglich, daß gute Ordre kan gehalten werden, weil die Soldaten mit denen Schweitzern an den König in Franckreich bald anworten würden: Kein Geld, kein Schweitzer."
[4] Hessen, Articuls-Brieff der Knecht 1599, Art. 7 (bei Kleinschmid Teil I/472. Weiterhin in Hessen: KA vom 1. Juli 1632 Art. 5 (bei v. Frauenholz III/1 S. 262 ff.); KA vom 12. Febr. 1689 Art. 72 ff. (Kleinschmid III/335 ff.); KA vom 12. Juli 1780 (ebenda VI/1004 ff.); KA vom 29. Okt. 1753 Art. 27 f. (ebenda V/79 ff.); KA vom 17. März 1814 Art. 37 (in „Sammlung Kurhessen" I/1814/ 25 ff.); KA vom 30. Nov. 1818 Art. 24 (ebenda II/1818/119 ff.). Dem Inhalt nach ebenso in den Kriegsartikeln aller anderen Länder.
[5] Wiedergegeben nach v. Frauenholz III/1 S. 329 ff., Annotationes zu Art. 76 und 37. Wie Ziegeler S. 484 berichtet, wurden später harte Exempel statuiert. Im Jahre 1674 soll man in Den Haag dreißig Hauptleute auf einmal kassiert haben.
[6] Kayserliches Kriegs-Reglement vom 3. Dez. 1697, wiedergegeben in „Privilegia, Statuta und Sanctiones" II/508 ff. (511).

Officier in den Händen hat, nicht habhaft könte werden, und wann es endlich zur Abrechnung oder Richtigkeit mit ihren Officieren käme, ihr allerhand Unkosten aufgerechnet, und soviel Abzüge gemacht (würden), daß ihr das wenigste von ihrem so saur- und blutig-verdienten Sold angedeyen thäte". Und 1677 sieht sich Ziegeler in seinem Kommentar zum braunschweig-lüneburgischen Kriegsrecht zu der Feststellung veranlaßt: „So ist doch solches Laster so sehr bey denen Officiern eingerissen, daß sie solchen Diebs-Profit viel besser, als ihre Gage nehmen, und täglich mehr Handgriffe erdencken, wie sie solches Handwerck prakticieren und entschuldigen können[7]."

Die Konsequenz der Vorgesetztenmanipulationen war, daß die Soldaten auf Kosten der Landbevölkerung zur Selbsthilfe griffen und das, was ihnen nicht ordnungsgemäß übergeben wurde, bei den schutzlosen Bürgern und Bauern eintrieben[8]. Wiederholt wird in den Kriegsartikeln und der zeitgenössischen Literatur deutlich, wie die Soldaten auch darüber hinaus zur Durchsetzung ihrer Ansprüche den Gehorsam verweigerten und meuterten oder, falls das keinen Erfolg versprach oder zu gefährlich schien, desertierten[9].

Anlaß zu disziplingefährdender Unzufriedenheit konnte neben unzureichender Versorgung auch ungebührliche Behandlung sein, die einmal wiederum von Vorgesetzten, zum anderen aber auch von den gleichgestellten Kameraden ausgehen konnte. Die ständigen Strafandrohungen in den Kriegsartikeln und später in den Duellmandaten spiegeln wider, wie auch hier der Landsknecht dazu neigte, sein vermeintliches Recht und seine Ehre mittels Selbsthilfe durchzusetzen[10]. Regelmäßig und ausdrücklich werden Schlägereien, Raufereien, Balgen und nach dem Dreißigjährigen Kriege auch das Duellieren verboten, ebenso wie der unbewaffnete oder bewaffnete Widerstand gegen Vorgesetzte. Auch das Zuhilferufen anderer bei Meinungsverschiedenheiten, zu dem insbesondere die betont landsmannschaftliche Gliederung der Heere verleitete, wird wie überhaupt jedes „Rottieren" unter Strafe gestellt.

---

[7] *Ziegeler* S. 484.
[8] Darüber wird z. B. recht ausführlich in dem Kayserlich Kriegs-Disciplin-Patent vom 30. Juli 1677 geklagt (Quelle: „Privilegia, Statuta und Sanctiones" II/476 ff. (485).
[9] Vgl. z. B. die braunschweig-lüneburgischen Kriegsartikel von 1655 Art. 106 (bei *Lünig* S. 1141 ff.) und von 1673 Art. 77 (bei *Lünig* S. 1059 ff.), zu denen *Ziegeler* S. 485 kommentiert: „An allen solchen Übel (sc. Hungersnoth, Kranckheit, Tod, Meuterirung, Übergebung der Festungen, Desertion, Wiederspenstigkeit gegen die Commendo, Diebstahl etc.) sind die Geld-gierige Officier die grösseste Schuld und ruinieren durch ihren Eigennutz ... ihres Herren Armee, Land und Leute."
[10] Einige Beispiele hierzu bei R. *Müller* WWR 62/571.

Es war nun naheliegend, die latente Bedrohung für Disziplin und Bestand der Heere nicht nur durch Androhung drakonischer Strafen zu mildern, wenn man schon der eigentlichen Ursachen — zunächst — nicht Herr zu werden vermochte[11]. Man konnte auch versuchen, ein förmliches Recht auf Streitschlichtung durch unbeteiligte Vorgesetzte einzuräumen und damit die Äußerungen der Unzufriedenheit präventiv in geordnete und kontrollierbare Bahnen zu lenken. Von dieser Möglichkeit wurde allerdings über lange Zeit hinweg nur vereinzelt Gebrauch gemacht.

Verhältnismäßig früh wird sich der Brauch herausgebildet haben, daß die Soldaten zum Zwecke eines gütlichen Übereinkommens eine Abordnung an ihre höheren Vorgesetzten entsandten. So läßt der Stauffer Manfred, Sohn Friedrichs II., 1251 meuternden Söldnern vor Foggia sagen, sie sollten zur Verhandlung wegen der Löhnung eine unbewaffnete Abordnung schicken. Entsprechend wurde dann auch später verfahren, und obgleich ein Recht zu solchen „Ambassaden" kaum[12] in die Kriegsrechte aufgenommen wurde, dürfte es in den Söldnerheeren durch andauernde Übung zu einem Gewohnheitsrecht erstarkt sein[13].

Normiertes Beschwerderecht enthalten dann erstmalig[14] die Kriegsartikel Gustav Adolfs von 1621[15]. Bei den Regimentern werden „Kriegsgerichte" bestellt[16], die mit Offizieren und gehobenen Unteroffizieren besetzt dafür zu sorgen haben, daß die Kriegsartikel von allen Personen beobachtet und befolgt werden. Sind sie an sich also Strafgerichte, so sollen sie doch auch bei „Streitigkeiten" (Art. 120) entscheiden. In verschiedenen Artikeln wird ausdrücklich darauf hingewiesen, wann ein vermeintlich in seinen Rechten verkürzter Soldat sich an dieses Kriegsgericht wenden kann.

---

[11] Immerhin wird, wie in den Kriegsartikeln des Großen Kurfürsten von 1656, Entziehung der bei der Werbung versprochenen Löhnung, Hunger oder schlechte Behandlung bei Desertion ausdrücklich als Strafmilderungsgrund anerkannt. Hierzu *Sagmeister* ArchMilR 2/24 ff. Vgl. auch zur neuesten Zeit die Bestimmung des § 26 WStG, die denselben Gedanken aufgreift.
[12] Nur spät und vereinzelt lassen sich Spuren nachweisen. So in den dänischen KA von 1683 (wiedergegeben bei *Lünig* S. 1297 ff.) in Art. 175: Bei Soldunterschlagung können Soldaten ihr Recht bei den höheren Vorgesetzten suchen, und zwar „durch ihrer zwey, einen Höfflichkeit und Bescheidenheit, ohne einigen Tumult und Rottierung". Zu gleichlautenden Bestimmungen vgl. noch unten im Text (deutsche Kriegsrechte des 18. und 19. Jahrhunderts) und auch R. *Müller* WWR/62/576 (speziell für Preußen).
[13] Zu dem frühen Recht zu Ambassaden eingehender *Beck* ArchMilR 3/101; vgl. ferner R. *Müller* WWR 62/571.
[14] Zur Vorbeugung gegen auf Beleidigungen folgende Schlägereien enthalten schon die holländischen Kriegsartikel von 1590 die Andeutung eines Beschwerderechts. Dazu unten bei den Duellmandaten!
[15] Wiedergegeben bei *v. Frauenholz* III/1 S. 356 ff.
[16] Eingehende Regelungen über Besetzung und Verfahren in Art. 121 ff.

Bei Beleidigung durch Vorgesetzte soll sich der Beleidigte bei den Kommissaren des Kriegsgerichts „beklagen" (Art. 25, 26, 31). Wenn Vorgesetzte etwas zu ihren „eigenen" Privatzwecken befehlen, „was nicht recht ist", so haben sie sich vor dem Kriegsgericht gegen die Anklage zu verteidigen (Art. 30, 29). Endlich bestimmt Art. 115: „Kein Hauptmann... soll irgendetwas von den Einkünften seiner Soldaten zurückbehalten; wenn sich darüber irgendeiner beschwert, so soll der Hauptmann sich vor dem Kriegsgericht verantworten."

Später wird der Rechtsschutz weiter ausgebaut; man unterscheidet 1683[17] eindeutig zwischen Beschwerden der Soldaten bei „Zwiespalt" mit den Kameraden (Art. 82), Beschwerden gegen allgemeine Befehle von Vorgesetzten (Art. 32), Beschwerden gegen die Verpflichtung zu außerdienstlicher Arbeit (Art. 53), Beschwerden gegen die Vorenthaltung von „Sold, Löhnung, Proviant und Kleidern und was sonsten auf sie ausgeliefert worden" (Art. 136) und schließlich Beschwerden gegen entehrende Behandlung von Vorgesetzten außerhalb des unmittelbaren Dienstes (Art. 36).

Ähnlich dem schwedischen Kriegsrecht enthält auch der dänische Artikelsbrief von 1625[18] Bestimmungen über einen „Kriegs-Rath", der sich in der Besetzung mit Offizieren und hilfsweise Unteroffizieren einmal in der Woche an bestimmtem Tage zu konstituieren hat. Art. 15 fährt dann fort: „Wann Kriegs-Rath gehalten wird, mag ein jeder, jedoch für sich selbst allein[19], seine Noth klagen, und seine Anforderungen und Beschwerungen, so er zu seinen Ober-Offizirern hat, zu erkennen geben; jedoch sol man ihn nicht desswegen verfolgen oder straffen, da er gleich dasjenige, darüber er geklaget, nicht beweisen kan...[20]." Im übrigen soll „ein jeder schuldig seyn, das Recht zu stärcken" (Art. 16) und die Mitglieder der Versammlung „fleissige Aufacht haben, dass einem jeden, was recht, und der Billigkeit gemäss, widerfahren möge" (Art. 14). Der Rechtsschutzgedanke tritt in dieser nicht nur für ihre Zeit mustergültigen Vorschrift in einer späteren Fassung deutlich hervor. Nach Art. 15 der Kriegsartikel von 1683 wird es für angemessen befunden, „dass diejenigen, so durch die Disciplin

---

[17] KA vom 2. März 1683 (bei Dähnert III/171 ff.). Die KA Gustav Adolfs von 1632, die dem späteren brandenburgischen Kriegsrecht als Muster dienten, enthalten keine entsprechend deutlichen Bestimmungen.

[18] Articuls' Brieff vom 10. Mai 1625, wiedergegeben bei v. Frauenholz III/1 S. 293 ff.

[19] Aus dieser Formulierung läßt sich schließen, daß mit „ein jeder" nicht nur die an dem Kriegsrat ohnehin Beteiligten gemeint sein können.

[20] Davon besteht nur eine Ausnahme: Der Beschwerdeführer darf bestraft werden, „wenn er einen mit ausdrücklichen Worten dergestalt angegriffen, daß solches seiner Ehren zu nahe, und daß der Beschuldigte an seinen Ehren, da ihme die Sache unter Augen gegangen wäre, könnte gestrafft werden".

und Kriegsrecht gebunden seynd, auch durch selbiges Recht beschützet werden"[21].

Man wir aus den wiedergegebenen Bestimmungen die Anfänge eines Beschwerderechts herauslesen können, wenn auch eine scharfe Grenzziehung zwischen „Strafanzeige" und „Beschwerde" kaum möglich ist. Doch auch heute noch kann der Beschwerde durchaus der Charakter einer Anzeige zukommen, wie ein Blick auf die bereits im vorigen Kapitel erwähnten § 13 Abs. II und § 19 Abs. II WBO zeigt. Es sind hier keine allzu strengen Maßstäbe anzulegen. Die Wehrbeschwerde hat stets die Doppelnatur einer „Individual-" und „Anstoßbeschwerde" gehabt. Lediglich innerhalb des damit gegebenen Spielraumes können die Akzente verschieden gesetzt werden. Die skandinavischen Regelungen wenigstens des 17. Jahrhunderts gehen erkennbar auch und wohl im wesentlichen von dem Rechtsschutzgedanken aus.

II. Entwicklung bis zu der Zeit der Aufstellung von Wehrpflichtigen-Heeren

Die Institution von Kriegsgerichten wurde zwar später auch von allen deutschen Landesherren übernommen, diente hier aber vornehmlich der Durchsetzung der Disziplin und nicht auch der Durchsetzung von Ansprüchen der Untergebenen. Von einer Anrufung der Gerichte ist nicht mehr die Rede. Der einsetzende Übergang vom Söldnerheer zum stehenden Heer war ohnehin kein günstiger Boden für die Entwicklung eines Rechtsschutzes derjenigen, die unter dem Stock standen. Wandelungen in der Taktik und die Tatsache, daß der Soldat zum Militärdienst meist weniger geworben als gepreßt[22] wurde, zwangen zu einer allerdings auch sonst im Absolutismus ausgeprägten Überbetonung der Vorgesetztenautorität. Unter dem Grundsatz, daß der Soldat den Vorgesetzten mehr fürchten müsse als den Feind[23], konnte das Vorbringen von Beschwerden durchaus als Auflehnung angesehen werden[24].

---

[21] Dänische Kriegsartikel von 1683, wiedergegeben bei *Lünig* S. 1297 ff.

[22] Das spiegelt sich am deutlichsten in den unzähligen „Edicten wegen der Deserteurs" sowie den „Generalpardons" dieser Zeit wider. Beispielsweise weist *Dähnert* für (Schwedisch-)Pommern und Rügen von 1655 bis 1760 deren zwanzig aus (III/1344 ff.). In den mitteleuropäischen Ländern sind es besonders in der zweiten Hälfte des 18. Jahrhunderts durchschnittlich noch erheblich mehr gewesen.

[23] *v. Frauenholz* IV/28.

[24] Noch 1911 spricht *Beck* (ArchMilR 3/108) von einem Ausnahmerecht, bei erlittener Unbill in gewisser Weise gegen die Autorität handeln zu dürfen. Ebenso auch *Dietz* (1911) S. 6.

Dennoch läßt sich schon im ausgehenden 17. Jahrhundert verschiedentlich ein Recht zur Beschwerde nachweisen, dessen Ähnlichkeit mit den modernen Regelungen nicht zu verkennen ist. Wiederholt wird nun aber deutlich, wie das bewegende Motiv bei der Gewährung dieses Rechts weniger die Absicht war, dem einzelnen Gewaltunterworfenen Rechtsschutz um seiner selbst willen zu geben, sondern die Suche nach einem Mittel, das präventives Beheben von erkannten Mißständen und damit eine Festigung der Disziplin ermöglichte. Die Entwicklung in den deutschen Territorien ist jedoch recht verschiedenartig.

Eine gewisse Einheitlichkeit besteht nur in Hinsicht auf die sogenannten Duellmandate. Die nach dem Dreißigjährigen Kriege in besonderem Maße aufkommende Sitte, als Offizier seine Ehre — gegebenenfalls auch gegen Vorgesetzte — mit der Waffe im Zweikampf zu verteidigen, wurde jedenfalls aufgrund ihrer für das Allgemeinwohl schädlichen Folgen von den Landesherren bald als Unsitte eingeschätzt[25]. Daher ergingen besonders im 18. Jahrhundert zahlreiche Duellmandate, die zusätzlich zu den Verboten in den Kriegsartikeln nachdrücklich auf die Strafbarkeit des Duellierens hinwiesen.

Doch nicht nur mit Verboten wird das Duell bekämpft. Man versucht, ihm auch durch die Einräumung eines Beschwerderechts zu begegnen. Bereits der Große Kurfürst verspricht in dem ersten brandenburgischen Duelledikt vom 17. September 1652 „jedem, der das Seinige ordinaria iuris via suchen wird", seinen Schutz[26]. In dem nächsten Duelledikt, von Friedrich III. 1688 erlassen[27], wird angeordnet, daß kein vermeintlich Beleidigter zum Duell fordern darf, „sondern er soll das ihm zugefügte Tort und Unrecht Uns oder Unseren Regierungen (oder) hohen Kriegsofficiren, unter welchen der Beleidigte stehe, ... anzeigen und hinterbringen, gestalt dann desfals einem jeden gebührende rechtmäßige Satisfication dafür verschaffet werden soll".

---

[25] Vgl. z. B. das sogleich noch im Text zu erwähnende Duelledikt Friedrichs III. (I.) vom 6. Aug. 1688 (bei *Mylius* II. Teil III. Abteilung S. 19 ff.), wonach die Duellanten „dem gemeinen Besten großen und unersetzlichen Schaden zufügen ... indem ... diejenige, welche Uns, dem Heil. Röm. Reiche und Unseren Landen mit ihrer Tapfferkeit, Experience, und guten Qualitäten ... schon viel nützliche und heilsame Dienste geleistet, und ins künfftige noch ferner thun und leisten können ... in der besten Blüte ihres Alters ... großen Schaden des gemeinen Wesens, ... freventlich und muthwillig bißher weggerissen und aufgerieben" werden.

[26] Vollständiger Wortlaut des Edikts bei *Mylius* ebenda S. 14 ff. und bei *v. Frauenholz* IV/119 f. Vgl. auch *Demeter* S. 114. Eine Beschränkung auf Offiziere enthält dieses Edikt noch nicht.

[27] Siehe oben Fußn. 25, jeweils Art. IV bzw. Art. XIV des „Edicts wider die Duella" vom 6. Aug. 1688. Bemerkenswert scheint übrigens, daß der Erlaß dieses Edikts offenbar zu den ersten Amtshandlungen Friedrichs III. zählte.

Ähnliche Bestimmungen sind ausdrücklich oder sich aus dem Zusammenhang ergebend auch in den meisten anderen Duellmandaten des 17., 18. und 19. Jahrhunderts enthalten. Daneben finden sich bisweilen in den Dienstreglements entsprechende Hinweise auf ein Beschwerderecht für Offiziere. Nach § 11 der „Observationspunkte für die Kurbayrische Armee" vom 19. Oktober 1745 hat ein Offizier seine Beschwerde „in bescheidener Weise unmittelbar beim Hofkriegsrat anzubringen"[28]. Und nach dem Dienstreglement für die preußische Infanterie vom 13. September 1788[29] hatte sich der Offizier bei dem Vorgesetzten seines Beleidigers zu beschweren. Unter gewissen Umständen konnte er sich danach unmittelbar an den Generalinspektor und das Ober-Kriegskollegium wenden. In der Praxis gelang es allerdings kaum, mit der Einräumung eines Beschwerderechts den Anforderungen des Ehrenkodexes zu genügen[30]. Auch die Landesherren selbst schwankten in ihren Stellungnahmen häufiger zwischen dem Gebot der Vernunft und der Anerkennung von Konsequenzen eines ausgeprägten Ehrenbewußtseins[31].

Ergänzend ist noch hinzuzufügen, daß ein Beschwerderecht wegen unehrenhafter Behandlung — ein Begriff, der stets sehr weit auszulegen war — ursprünglich keineswegs auf Offiziere beschränkt wurde. Erst die Durchsetzung von absoluter Vorgesetztenautorität und Disziplin auch innerhalb des Mannschaftsstandes sowie die Herausbildung der Satisficationsfähigkeit als Standesprivileg setzten dem ein Ende. Noch nach dem hannoverschen „Duell-Edict für die Soldaten" vom 6. Januar 1719[32] sollte *jeder* Soldat, wenn er „injurieret oder beleydigt zu seyn vermeynet, ... bey der Generalitaet und dem Kriegsgerichte sich ohnverzüglich melden und desfalls rechtliche Satisfication begehren und gewärtigen"[33].

---

[28] *Beck* ArchMilR 3/103; *Dietz* (1941) S. 28 f.
[29] Titel I, Teil XI, Art. 10 ff. Siehe *Dietz* (1911) S. 13 und ferner R. *Müller* WWR 62/575.
[30] Noch in seiner „Allerhöchsten Verordnung über das Verfahren der Ehrengerichte ... sowie über die Bestrafung des Zweikampfes unter Offizieren" vom 20. Juli 1843 beklagt Friedrich Wilhelm IV. einleitend, daß trotz der Strafbarkeit „oft wegen der unbedeutendsten Veranlassungen von den Offizieren meiner Armee der Zweikampf als Mittel zur Wiederherstellung der wirklich oder vermeintlich gekränkten Ehre gewählt" wird. Diese VO bewirkte dann allerdings ein spürbares Abnehmen der Duelle.
[31] Zur Gesamtproblematik des Duells und der Entwicklung von Ehrengerichten vgl. die eingehenden Untersuchungen von *Demeter* S. 108 ff.
[32] Wiedergegeben bei *v. Spangenberg* I/602 ff.
[33] Auch die auf der Vorseite erwähnten brandenburgischen Duelledikte von 1652 und von 1688 machen keinen Unterschied. Die ebenfalls bereits erwähnten holländischen Kriegsartikel von 1590 (siehe oben S. 19 und S. 21 Fußn. 14) schreiben in Art. 44 vor: „Der Soldat, welchem mit Worten und Wercken zu kurz geschehen, sol sich zu dem verfügen, welcher im Quartier das Commando

Darüber hinaus bestand nach den meisten Kriegsrechten kein Beschwerderecht. Die hessischen Kriegsartikel zwischen 1599 und 1794 sprechen beispielsweise durchgehend nur strikte Verbote aus[34]. Ebenso ist es in Brandenburg/Preußen, wobei allerdings zu berücksichtigen ist, daß man hier stets in besonderem Maße um die ordnungsgemäße Verproviantierung und Besoldung der Soldaten bemüht war und auch schon relativ früh in die Ehrenhaftigkeit des Offizierskorps volles Vertrauen setzen konnte[35].

Teilweise beginnt sich jedoch auch ein echtes Beschwerderecht herauszubilden, dessen kontinuierliche Entwicklung über Jahrhunderte hinweg verfolgt werden kann. Dabei sind zwei Formen festzustellen, von denen die eine als die Wurzel des modernen Beschwerderechts angesehen werden muß.

In seinem 1911 erschienenen Aufsatz weist *Beck*[36] auf das bayerische „Oekonomierreglement" von 1767 hin. Danach können bei den jährlichen Musterungen[37] Unteroffiziere und Mannschaften ein Anliegen „nicht nur beim Musterungstische melden, sondern es auch nach beendigter Musterung dem Musterungs-Offizier mit Umgehung aller Zwischeninstanzen vortragen". Ein entsprechendes Verfahren hielt sich in Bayern bis 1885[38], nachdem ihm durch Erlaß vom 28. Dezember 1824 als sogenannter Königsbefehl eine neue Form gegeben worden war. Die nunmehr recht ausführliche Vorschrift[39] gibt genaue Anweisung, wie die Beschwerde nach vollendeter Inspizierung vor den General zu bringen ist. Gleichzeitig warnt sie aber ausdrücklich vor „unziemlichen, unbegründeten oder gar die Gesetze der Subordination verletzendem Vortrage", der „nach Umständen schärfstens zu beahnden" ist.

Zu Recht vermutete bereits Beck, daß diese Einrichtung nicht erst seit 1767 besteht. Schon die Musterungsinstruktion „vor die bey der Baye-

---

hat." Dieser soll dafür sorgen, daß dem unrichtig Behandelten ein „Abtrag geschehe", und zwar in Gegenwart der vollen Wache und mit bloßem Haupte.

[34] Im einzelnen siehe oben Fußn. 4. Ergänzend hinzuzufügen sind die KA vom 22. Nov. 1794, die in Art. 5 nur noch gemeinschaftliches oder truppweises Beschweren mit Strafe bedrohen (Text bei *Kleinschmid* VII/622 ff.).

[35] Nur Verbote enthalten die hier herangezogenen KA vom 2. Sept. 1656; 12. Juli 1713; 31. August 1724; 16. Juni 1749; 20. März 1797; 3. August 1808. Erst Art. 28 der KA vom 27. Juli 1844 gewährt ein Beschwerderecht.

[36] In ArchMilR 3/99 ff. (103 ff.).

[37] Der Brauch, in bestimmten Zeitabständen Musterungen abzuhalten, ist seit dem 17. Jahrhundert wieder überall verbreitet. Sie dienten der Kontrolle von Kopfstärke, Ausbildung und Ausrüstung der Regimenter durch unmittelbar dem Souverän verantwortliche Kommissionen und richteten sich damit ursprünglich gegen die Offiziere.

[38] Aufgehoben durch Allerhöchsten Erlaß vom 3. April 1885.

[39] Voller Wortlaut bei *Beck* ArchMilR 3/104 f. und bei *Dietz* (1941) S. 30 f. Auszüge bei *Frahm* S. 10 f.

rischen unter des General Tilly Commando gestandene Armee"[40] verpflichtete in Ziff. 25 die Kommissare, „etliche vom Regiment (zu) befragen, ob und wieviel Geld sie empfangen, und wann einer seinen völligen Sold nicht eingenommen, die Ursach von ihme, warum es geschehen (zu) erkundigen". Ähnliche meist auf das „Tractament" bezogene Anfragen werden auch in zahlreichen anderen Musterungsinstruktionen vorgeschrieben[41]. Es ist anzunehmen, daß zumindest ein entsprechender Brauch nahezu überall geübt wurde.

Die Möglichkeit, bei der Musterung Beschwerden anzubringen, ist nun zwar im Laufe der Entwicklung eines modernen deutschen Beschwerderechts entfallen. Interessant ist aber immerhin, daß die Disziplinar- und Beschwerdeordnung der „Nationalen Volksarmee" neuerdings wieder ein durchaus ähnliches Recht enthält: „Bei Inspektionsbefragungen können Beschwerden mündlich oder schriftlich den Inspektionsoffizieren vorgetragen oder übergeben werden[42]."

Die zweite Form des Beschwerderechts ist dagegen nicht auf einen bestimmten Zeitabschnitt beschränkt. Sie läßt sich von den jetzt geltenden Regelungen bis in das 17. Jahrhundert zurückverfolgen. Wie es scheint, wurde sie in den Gebieten der Herzöge von Braunschweig-Lüneburg entwickelt, später in das Kriegsrecht anderer Länder übernommen und dann der einheitlichen Regelung von 1873 zugrunde gelegt.

Erstmalig spricht der Artikels-Brief des Herzogs August zu Braunschweig-Lüneburg-Wolfenbüttel aus dem Jahre 1655 in Art. 107 von einer Möglichkeit, mit der der Soldat durch Anrufung höherer Vorgesetzter ordnungsgemäßem Wege zu seinem Recht gelangen kann[43].

Nach Art. 106 soll kein Offizier „seinen Soldaten ihren Sold, Löhnung, Kleidung, oder was sonsten auf sie gegeben wird, vorenthalten,

---

[40] Undatiert. Wiedergegeben bei *Lünig* S. 771 ff.
[41] z. B. schwedische Musterungsinstruktion vom 20. Febr. 1684 Ziff. 11 mit der Begründung: „Angesehen es zum öfteren geschieht, daß einige Officierer von der Knechte Tractament etwas einbehalten" (*Dähnert* III/1302). Vgl. auch das kaiserliche Kriegsreglement vom 13. Dez. 1697 („Privilegia, Statuta und Sanctiones" II/511). Nach der „Kurfürstlich Pfältzischen neuen Kriegsverfassung" — zwischen 1690 und 1700 — Cap. XII hat der Musterungskommissar „von jedem zu vernehmen, ob und wieweit er bezahlt, und ob, was er zu klagen habe, und soll bey Musterung einer jeden Compagnie die Ober-Officier bey seiten treten, und wann eine oder andere Erheblichkeit und Übertretung der Verordnung geklagt werden soll" (*Lünig* S. 996 ff. [1024]). Vgl. endlich auch *Frhr. v. Kreittmayer* V/1648.
[42] Ziff. 111 der DV — 10/6. Daneben besteht ein förmliches Beschwerderecht. Auf beides wird noch unten im letzten Kapitel einzugehen sein. Hier sei nur bereits angemerkt, daß das plötzliche Wiederauftauchen der „Musterungsbeschwerde" über den Umweg von Regelungen anderer Ostblockstaaten geführt haben dürfte.
[43] Text bei *Lünig* S. 1141 ff.

und schmälern, es sey auf was Art und Weise es immer wolle". Darauf folgt eine Strafandrohung, weil durch die Unterschlagungen Schaden der Art entstehen könne, „daß entweder die Soldaten aus Hungersnoth in Kranckheit fielen, oder gar stürben, auch wohl gar Festungen übergäben, Meuterierten und überlieffen". Insoweit stimmt die Regelung nahezu wörtlich mit den entsprechenden Bestimmungen anderer Landesherren überein. Doch jetzt fährt Art. 107 fort: „Und damit man von diesen importierlichen Händeln allemal gute und gewisse Nachricht erlangen möge, so soll den Unter-Officiern, Reutern und Soldaten erlaubet seyn, daferne sie ... dero Gestalt verkürzet werden, solches mit guter Höflichkeit und Bescheidenheit[44], ohne einigen Tumult und Rottirung, entweder dem Obristen, Commandeur- oder auch wohl gar bey Uns, schrifftlich, oder mündlich zu suchen und anzuzeygen gehalten seyn, welches jedoch einzig und allein auf diesen Fall zu verstehen ..." Diese Bestimmung ist auch als Art. 78 in den fürstlich braunschweiglüneburgischen Kriegsartikeln mit nur geringen redaktionellen Änderungen enthalten[45] und wird — ebenfalls unter geringfügiger Änderung — 1736 in die Kriegsartikel Georgs II. übernommen[46].

In bemerkenswerter Weise wird stets zum Ausdruck gebracht, welche Motive zur Gewährung dieses Rechts führten. Der Gedanke an einen Individualschutz dürfte kaum von Bedeutung gewesen sein.

In dieser Zeit finden sich auch in anderen Kriegsrechten Vorschriften über Beschwerden, deren kontinuierliche Fortentwicklung allerdings nicht überprüft werden konnte. Sie sind teilweise wie die braunschweig-lüneburgischen auf die Geltendmachung unvorschriftsmäßiger Versorgung beschränkt, teilweise aber auch ohne gegenständliche Beschränkung ausgestaltet.

Den eben erwähnten welfischen Regelungen von 1655, 1673 und 1736 sehr ähnlich sind die Artikel 174 und 175 des dänischen Artikelsbriefes

---

[44] Das bedeutet nach der Kommentierung *Ziegelers* zu der entsprechenden Bestimmung in den KA von 1673, „daß sie ihre Vorgesetzten Officier nicht etwan mit schimpflichen oder spöttischen Worten angreifen; hernach daß sie nicht mehr erzehlen, als was die lautere Wahrheit ist; Drittens daß sie nicht rottiren, und das Ihrige mit Ungestüm fordern".
[45] Art. 77. 78. Im Jahre 1677 von G. H. *Ziegeler* kommentiert. Text auch bei *Lünig* S. 1059 als KA König Georgs (I.) von Großbritannien und Churfürst zu Braunschweig und Lüneburg. Während diese KA wahrscheinlich vom 4. Okt. 1673 datieren, lassen sich auch KA des Herzogs Georg-Wilhelm zu Braunschweig-Lüneburg-Celle vom 26. Nov. 1673 nachweisen, die in Art. 100 ebenfalls eine entsprechende und nur gering veränderte Vorschrift enthalten (Text im jur. Seminar der Universität Göttingen in dem Sammelband „Landesverordnungen", Band II, S. 203).
[46] Art. 21, 22 des „Kriegsrecht oder Articuls-Brief, wornach sich Unsere sämtliche Teutsche Trouppen gebührend zu achten" vom 15. Nov. 1736 (Wiedergegeben bei *Willich* II/333 ff.).

Die geschichtliche Entwicklung des Wehrbeschwerderechts 29

von 1683. Dieser Artikelsbrief[47] enthält in Art. 167 eine weitere Bestimmung, nach der öffentliches Rufen um Geld wie üblich unter Strafe gestellt ist, der aber fortfährt: „... sintemahl ein jeder allein und für sich selbst mit gebührlichem Respect seine Noth dem Ober-Officier zu erkennen geben, oder für dem Commissariat solches suchen und angeben soll." Hierzu nun wieder findet sich eine Entsprechung in den Mecklenburger Kriegsartikeln vom 30. März 1701 (Art. 4)[48].

Weiterhin ist der Lübecker Artikelsbrief von 1692 anzuführen. Er ermahnt in Art. 4 zu Respekt und Gehorsam gegenüber den Offizieren sowie zur Ausführung der Befehle ohne Murren und Widersetzen. Die Soldaten sollen auch „im Falle sie ihrer Meynung nach über Gebühr beschweret würden, dennoch ihrem Commando pariren, und (erst) hernach am gehörigen Orte sich darüber beklagen"[49]. Nach § 7 der kurpfälzischen Kriegsordnung von 1693 ist jedem im Regiment, der sich widerrechtlich beschwert glaubt, Berufung an den Kurfürsten gestattet. Der kommandierende General hat dabei Sorge zu tragen, daß dem widerrechtlich Gravierten diese Berufung an den Kriegsherrn nicht abgestritten wird[50]. Um 1750 schließlich schreibt Gnügen in seiner Anleitung zum Kriegsrecht: „Weil aber öffters unter dem Namen der Subordination Dinge zur Ungebühr gefordert werden, so kan sich einer deswegen beschweren. Hat sich der Niedrige wider den Höheren zu beschweren, so muß er es zuerst demjenigen, welcher ihm unmittelbar vorgesetzt, melden und um Justiz Ansuchung thun; bekommt er aber keine Hülffe, so kan er sich zu der höheren Justiz wenden." An anderer Stelle vermerkt derselbe Autor, daß vor der Beschwerde dem Gebot der Vorgesetzten nachzukommen ist. „Denn bei der Miliz heiset es: erst gehorsamen und hernach beschweren, denn sonst hat (der Beschwerdeführer) Unrecht, wenn er auch an und vor sich das größte Recht hätte[51]."

Doch zurück zu den Vorschriften der braunschweig-lüneburgischen Landesherren! Die oben erwähnten Kriegsartikel Georgs II. von 1736 wurden durch die Georgs III. vom 4. Mai 1790 abgelöst[52]. Wiederum

---

[47] Text bei *Lünig* S. 1297 ff.
[48] Bei Lünig S. 1157 ff. Ähnlich auch die kurpfälzischen KA des Johann Wilhelm in Art. VIII, bei *Lünig* 1030 ff. Vgl. auch Art. 23 des bayrischen Artikelsbriefes vom 25. Mai 1717 (bei *Lünig* S. 796).
[49] Text bei *Lünig* S. 1249 ff.
[50] Nach *Beck* ArchMilR 3/102; vgl. auch R. *Müller* WWR 62/574. Um die „ersten Anfänge eines formellen Beschwerderechts" handelt es sich hier allerdings nicht mehr.
[51] *Gnügen* §§ 128, 129, 133. Vgl. ferner auch ebenda §§ 76, 488. Die von *Gnügen* angegebenen Belegstellen bei *Graf Khevenhüller* beziehen sich (auch?) auf die dritte Auflage von dessen „Observations-Puncten". Sie stimmen jeweils fast wörtlich mit Gnügens Ausführungen überein.
[52] Wiedergegeben bei *v. Spangenberg* III/526 ff.

enthalten sie ein Beschwerderecht, doch ist jetzt in den Art. 24, 25 und 26 nur noch allgemein von Beschwerden die Rede, ohne daß der Beschwerdegegenstand genannt wird. Beschwerden sollen „dem nächsten Obern vorgetragen und gemeldet, und dieser nicht übergangen werden[53]. Wer über seinen Vorgesetzten Beschwerde zu führen hat, soll selbige unter Beybehaltung der schuldigen Ehrerbietung vorbringen. Wenn drei oder mehrere dergleichen Beschwerden haben, sollen sie selbige höchstens nur durch zween von ihnen auf die vorbemeldete Art vorbringen dürfen". Vergehen hiergegen sind strafbar. Sie bleiben es auch nach §§ 68, 69 des Militärstrafgesetzbuches für das Königreich Hannover vom 1. Januar 1841, das die Kriegsartikel von 1790 ablöst[54].

Verhältnismäßig ausführliche Bestimmungen über das Beschwerderecht treffen auch die braunschweigischen Kriegsartikel von 1814[55]: Offizier, Unteroffizier und Gemeiner müssen sich zunächst an den rechtsverletzenden Vorgesetzten selbst wenden und „geziemend ansuchen, daß derselbe das ihm getane Unrecht wieder gut machen möge". Hat das keinen Erfolg, so muß sich der vermeintlich Beschwerte an den Regimentskommandeur wenden, der ein „Untersuchungs- oder Regiments-Kriegsgericht" zu berufen hat, gegen dessen Spruch beide Teile an ein „Generalskriegsgericht appellieren" können. Das erinnert stark an die oben dargestellten skandinavischen Regelungen des 17. Jahrhunderts!

Diese Regelung wird nach der Einführung der allgemeinen Wehrpflicht wieder aufgehoben[56]. Nunmehr, nach Art. 11 der Kriegsartikel von 1821[57], ist die Beschwerde nach beendigtem Dienst bei dem Vorgesetzten des Beschwerdegegners anzubringen. Gegen die Beschwerde

---

[53] Das war in früherer Zeit umstritten. *Ziegeler* S. 489 meint zu den Kriegsartikeln von 1673, „daß ein Soldat, wegen seiner Unerfahrenheit in Rechten nicht gebunden sei, die Staffeln in Acht zu nehmen, bey wem zum ersten er die Klage anstrengen wollen". Dem gegenüber sieht *Gnügen* in seinen oben wiedergegebenen Ausführungen die Einhaltung des Instanzenzuges offenbar für verbindlich an. 1768 nimmt *Frhr. v. Kreittmayer* (V/1598) ein Vergehen gegen die Subordination an, „wenn derjenige, welcher graviret zu seyn vermeint. die nächste Instanz überspringt, und gleich an die höhere, oder höchste Stelle lauft, und bei der großen Glogge zu leuten anfangt". Die Auffassungen haben sich offenbar im Laufe der Zeit gewandelt.

[54] Die in § 69 hann. MStGB erwähnten Dienstvorschriften, „durch welche bestimmt ist, wie eine Beschwerde vorgebracht werden soll", dürften in ähnlicher Weise auch schon vor 1790 bestanden haben. Sie waren jedoch nicht aufzufinden.

[55] „Kriegsartikel für das gesamte Braunschweigische Militär" vom 11. Februar 1814, Art. 14. In: Verordnungssammlung für die Herzogl. Braunschweigischen Lande 1814/117 ff.

[56] Verordnung, das Canton-Reglement betreffend vom 30. Juli 1821, wiedergegeben ebenda 1821/167.

[57] „Kriegsartikel für das gesammte Militair" vom 29. Okt. 1821, Text ebenda 1821/203 ff.

kann weitere Beschwerde bis hin zum Landesherren eingelegt werden, dem Beschwerdegegner ist jeweils Anzeige zu machen. Vorbringen unwahrer Behauptungen, Umgehung des Dienstweges und gleichzeitiges Beschweren von mehr als zwei Soldaten ist strafbar.

III. Weitere Entwicklung bis zum Erlaß der Wehrbeschwerdeordnung

Das beginnende 19. Jahrhundert brachte wesentliche militärpolitische Neuerungen mit sich. Insbesondere die Einführung der allgemeinen Wehrpflicht und die taktischen Änderungen dürften dabei nachhaltigen Einfluß auf die Statuierung eines Beschwerderechts auch in allen anderen deutschen Ländern ausgeübt haben. Beide forderten wenigstens in begrenztem Umfange die Heranbildung eines mitdenkenden und sich mitverantwortlich fühlenden Soldaten. Zu diesem Zweck mußte man den Soldaten aus seiner überkommenen Objektstellung befreien und ihn zum Rechtssubjekt machen, dem Möglichkeiten zur Durchsetzung seiner Ansprüche zur Verfügung zu stellen waren. Das liberale Gedankengut der Zeit, ohnehin mit der militärpolitischen Entwicklung in Wechselwirkung stehend, begünstigte auch die Ausformung des Beschwerderechts. Dabei wird jetzt bedeutsam, daß das Beschwerderecht nicht mehr überwiegend zum rechtzeitigen Erkennen und Beheben von disziplingefährdender Unzufriedenheit des einzelnen und der Truppe dient, sondern ebenso als echtes Rechtsmittel zum Individualschutz des Wehrdienst leistenden Bürgers gedacht ist[58].

Neben den erwähnten Bestimmungen in Hannover und Braunschweig sowie ferner in Bayern enthalten jetzt auch die kurhessischen Kriegsartikel von 1814 ein Beschwerderecht, wenn es auch noch etwas rudimentär erscheint[59]. In Sachsen findet sich 1822 ein Beschwerderecht gegen Befehle etwas unvermutet im „Strafgesetzbuch für die Königlich sächsischen Truppen"[60]. In Preußen wird durch Erlaß vom 25. Februar

---

[58] Zum allgemeinen militärpolitischen Denken der „Reformer" vgl. die nur selten aus dieser Zeit zitierten Gedanken H. v. Boyens, 1799: „Nur die immerwährende Entwicklung und Bildung des Ehrgefühls bildet den Krieger in stehenden Heeren zu seiner Bestimmung, und nur dann, wenn er durch Menschlichkeit und gute Begegnung an das Interesse seines Herren geknüpft wird, wenn er sich allgemein geehrt, nicht durch niedrige Behandlung verachtet fühlt, reift er schon im Frieden zum kraftvollen Vaterlandsverteidiger." (Nach *Schwinge* S. 42; siehe auch R. *Müller* WWR 62/575.)

[59] Art. 21 der KA für das kurhessische Armee-Corps und dann Art. 9 von deren Folgebestimmungen, KA vom 17. März 1814 und KA vom 30. Nov. 1818 (Text in „Sammlung Kurhessen" 1814/25 ff. bzw. 1818/119 ff.).

[60] Vom 4. Febr. 1822; mit dem ausdrücklich gegebenen Hinweis, daß der Soldat zunächst „die Befehle seiner Oberen, während des Dienstes, unbedingt, und ohne Widerrede, oder sonstige Äußerungen über deren Nützlichkeit oder Rechtmäßigkeit zu vollziehen" habe (Ziff. 71). Auch hier besteht kein näher durchgebildetes Verfahren.

1828 und später durch die Kriegsartikel vom 27. Juni 1844 ein allgemeines, jedoch für Offiziere und Mannschaften verschiedenes Beschwerderecht mit einem näher durchgebildeten Verfahren eingeräumt[61]. Bemerkenswert ist bei der preußischen Vorschrift die Anordnung, daß die Untersuchung einer Beschwerde auch dann stattzufinden habe, wenn die Beschwerde nicht ordnungsgemäß eingelegt wurde und der Beschwerdeführer daher zunächst erst einmal zu bestrafen war. Hier ist erstmalig der Doppelcharakter des Beschwerderechts deutlich den Vorschriften zu entnehmen[62].

Über die weitere Entwicklung des Beschwerderechts bis zum Erlaß der Wehrbeschwerdeordnung von 1956 soll hier nur kurz referiert werden. Sie ist schon wiederholt und ausführlich dargestellt worden[63].

Eine neue Zäsur erfolgte 1873 mit den „Vorschriften über den Dienstweg und die Behandlung von Beschwerden der Militärpersonen des Heeres und der Marine und der Zivilbeamten der Militär- und Marineverwaltung". Sie erfaßten die gesamte Materie des Beschwerderechts in einer ausführlichen und zusammenhängenden Regelung und hatten, nachdem Bayern sie 1875 übernahm, für alle deutschen Soldaten einheitliche Geltung. Rudolf *Müller* bezeichnet sie zu Recht als einen „Markstein in der Entwicklung, allen Staaten voraus"[64]. In den wesentlichen Grundzügen[65] bleibt der Einfluß des preußischen Erlasses von 1828 und die frühere Regelung der hannoverschen und braunschweigischen Vorschriften erkennbar.

Andererseits wieder ist von der Beschwerdeordnung von 1873 aus eine stetige Entwicklung bis zum jetzt geltenden Recht der WBO zu beobachten. Die einzelnen Etappen sind dabei die BO von 1894 bis 1896[66], die BO vom 15. November 1921 und die BO vom 8. April 1936[67].

---

[61] Ausführlich mit teilweiser Textwiedergabe *Dietz* (1911) S. 13 ff. und *Dietz* (1941) S. 26 ff. Vgl. ferner auch R. *Müller* WWR 62/575 f. und *Frahm* S. 11 f.

[62] Wortlaut der Bestimmung bei *Dietz* (1941) S. 27 Fußn. 1.

[63] Siehe oben S. 18 mit Fußn. 1.

[64] In WWR 62/576.

[65] Die Vorschrift ist ihrem wesentlichen Inhalt nach wiedergegeben bei *Dietz* (1941) S. 31 f. und R. *Müller* WWR 62/576 f.

[66] In diesem Zeitabschnitt ergingen insgesamt acht verschiedene Beschwerdeordnungen, die jedoch in ihrem Kern übereinstimmten. Und zwar: BO für das Heer, BO für das Bayerische Heer, BO für die Marine und BO für die afrikanischen Schutztruppen. Bei diesen Beschwerdeordnungen wurde jeweils wieder eine für Unteroffiziere und Mannschaften und eine für Offiziere erlassen. Kommentierung durch *Dietz* im Jahre 1911. Überblick und genaue Fundstellen auch bei *Dietz* (1941) S. 33 f. und ferner bei *Frahm*, S. 12 f.

[67] BO von 1921: HVBl. 1921 Nr. 70; wiedergegeben auch bei *Dietz* in seinem Kommentar zur Disziplinarstrafordnung für das Heer, 1936, Band II S. 221 ff. BO von 1936: HVBl. 1936 Nr. 365; Kommentierung von *Dietz* in mehreren Auflagen (1938, 1941, 1943).

Im Grundsatz wurde das Verfahren bis zu der letztgenannten Vorschrift nur wenig verändert, wenn sich auch die Rechtsposition des Beschwerdeführers durchgehend besserte. Insbesondere wich die ursprünglich obligatorische Bestrafung bei Übertretung der Formvorschriften sowie bei unbegründeten Beschwerden einer fakultativen[68]. Zudem wurden die Beschwerdefristen von zunächst drei Tagen (BO 1873) über fünf (BO 1894—1896) auf sieben Tage (BO 1921, 1936) verlängert. Endlich wurde für Beschwerden von Offizieren, Unteroffizieren und Mannschaften das Verfahren im wesentlichen vereinheitlicht. In bezug auf den Beschwerdegegenstand ist anzumerken, daß Ansprüche wegen vermeintlich unrichtiger Abfindung mit Besoldung, Bekleidung, Verpflegung, Unterkunft und wegen unzureichender ärztlicher Versorgung seit 1921 nicht mehr mit der Wehrbeschwerde anzufechten waren. Die Ausklammerung fand ihren Grund in Art. 129 Abs. IV Satz 1 WRV, der für die Geltendmachung vermögensrechtlicher Ansprüche auch[69] der Soldaten den ordentlichen Rechtsweg eröffnete.

Die jetzt geltende Wehrbeschwerdeordnung vom 23. Dezember 1956 baut zwar einerseits unzweifelhaft auf ihren Vorläufern auf, enthält andererseits aber auch wieder zahlreiche und teilweise erhebliche Neuerungen, durch die sie sich deutlich von den früheren Normierungen abhebt. Der gesetzgeberische Leitgedanke vom Staatsbürger in Uniform[70] wird konsequenterweise auch im Bereich des militärischen Beschwerderechts spürbar. Denn die möglichst umfassend gedachte Gewährung früher ausschließlich oder doch überwiegend nur dem Nichtsoldaten zuerkannter „bürgerlicher" Rechte auch dem Soldaten gegenüber kann nur dann ihren Sinn erfüllen, wenn der Soldat diese Rechte wirksam durchzusetzen vermag.

Von den Neuerungen sollen an dieser Stelle folgende erwähnt werden: Schon äußerlich fällt bei einem Vergleich auf, daß die WBO im Gegensatz zu ihren Vorgängern in Gesetzesform erlassen wurde[71]. Als

---

[68] Eingehender hierzu *Müller* WWR 62/579.
[69] Dazu *Anschütz* S. 596. Siehe ferner § 32 des Reichswehrgesetzes vom 23. März 1921 (RGBl. S. 329).
[70] Der Begriff des „Staatsbürgers in Uniform" als prägender Grundsatz der neuen Wehrkonzeption kann im Rahmen dieser Arbeit nicht ausgeschöpft werden. Insoweit muß auf die zahlreichen Veröffentlichungen zu diesem Thema verwiesen werden, von denen hier nur beispielhaft angeführt sei: *Jaeger*, Festschrift für Apelt S. 121 ff.; Handbuch Innere Führung S. 17 ff.; *Köttgen* GRSold S. 47 ff.; *Lerche* GR IV/1 S. 450 f.; *Hahnenfeld*, Wehrverfassungsrecht S. 47; *Martens* S. 117 ff.; *Karst* S. 78 ff.; *Bigler* S. 60 ff.; *Dürig* in Maunz-Dürig Rdnr. 4 ff. zu Art. 17 a GG; jüngst *Maurer* S. 14 ff. Siehe ferner auch unten im 10. Kapitel S. 117 ff.
[71] Zur Begründung für die Wahl der Gesetzesform vgl. § 34 Satz 2 SG und die Ausführungen des Abgeordneten *Merten* als Berichterstatter des Ausschusses für Vtdg. in Sten. Ber. BT 2. WP 181. Sitzung vom 14. 12. 56 S. 10035 C.

grundlegendste Neuerung enthält sie die Möglichkeit, nach abgeschlossenem militärinternem Beschwerdeverfahren eine Entscheidung durch unabhängige Gerichte herbeizuführen. Zudem wurde der Beschwerdeweg beträchtlich verkürzt, die Fristen dagegen verlängert und eine Bestrafung allein wegen unbegründeten Beschwerdeführens oder Übertretung der Formvorschriften ausgeschlossen.

Dem Gedanken der Vereinheitlichung trägt die WBO abweichend von dem Bisherigen in zweifacher Hinsicht Rechnung. Bei dem (der Beschwerde vorausgehenden) Vermittlungsverfahren wurden bestehende Unterschiede zwischen den Verfahren für Offiziere einerseits sowie Unteroffiziere und Mannschaften andererseits unter Umgestaltung dieses Instituts beseitigt. Beschwerden wegen unrichtiger Abfindung mit Besoldung, Bekleidung usw. sind im Grundsatz wieder in Form der Wehrbeschwerde i. w. S. vorzubringen.

Auf alle diese Neuerungen wie auch auf einige andere wird im Verlauf der weiteren Untersuchungen noch näher einzugehen sein.

Drittes Kapitel

Die Grundprinzipien der Wehrbeschwerdeordnung

Bei der Konzipierung der Wehrbeschwerdeordnung sah sich der Gesetzgeber einer zweifachen Aufgabe gegenübergestellt. Einmal schien es notwendig, ein möglichst umfassendes militärinternes Rechtsschutzsystem zu schaffen, das auch für den einfachen Soldaten leicht zu überschauen und zu handhaben sein sollte. Zum anderen war dem formellen Grundrecht des Art. 19 Abs. IV GG Rechnung zu tragen und dem Soldaten die Herbeiführung gerichtlicher Entscheidungen zu ermöglichen.

Der Gesetzgeber entschloß sich zu einer Lösung, die interne Kontrolle und gerichtliche Kontrolle verbindet[1]. Der Soldat kann gegen unrechtmäßige oder unzweckmäßige Maßnahmen zunächst durch zwei Instanzen innerhalb der Bundeswehr Beschwerde führen. Will er allein Unzweckmäßigkeit geltend machen, so kann er sich in dritter Instanz

---

Die Notwendigkeit eines Erlasses in Gesetzesform dürfte sich allerdings im wesentlichen schon aus der in der WBO geregelten Materie (Gerichtsweg, gerichtliches Verfahren!) ergeben.

[1] *Barth* GRSold S. 91 spricht in diesem Zusammenhang von „darin liegenden sehr erheblichen juristischen Schwierigkeiten". Immerhin aber enthalten auch die früheren Verwaltungsgerichtsgesetze und die VwGO ähnliche Verbindungen (Widerspruch usw. — Klage).

unmittelbar an den Bundesminister der Verteidigung wenden. Glaubt er sich aber in seinen Rechten verletzt, so haben Beschwerde und weitere Beschwerde den Charakter eines Vorverfahrens gehabt. In dritter Instanz können jetzt die Gerichte angerufen werden.

I. Eröffnung des Gerichtsweges

Die Eröffnung des Gerichtsweges konfrontierte den Gesetzgeber mit der althergebrachten, aber auch heute noch nicht endgültig gelösten Problematik des gerichtlichen Schutzes im besonderen Gewaltverhältnis. Es dürfte zwar die Möglichkeit bestanden haben, Art. 19 Abs. IV GG in gleicher Weise einzuschränken, wie es für andere Grundrechte durch Art. 17 a GG geschehen ist[2]. Indessen haben weder Bundesregierung noch Parlament eine solche Beschränkung jemals ernsthaft in Erwägung gezogen[3].

Wurde damit der Geltungsanspruch des Art. 19 Abs. IV GG auch für das militärische Gewaltverhältnis im Grundsatz bejaht, so blieb doch die Frage nach dem Umfang dieses Geltungsanspruches bestehen. Während bei allen anderen besonderen Gewaltverhältnissen hier die eigentliche Problematik beginnt, bediente sich der Wehrgesetzgeber einer Lösung, die vom Schrifttum als revolutionär[4] bezeichnet wurde und die zumindest gegenüber ausländischem und früherem deutschem Recht auch als solche erscheint. Für die Angehörigen des militärischen Gewaltverhältnisses wurde der Rechtsweg in äußerst großzügiger Weise eröffnet. Die Zulässigkeit der Anrufung gerichtlichen Schutzes ist nicht davon abhängig gemacht, ob die behauptete Beeinträchtigung den Soldaten im Grund- oder im Betriebsverhältnis berührt. Auch über die Rechtmäßigkeit von Akten der Kommandogewalt kann der vermeintliche Verletze gerichtliche Entscheidung herbeiführen.

Die Frage, ob Art. 19 Abs. IV GG eine derart großzügige Regelung notwendig machte, wird vom Schrifttum allgemein positiv beantwortet. Über die dogmatische Begründung besteht allerdings Uneinigkeit. So leugnet zum Beispiel *Dürig*[5] generell die Möglichkeit, die Eröffnung des Rechtsweges von den Kriterien Betriebsverhältnis oder Grundverhältnis beziehungsweise Verwaltungsakt oder innerdienstliche Weisung abhängig machen zu können. Vielmehr müsse eine Klage stets schon dann als zulässig erachtet werden, wenn eine potentielle Verletzung

---

[2] Vgl. *Salzmann* S. 121 (mit Nachweisen).
[3] *Barth* GRSold S. 94.
[4] *Barth* GRSold S. 91; vgl. auch *Salzmann* S. 118 f.
[5] In Maunz-Dürig Rdnr. 25 zu Art. 19 Abs. IV GG.

der Individualsphäre durch einen Hoheitsträger — auch bei Maßnahmen innerhalb eines besonderen Gewaltverhältnisses — in Betracht komme. *Dürig* glaubt die Richtigkeit seiner Ansicht gerade durch die WBO bestätigt zu finden[6].

Zu demselben Ergebnis kommt auch *Ule* in seinen Ausführungen auf der Mainzer Staatsrechtslehrertagung[7] — allerdings mit einer im wesentlichen anderen Begründung: Der Soldat sei im Wehrdienstverhältnis in besonders intensiver Weise der Gefährdung von Rechtsverletzungen durch hoheitliche Gewaltausübung ausgesetzt. Daher müsse in diesem Fall ausnahmsweise[8] auch das Betriebsverhältnis gerichtlicher Beurteilung zugänglich gemacht werden.

Da die hier zur Untersuchung stehende WBO im Ergebnis auch über Akte des Betriebsverhältnisses gerichtliche Entscheidung zuläßt, ist dieser Streit jedenfalls für das militärische Gewaltverhältnis kaum mehr von praktischer Bedeutung. Immerhin sei aber auf die erheblichen Schwierigkeiten hingewiesen, denen sich *Ule* und mit ihm wohl noch die herrschende Ansicht gegenübergestellt sieht. Auch eingehendere Begründungsversuche vermögen nicht über die geringe Überzeugungskraft des Schlusses hinwegzutäuschen, daß der Soldat rechtlich dem Strafgefangenen, nicht aber dem Beamten gleichgestellt sein soll[9].

Ist mit der generellen Eröffnung des Gerichtsweges die Unterscheidung von Maßnahmen im Grund- und solchen im Betriebsverhältnis für den Rechtsschutz des Soldaten auch hinfällig geworden, so hat sie doch — wenn auch nur mittelbar — im Wehrrecht ihren Niederschlag gefunden. Denn zur Entscheidung von Streitigkeiten, die sich aus dem Wehrdienstverhältnis herleiten, sind zwei verschiedene Rechtswege beschreitbar[10].

Nach § 59 SG ist für Klagen von Soldaten aus dem Wehrdienstverhältnis der Verwaltungsrechtsweg gegeben. Das gilt aber nur, „soweit

---

[6] Ebenda S. 16 Fußn. 1.
[7] VVDStRL 15/133 ff. (S. 150 ff.).
[8] Die Hervorhebung „ausnahmsweise" wird zwar von *Ule* nicht wörtlich verwandt, drängt sich aber im Rahmen seiner Systematik auf. Vgl. ebenda S. 158 ff.; S. 163/164; S. 184 sub II/9.
[9] Vgl. ferner zur Bedeutung des Art. 19 Abs. IV GG für das (interne) militärische Gewaltverhältnis: K. *Meyer* DÖV 54/66 ff.; *Lerche* DVBl. 54/626 ff. und GR IV/1 S. 512 ff.; *Barth* GRSold S. 91 ff.; *Obermayer* DVBl. 57/265; *Salzmann* S. 120 ff.; *Martens* S. 114 f.; schriftlicher Bericht des Ausschusses für Verteidigung zum EWBO in Sten. Ber. BT 2. WP 181. Sitzung vom 14. 12. 56 S. 10091 D.
[10] Der (dritte) Zivilrechtsweg bei Amtshaftungs- und Regreßansprüchen kann hier unberücksichtigt bleiben; Art. 34 GG hat allgemein Geltung, also auch für das militärische Gewaltverhältnis.

nicht ein anderer Rechtsweg gesetzlich vorgeschrieben ist". Als anderer Rechtsweg kommt nach § 17 Abs. I, II WBO der Weg vor die Wehrdienstgerichte in Betracht. Bei diesen handelt es sich um Sonderverwaltungsgerichte, die nach Besetzung und Organisation auf die Beurteilung von Rechtsstreitigkeiten im speziell militärischen Gewaltverhältnis ausgerichtet sind.

Die Kompetenzverteilung zwischen allgemeinem und besonderem Verwaltungsgericht ist hier nun derart gestaltet, daß sich Anklänge an die Lehre vom Innen- und Außenverhältnis oder vom Grund- und Betriebsverhältnis feststellen lassen. Die enumerativ begründete Zuständigkeit der Wehrdienstgerichte weist diesen die Entscheidung über Hoheitsakte zu, die auf dem „Verhältnis der besonderen militärischen Unterordnung"[11] beruhen, die also regelmäßig aufgrund der militärischen Kommandogewalt ergehen oder doch mit ihr in engstem Zusammenhang stehen. Bei Verwendung der herkömmlichen Unterscheidung oder der von *Ule* geprägten Begriffe wäre hier in der weitaus überwiegenden Zahl der Fälle nur das Innen- oder Betriebsverhältnis berührt.

Dagegen bleiben die allgemeinen Verwaltungsgerichte für die Entscheidung solcher Streitigkeiten zuständig, die dem Verhältnis Dienstherr — Soldat entstammen. Hierher gehören alle statuarischen Klagen über Begründung und Beendigung des Dienstverhältnisses sowie solche aus Verletzung der dem Dienstherren auferlegten Fürsorgepflicht im weitesten Sinne. Mit den herkömmlichen verwaltungsrechtlichen Begriffen würde man sagen, daß in diesen Fällen stets das Außen- oder Grundverhältnis berührt wurde.

II. Grundsatz der Vereinheitlichung

Neben den Bemühungen um möglichst umfassende Eröffnung des Gerichtsweges sollte in der WBO auch die Absicht des Gesetzgebers verwirklicht werden, das militärinterne Beschwerdeverfahren besonders für den einfachen Soldaten leicht verständlich und anwendbar zu gestalten. Zur Lösung dieser zweiten Aufgabe wurde versucht, alle nur denkbaren auf das militärische Dienstverhältnis bezogenen Beschwerdearten in einer Einheitsbeschwerde zusammenzufassen[12]. Die gefundene Form der Einheitsbeschwerde sollte gleichermaßen gegen

---

[11] BDH (WDS) NZWehrR 59/108 = DÖV 59/34 = BDHE 4/169.
[12] Amtliche Begründung zum EWBO in Drucksachen BT 2. WP Nr. 2359 S. 8; schriftlicher Bericht des Ausschusses für Vtdg. in Sten. Ber. BT 2. WP 181. Sitzung vom 14. 12. 56 S. 10091 D, S. 10092 A; vgl. auch *Barth* GRSold S. 95.

Disziplinarstrafen wie gegen allgemeine Verwaltungsakte etwa nach dem Begriff des § 25 MRVO Nr. 165 anwendbar sein, gegen Akte der Befehlsgewalt wie gegen Handlungen von Kameraden, gegen bloßes Untätigsein einer Dienststelle auf einen Antrag hin und schließlich noch als einfache Dienstaufsichtsbeschwerde wie auch als Vorverfahren für die Eröffnung des Gerichtsweges.

So anerkennenswert nun die Bemühungen um Vereinheitlichung und daraus folgende Vereinfachung auch sind: ein wirklicher Erfolg ist ihnen in bezug auf die WBO nicht beschieden. Denn der Gesetzgeber sah sich genötigt, dem nach dem Beschwerdegegenstand jeweils verschiedenen Charakter der Beschwerden letzten Endes doch wieder Rechnung zu tragen. Zahlreiche darauf beruhende Sonderregelungen, die sich vornehmlich im weiteren Verlauf des Verfahrens auswirken, führen zu einer gewissen Unübersichtlichkeit der WBO. Andererseits wieder entstehen durch die bewußt knapp gehaltenen Regelungen[13] einige Lücken, die ebenfalls nicht gerade zu einer leichten Verständlichkeit dieses Gesetzes beitragen.

Zwar belasten die Mängel den Beschwerdeführer selbst meist nur in geringerem Maße; und darin kann ein Teilerfolg gesehen werden. Um so mehr aber sieht sich die angerufene Instanz, in den meisten Fällen der Kompanieführer, bei der Entscheidung und Rechtsmittelbelehrung oder der Weitergabe an die zuständige Stelle vor Schwierigkeiten gestellt. Die Mängel sind daher auch Gegenstand erheblicher und keineswegs unberechtigter Kritik geworden, von der hier nur ein kurzer Auszug wiedergegeben werden soll.

Bereits zwei Jahre nach Inkrafttreten des Gesetzes sieht sich ein hoher Beamter aus dem Verteidigungsministerium zu der Feststellung veranlaßt[14], daß nach den bis dahin gesammelten Erfahrungen die Anwendung der WBO in der Praxis den Soldaten, aber auch den Verwaltungsstellen der Bundeswehr erhebliche Schwierigkeiten bereite. Ihre Regelung übersteige insgesamt das Fassungsvermögen der regelmäßig juristisch nicht vorgebildeten Soldaten, für die aber das Gesetz in erster Linie bestimmt sei, und sie sei selbst für einen Juristen teilweise nur schwer verständlich. — Ein anderer Autor beschränkt sich auf ein Horazzitat: nihil est ab omni parte beatum[15].

---

[13] Obgleich die WBO ihrem Inhalt nach wesentlich „mehr" regeln will als die BO 36, umfaßt sie nur einschließlich der Bestimmung des § 30 WDO insgesamt 24 Paragraphen gegenüber diesen Paragraphen 31 entsprechenden Ziffern der BO 36 (die Ziffern 19, 31 bis 35 der BO 36 können bei dem Vergleich unberücksichtigt bleiben).
[14] H. *Meyer* NZWehrR 59/18 ff.
[15] R. *Müller* WWR 62/581; Zitat nach Oden II/16/27.

Die Wiedergabe von Kritik ließe sich noch um eine recht beträchtliche Anzahl von Stimmen vermehren[16]. Da jedoch diese Kritik im wesentlichen ihren Anlaß aus der etwas mißglückten Zusammenfassung der verschiedenen Beschwerden in der Einheitsbeschwerde herleitet, scheint es zweckmäßiger, zunächst die Einheitsbeschwerde wieder in ihre ursprünglichen Bestandteile zu zergliedern. Das dann gefundene System mag als Grundlage für die nachfolgende Darstellung dienen. In deren Rahmen kann auch auf die einzelnen Ansatzpunkte zur Kritik eingegangen werden, die nicht in unmittelbarem Zusammenhang mit dem Versuch „Einheitsbeschwerde" stehen.

III. Versuch einer Systematisierung der Einheitsbeschwerde

Das Schrifttum zur WBO weist verschiedentlich Bemühungen auf, den Vorschriften der WBO ein System von Beschwerdearten zugrunde zu legen. Die Versuche weichen jedoch nicht unwesentlich voneinander ab. So sieht zum Beispiel Heinrich *Meyer* fünf Beschwerdearten[17]:

— Die „echte truppendienstliche Wehrbeschwerde (§ 17 Abs. I WBO)", die sich gegen unmittelbare dienstliche Beeinträchtigungen richtet.

— Die „Disziplinarbeschwerde (§ 30 WDO)", die sich gegen einfache Disziplinarstrafen richtet.

— Die „Verwaltungsbeschwerde (§ 22 WBO)", durch die das Vorverfahren der VwGO ersetzt wird.

— Die „Statusbeschwerde", die einen Unterfall der vorerwähnten Verwaltungsbeschwerde bildet.

— Die „Untätigkeitsbeschwerde" (§ 1 Abs. II, § 16 Abs. II, § 17 Abs. I Satz 2 WBO)", mit der Untätigkeit einer angerufenen Stelle gerügt wird.

Nach anderer Ansicht[18] stehen einem Soldaten insgesamt sechs nach Art und Gegenstand verschiedene Beschwerden zur Verfügung. Unter Bezugnahme auf einen Erlaß des Bundesministers der Verteidigung[19] wird den fünf oben erwähnten Arten noch eine sechste hinzugefügt,

---

[16] Vgl. z. B. WBA-Jahresbericht 1959 S. 26; *Lerche* GR IV/1 S. 518 f.; *Fuchs* NZWehrR 64/67; *Wunderlich* NZWehrR 65/11; vgl. auch die Leserbriefe in der Zeitschrift „Spiegel" 1965/Nr. 29/6 ff.
[17] NZWehrR 59/18 f.; zustimmend *Salzmann* S. 138.
[18] *Schwinger* NZWehrR 64/152 f.
[19] VMBl. 1960/204; der Erlaß will die Rechtsmittelbelehrungen, die einem Beschwerdebescheid beizufügen sind, vereinheitlichen.

eine „Ministerbeschwerde (§ 21 WBO)", die sich gegen Maßnahmen des Ministers richtet[20].

Wiederum einer anderen Einteilungsmethode bedient sich *Jähn*. Danach ist zwar auch von sechs Beschwerden auszugehen, aber die Ministerbeschwerde soll entfallen. Dafür wird eine „Kameradenbeschwerde" hinzugefügt[21].

Diese Beispiele mögen hier einstweilen genügen[22]. Keiner der Versuche vermag — für sich gesehen — recht zu überzeugen. Denn es wird nicht deutlich, nach welchen Kriterien die jeweilige Einteilung vorgenommen wurde. So darf die Untätigkeitsbeschwerde nicht gleichwertig neben die Verwaltungs- und Wehrbeschwerde gestellt werden. Sie kann in gleicher Weise gegen Untätigkeit auf ein Urlaubsgesuch hin (Wehrbeschwerde!) wie auch bei solcher in bezug auf ein Entlassungsgesuch (Verwaltungsbeschwerde!) eingelegt werden. Die Ministerbeschwerde ist ebenfalls kein echtes aliud. Hier war nur deswegen eine Sonderregelung zu treffen, weil der Minister keiner Dienstaufsicht unterliegt und somit die Anrufung einer hierarchisch höheren Stelle nicht möglich ist. Die Beschwerde kann sich aber in gleicher Weise gegen einen Verwaltungsakt des Ministers, gegen den Minister als Vorgesetzten, gegen eine von ihm verfügte Disziplinarstrafe wie auch gegen bloßes Untätigbleiben auf einen Antrag hin richten.

Es erweist sich damit als notwendig, die Einteilung nach jeweils verschiedenen Kriterien vorzunehmen, doch dabei in sich geschlossene Gruppen zu bilden. Geht man vom Beschwerdegegenstand aus, so gibt das Gesetz Anlaß zu einer Vierteilung in:

— echte truppendienstliche Wehrbeschwerden (im folgenden auch kurz „Wehrbeschwerden" genannt);

— Kameradenbeschwerden;

— Disziplinarbeschwerden;

— Verwaltungsbeschwerden.

---

[20] Die Einteilung von *Schwinger* weicht auch noch in anderen Einzelheiten von der durch H. *Meyer* vorgenommenen ab, jedoch in diesen Fällen nicht so offensichtlich.

[21] *Jähn* BWV 63/12; die „echte truppendienstliche Wehrbeschwerde" Heinrich Meyers wird hier im übrigen als „Vorgesetztenbeschwerde" bezeichnet, die „Verwaltungsbeschwerde" wird nicht aus § 22 WBO hergeleitet, sondern von den „Dienststellen" in § 1 WBO.

[22] Weitere Einteilungen finden sich bei *v. Mitzlaff* NZWehrR 64/12, der eine Unterscheidung in „persönliche Beschwerde" und „Sachbeschwerde" trifft (dagegen *Schwinger* NZWehrR 64/152). Vgl. auch *Frahm* S. 29 f., der in Hinsicht auf § 1 WBO zwei Beschwerdearten erkennen will, von denen sich eine wieder nach der Beschwerdebegehr in drei Fallgruppen gliedern läßt. Der WBA-Jahresbericht 1959 spricht auf S. 26 von „nicht weniger als fünf Arten von Beschwerden". Vgl. ferner *Lerche* GR IV/1 S. 509 ff.

Die WBO geht von einer Grundbeschwerde aus, auf der die weiteren Beschwerdemöglichkeiten aufbauen. Diese Grundbeschwerde ist mit der Wehrbeschwerde identisch.

Für den Beschwerdegegenstand bei der Wehrbeschwerde ist § 1 WBO i. V. mit § 17 Abs. I WBO Ausgangspunkt. Er kann danach in unrichtiger Behandlung durch Vorgesetzte oder Dienststellen der Bundeswehr bestehen. Hat diese unrichtige Behandlung die Intensität einer Rechtsverletzung erlangt, so kann in letzter Instanz eine Entscheidung des Wehrdienstgerichts herbeigeführt werden. Eine Entscheidung des Wehrdienstgerichts ist aber nur dann möglich, wenn der Beschwerdeführer „eine Verletzung seiner Rechte oder eine Verletzung von Pflichten eines Vorgesetzten ihm gegenüber zum Gegenstand hat, die im Zweiten Unterabschnitt des Ersten Abschnitts des Soldatengesetzes mit Ausnahme der §§ 24, 25, 30, 31 geregelt sind" (§ 17 Abs. I Satz 1 WBO). Wie besonders durch die gleichsam antithetische Ausnahme der §§ 24, 25, 30, 31 SG deutlich gemacht wird, handelt es sich bei diesen Rechten stets um solche, die sich auf den spezifisch militärischen Rechts- und Pflichtenkreis beziehen, die „mehr aus dem Blickpunkt des inneren Gefüges und der sittlichen Haltung des Soldaten zu beurteilen sind"[23].

In engstem Zusammenhang mit der Wehrbeschwerde steht die durch § 1 Abs. I WBO ebenfalls eingeräumte Möglichkeit, daß sich der Soldat auch über eine Verletzung durch pflichtwidriges Verhalten von Kameraden beschweren kann. Auch hier liegt der Anlaß in der Besonderheit des militärischen Dienstverhältnisses begründet. Dabei tritt allerdings ein neuer Gesichtspunkt in den Vordergrund: nicht nur die strenge Über- und Unterordnung vermag rechtlich relevante Spannungen herbeizuführen, sondern auch die dem Militärwesen eigene und besondere Zwangsgemeinschaft und eine daraus resultierende gegenseitige Abhängigkeit[24].

Als dritte Beschwerdeart war oben die Disziplinarbeschwerde genannt worden. Beschwerdegegenstand ist bei ihr eine durch den Disziplinarvorgesetzten verhängte einfache[25] Disziplinarstrafe.

Damit ist auch diese Beschwerdeart ihrer Natur nach an sich eine truppendienstliche Wehrbeschwerde, wendet sie sich doch gegen ein vermeintlich unrichtiges Verhalten des militärischen Vorgesetzten im Sinne des § 1 Abs. I WBO[26]. Es scheint jedoch gerechtfertigt, die Diszi-

---

[23] *Reinfried* S. 98.
[24] *Frahm* S. 23 betont zu Recht, daß hier der Anlaß nicht dem Verhältnis der Über- und Unterordnung, sondern dem der Gleichordnung entstammt.
[25] Nach § 10, § 30 WDO. Ihnen stehen die Laufbahnstrafen nach § 43 WDO gegenüber, die nur im gerichtlichen Verfahren verhängt werden dürfen.
[26] Ebenso H. *Meyer* NZWehrR 59/19: „Bei dieser Beschwerde handelt es sich ihrer Natur nach um eine truppendienstliche Wehrbeschwerde, und nach den

plinarbeschwerde gesondert zu behandeln. Denn der Beschwerdegegenstand entstammt hier dem in sich geschlossenen Gebiet des Disziplinarrechts. Sein Sondercharakter wird dadurch hervorgehoben, daß die WBO selbst nicht auf Disziplinarbeschwerden eingeht. Vielmehr erklärt § 30 WDO die Vorschriften der WBO für Beschwerden gegen Disziplinarstrafen für anwendbar, führt aber zugleich einige Ausnahmeregelungen ein. Diese Ausnahmeregelungen bewirken unter anderem einen eigenen Beschwerdezug, der nicht unerheblich von dem der gewöhnlichen Wehrbeschwerde abweicht[27].

Als vierte Beschwerdeart endlich wurde die Verwaltungsbeschwerde bezeichnet. Anlaß dafür, die Verwaltungsbeschwerde als besondere Beschwerdeart anzusehen, ist die Zweigleisigkeit hoheitlichen Tätigwerdens im militärischen Gewaltverhältnis und die ihr folgende Zweigleisigkeit des Rechtsweges. Wie schon hervorgehoben wurde, schreibt § 59 SG für Klagen aus dem Soldatenverhältnis den Rechtsweg zu den allgemeinen Verwaltungsgerichten vor, soweit nicht durch Gesetz eine andere Regelung getroffen ist. Für einen Teil nun der in Betracht kommenden Klagen wurde nach § 17 WBO der Weg vor die Wehrdienstgerichte eröffnet. Für den verbleibenden Teil ist der Weg vor die Verwaltungsgerichte gegeben. Auf weitere Möglichkeiten wie etwa den Zivilrechtsweg hinsichtlich des Amtshaftungsanspruches oder den Weg vor die Sozialgerichte braucht hier nicht eingegangen zu werden.

Im wesentlichen sind vor den allgemeinen Verwaltungsgerichten solche Hoheitsakte anzufechten, die von Dienststellen der Bundeswehrverwaltung ausgehen und schon damit äußerlich als „Verwaltungsangelegenheiten" kenntlich sind[28]. Wenn für die Erhebung einer etwaigen Klage auf dem Gebiet dieser Verwaltungsangelegenheiten ein Vorverfahren nach den Bestimmungen der VwGO erforderlich ist, so tritt nach § 22 die Beschwerde der WBO an die Stelle des Vorverfahrens. Für diesen Fall enthält § 22 WBO jedoch einige Abweichungen von den Grundregelungen des militärischen Beschwerderechts.

---

bisherigen Erfahrungen im Hinblick auf die Seltenheit anderer truppendienstlicher Wehrbeschwerden sogar um deren Hauptanwendungsfall." Vgl. auch den Erlaß des BMVtdg. in VMBl. 60/204 Ziff. 4).

[27] Vgl. hierzu H. *Meyer* NZWehrR 59/20. Aufgrund von Erfahrungen aus der Praxis bemerkt Meyer, daß dieser besondere Beschwerdezug „für den Laien, der das Gesetz anzuwenden hat, unverhältnismäßig schwer zu erkennen" sei.

[28] Alleine ist das allerdings noch kein Kriterium, wie offenbar *Jähn* in BWV 63/12 meint. Z. B. gehören Beförderungen zu den Verwaltungsangelegenheiten, können aber von militärischen Vorgesetzten ausgesprochen werden und auch veranlaßt werden (vgl. dazu BDH (WDS) NZWehrR 59/108, insbesondere vorletzter Absatz der Entscheidung). Sogenannte „Truppenverwaltungsangelegenheiten" werden ebenfalls von militärischen Dienststellen wahrgenommen (vgl. dazu den Erlaß in VMBl. 60/204 unter Ziff. 3 und auch Fuchs BWV 62/357).

Bei den Verwaltungsangelegenheiten steht das Verhältnis Soldat — Dienstherr im Vordergrund, nicht aber das Verhältnis Soldat — militärischer Vorgesetzter, auf dem bei truppendienstlichen Angelegenheiten das Hauptgewicht liegt[29]. Im einzelnen handelt es sich hauptsächlich um Angelegenheiten in Fragen der Geld- und Sachbezüge, der Heilfürsorge, der Haftung, der allgemeinen Fürsorge sowie um Statusangelegenheiten wie Versetzung in den Ruhestand oder Entlassung[30].

Die von Soldaten nach den Vorschriften der WBO eingelegten Beschwerden lassen sich auch noch nach anderen Gesichtspunkten einteilen. So kann der Charakter der Beschwerde in Verbindung mit dem aus ihm resultierenden Begehren als Kriterium dienen[31]. Eine solche[32] Einteilung entspricht etwa den im allgemeinen Verwaltungsprozeßrecht üblichen Klagearten.

Einmal kann sich das Beschwerdebegehren darauf richten, daß vermeintlich unrichtige Befehle oder sonstige Maßnahmen aufgehoben oder abgeändert werden. Man kann in diesem Fall von einer Anfechtungsbeschwerde sprechen.

Eine Verpflichtungsbeschwerde ist in zwei verschiedenen Erscheinungsformen möglich. Sie kann sich gegen die Ablehnung eines Antrages wenden; dann liegt eine Vornahmebeschwerde vor. Daneben können Untätigkeitsbeschwerden erhoben werden, wenn auf einen Antrag oder eine Beschwerde hin innerhalb einer bestimmten Frist kein Bescheid erteilt worden ist[33].

Endlich ist es auch denkbar, daß die von dem Beschwerdeführer als unrichtig empfundene Maßnahme in sich abgeschlossen der Vergangenheit angehört. Das ist zum Beispiel regelmäßig der Fall, wenn ein Befehl bereits ausgeführt wurde oder Beschwerdeanlaß beleidigendes Verhalten eines Vorgesetzten war. Dann können weder Anfechtungs- noch Verpflichtungsbeschwerde in Betracht kommen, da diese grundsätzlich auf Abhilfe gerichtet sind und eine solche Abhilfe hier nicht mehr möglich scheint.

---

[29] Vgl. dazu BDH (WDS) NZWehrR 59/108 = DÖV 59/34 = BDHE 4/169; ferner BDH (WDS) NZWehrR 64/73 und *Lerche* GR IV/1 S. 511 Fußn. 218).
[30] Zu der hier insgesamt vorgenommenen Einteilung vergleiche auch den („Rechtsmittel-")Erlaß in VMBl. 60/204 Ziff. 2 bis 4, der sich ausgehend von der Verwaltungsbeschwerde über die Disziplinarbeschwerde bis zur truppendienstlichen Wehrbeschwerde einer Art Subtraktionsmethode bedient.
[31] Vgl. §§ 13, 19 WBO sowie §§ 1 Abs. II, 16 Abs. II und 17 Abs. I Satz 2 WBO.
[32] Sie wird auch von *Frahm* S. 29 vorgenommen, allerdings etwas abweichend von dem folgenden.
[33] Die einzelnen nach der WBO möglichen Untätigkeitsbeschwerden unterscheiden sich etwas voneinander. Hierauf wird unten S. 84 noch eingegangen werden.

Da nun der Beschwerdeführer in solchen Fällen primär[34] nur Feststellung des unrichtigen Verhaltens begehrt, sollen diese Beschwerden Feststellungsbeschwerden genannt werden. Insoweit sind sie von der Feststellungsklage des allgemeinen Verwaltungsrechts wesensverschieden[35]. Allerdings sind auch Feststellungsbeschwerden möglich, die sich auf Entscheidung über Bestehen oder Nichtbestehen eines Rechtsverhältnisses richten wie zum Beispiel das Nichtbestehen eines Vorgesetztenverhältnisses.

Der Charakter der Beschwer in Verbindung mit dem Begehren kann auch noch zu einer Einteilung in persönliche und sachliche Beschwerden führen[36]. Sachliche Beschwerden zielen auf eine (neue) Sachentscheidung ab, da eine Maßnahme oder Unterlassung als unrichtig empfunden wird. Bei persönlichen Beschwerden geht es dagegen um Herbeiführung einer Maßnahme gegen die Person des Betroffenen etwa in Form einer disziplinaren Bestrafung. — Eine derartige Unterscheidung ist allerdings für die weiteren Untersuchungen nur von geringerer Bedeutung[37].

Während die bisherigen Einteilungen nach Beschwerdearten gleichsam auf horizontaler Ebene erfolgten, läßt sich auch eine vertikale Gliederung nach dem jeweiligen Instanzenzug vornehmen. Der Instanzenzug ist grundsätzlich dreistufig. Er umfaßt die Beschwerde zu demjenigen, der den Beschwerdegegenstand zu beurteilen hat (Erstbeschwerde), und die weitere Beschwerde zu dem nächsthöheren Vorgesetzten. In dritter Instanz kann bei Rechtsverletzungen die Entscheidung des Verwaltungsgerichts oder des Wehrdienstgerichts herbeigeführt werden. Unter Umständen ist statt dessen auch in dritter Instanz die unmittelbare Anrufung des Bundesministers der Verteidigung möglich. — Von diesem Grundprinzip wird bei den einzelnen Beschwerdearten zum Teil jedoch erheblich abgewichen. Eine zusätzliche Komplizierung tritt dann ein, wenn Beschwerdeanlaß ein Hoheitsakt oder eine Unterlassung ist, der bzw. die unmittelbar dem Bundesminister der Verteidigung zugerechnet werden muß.

Die nachfolgenden Ausführungen werden von einer Gliederung in truppendienstliche Wehrbeschwerde einschließlich der Kameradenbe-

---

[34] Von sekundärer Bedeutung ist dagegen, daß der Beschwerdeführer auch ein disziplinares Zur-Verantwortung-Ziehen und damit eventuelle Vorbeugung gegen zukünftige Unbill erstrebt.
[35] Vgl. aber § 113 Abs. I Satz 4 VwGO.
[36] So etwa *Blomeyer-Bartenstein/Närger* S. 10, S. 68 und *v. Mitzlaff* NZWehrR 64/22 (dagegen *Schirmer* NZWehrR 64/151); *Barth* GRSold S. 99.
[37] Die WBO schließt sie allerdings nicht aus, wie *Schirmer* NZWehrR 64/151 meint — arg. § 9 Abs. II WBO und ferner § 4 Abs. I WBO. Vgl. zu dieser Unterscheidung auch §§ 13 Abs. I, 19 Abs. I WBO einerseits und §§ 13 Abs. II, 19 Abs. II WBO andererseits.

schwerde, in Disziplinarbeschwerde und in Verwaltungsbeschwerde ausgehen. Innerhalb dieser Gliederungsteile wird auch der vertikale Beschwerdezug berücksichtigt sowie die anderen Einteilungen in Beschwerdearten, wenn dieses erforderlich erscheint. Das Hauptgewicht der Ausführungen wird dabei auf der truppendienstlichen Wehrbeschwerde liegen. Sie ist erkennbar als „Grundbeschwerde" anzusehen, auf die Disziplinar- und Verwaltungsbeschwerde lediglich Bezug nehmen. Daher kann auf einen großen Teil der sich ergebenden Fragen schon bei der Wehrbeschwerde eingegangen werden.

Viertes Kapitel

Die materiellen Voraussetzungen bei Wehr- und Kameradenbeschwerden (Beschwerdegegenstand)

I. Unrichtige Behandlung und Verletzung durch Pflichtverstöße von Kameraden

Über den Beschwerdegegenstand als materielle Voraussetzung für die Zulässigkeit einer Beschwerde gibt § 1 WBO Auskunft. Der Soldat kann sich danach beschweren,

— wenn er glaubt, von Vorgesetzten oder Dienststellen der Bundeswehr unrichtig behandelt oder

— durch pflichtwidriges Verhalten von Kameraden verletzt worden zu sein, oder

— wenn ihm auf einen Antrag hin innerhalb von zwei Wochen ohne zureichenden Grund kein Bescheid erteilt worden ist.

Schon ein erster Blick zeigt, daß hier in Form einer Generalklausel der Beschwerdeweg äußerst weitgehend eröffnet wurde. Die Weite der Fassung wird in der Wendung „unrichtig behandelt" deutlich sowie darin, daß Beschwerden nicht nur gegen Übergeordnete (Vorgesetzte, Dienststellen), sondern auch gegen Gleichgestellte (Kameraden) möglich sind.

Zunächst zur unrichtigen Behandlung. Aus der Gleichstellung von Vorgesetzten und Dienststellen und der Gegenüberstellung zu Pflichtwidrigkeiten von Kameraden läßt sich folgern, daß die unrichtige Behandlung dem Verhältnis der Über- und Unterordnung entstammen und in unmittelbarem Zusammenhang mit der Ausübung dienstlicher

Befugnisse stehen muß[1]. Wie sich aus § 13 Abs. I WBO ergibt, ist hierbei besonders an militärische Befehle[2] und Maßnahmen[3] zu denken. Doch ist der Inhalt des Wortes „behandeln" noch nicht mit Maßnahmen im weitesten Sinne erschöpft, die auf Herbeiführung von (Rechts-)Wirkungen abzielen[4]; wie zum Beispiel eine Versetzungsverfügung oder ein bestimmter Befehl. Auch jedes entwürdigende Verhalten im Dienst wie etwa Beschimpfung oder Schlagen von Untergebenen ist als „Behandlung"[5] anzusehen[6].

Ein wenig problematisch ist die Grenzziehung nur in Hinsicht auf Dienstvorschriften und ähnliche Erlasse sowie Befehle allgemeiner Art. Systematisch gesehen entsprechen sie als Verwaltungsverordnungen den Rechtsverordnungen des allgemeinen Verwaltungsrechts parallel der Entsprechung des Einzelbefehls zum Verwaltungsakt[7].

Abgesehen von dem ohnehin nicht in allen Ländern zulässigen Verfahren nach § 47 VwGO besteht im allgemeinen Verwaltungsrecht nur die Möglichkeit, das durch materiellen Verwaltungsakt konkretisierte Handeln, nicht aber den generell abstrakten Rechtssatz unmittelbar anzugreifen. Entsprechend müßte im Wehrrecht ein Vorgehen gegen alle hoheitlichen Willensäußerungen ausgeschlossen sein, die über konkrete Einzelweisungen bis — vergleichsweise! — zur Schwelle der Allgemeinverfügungen hinausgehen[8].

---

[1] Daher wäre z. B. eine Beschwerde gegen eine Mieterhaufsetzung aufgrund eines mit der Bundeswehrverwaltung (privatrechtlich!) abgeschlossenen Mietvertrages unzulässig. Vgl. dazu den „Rechtsmittelerlaß" in VMBl. 60/204 unter Ziff. 3.

[2] Die Legaldefinition des § 2 Ziff. 2 WStG kann auch hier herangezogen werden.

[3] Im rechtstechnischen Sinne, vgl. etwa § 25 MRVO Nr. 165.

[4] A. A. *Frahm*, der auf S. 26 erkennbar von der Definition des § 25 MRVO Nr. 165 ausgehen will. Doch muß es schon vom Wortlaut her auffallen, daß hier nicht das auf einen rechtstechnisch bestimmten Sinn festgelegte Wort „Maßnahme", sondern eben „Behandlung" gewählt wurde. Auch die historische Entwicklung spricht gegen *Frahm* (vgl. z. B. *Dietz* [1941] S. 104).

[5] Vgl. auch den traditionell feststehenden Begriff der „entwürdigenden Behandlung" im Wehrstrafrecht, jetzt in § 31 WStG.

[6] In diesem Sinne ist auch die amtliche Begründung zum EWBO (Drucksache BT 2. WP Nr. 2359 S. 8) zu verstehen, die *neben* unrichtigen Befehlen und Maßnahmen auch Fälle erwähnt, „in denen das beanstandete Verhalten sich als ein Disziplinarverstoß darstellt". Vgl. auch § 13 Abs. I Satz 1 WBO gegenüber den in diesem Absatz nachfolgenden Sätzen und demgegenüber § 19 Abs. I WBO.

[7] Allerdings dürfte auch heute noch gelten, was *Bachof* in der Festschrift für Laforet 1952 auf S. 286 feststellt, daß nämlich bei den internen Verwaltungsanordnungen nicht prinzipiell zwischen abstrakt-generellen und konkret-individuellen Maßnahmen unterschieden wird.

[8] So denn auch *Frahm* S. 26: „insbesondere" sei eine Dienstvorschrift nicht anfechtbar, da sie nicht einen Einzelfall, sondern eine unbestimmte Anzahl von Fällen für eine unbestimmte Anzahl von Personen regele.

Die besondere Eigenart des militärischen Gewaltverhältnisses läßt es jedoch gerechtfertigt erscheinen, eine derart weitgehende Parallele nicht zu ziehen. Denn im Gegensatz zum zivilen Bürger sieht sich der Soldat schon dann erheblichen strafrechtlichen Konsequenzen[9] gegenübergestellt, wenn er einen Befehl generell-abstrakter Art nicht befolgt[10]. Davon abgesehen wäre es nur wenig lebensnah, wenn man hier erst die Konkretisierung des allgemeinen Befehls durch einen Einzelbefehl oder gar die Ahndung seiner Nichtbefolgung durch eine Disziplinarstrafe verlangen, wollte, um die allgemeine Regelung einer Inzidentkontrolle unterwerfen zu können[11, 12].

Auch das Gesetz selbst bietet der Annahme eine Stütze, daß nicht nur auf den konkreten Einzelfall bezogenes hoheitliches Handeln Beschwerdegegenstand sein kann. Wiederholt spricht die WBO von „Befehl" und „Maßnahme". Diesen Worten ist aber keineswegs die Beschränkung auf den Einzelfall immanent. Zieht man beispielsweise die Definition des Verwaltungsaktes in § 25 Abs. I MRVO Nr. 165 oder diejenige im Entwurf zum Verwaltungsverfahrensgesetz von 1963 heran, so zeigt sich, daß dort stets die Worte „zur Regelung eines Einzelfalls" verwandt werden, um die für notwendig befundene Trennung zwischen materiellem Verwaltungsakt und materieller Norm zu vollziehen[13]. Zwar enthält die WBO keine entsprechende Definition, doch wäre insoweit eine interpretative Klarstellung zum Beispiel in § 21 WBO gerade im Zusammenhang mit den dort erwähnten Maßnahmen des Bundesministers der Verteidigung durchaus möglich und gegebenenfalls auch notwendig gewesen. Da die WBO jedenfalls nicht von dem herkömmlichen Begriff des Verwaltungsaktes ausgeht, muß hier aus dem Fehlen einer solchen Klarstellung gefolgert werden: die Anfechtbarkeit von hoheitlichen Maßnahmen soll nicht von dem Kriterium abhängig gemacht werden, daß die Maßnahme die Regelung eines Einzelfalles zum Inhalt hat.

---

[9] Vgl. auch die Gedanken *Ules* in VVDStRL 15/158 f., die hier entsprechende Bedeutung haben.

[10] Daß sogar Dienstvorschriften Befehle enthalten können, ist im Wehrstrafrecht heute unstreitig. Vgl. z. B. OLG Schleswig in NZWehrR 59/144; BGHSt in NZWehrR 62/176; *Schreiber* NZWehrR 65/18 — jeweils mit weiteren Nachweisen.

[11] Vgl. etwa die Fälle in NZWehrR 60/82 (TrDGer A) und in NZWehrR 60/32 (TrDGer E).

[12] Hier dürfte sich auch ein Berührungspunkt mit *Lerches* Gedanken an „präventive Rechtsschutzmaßnahmen" ergeben (GR IV/1 S. 515 f.).

[13] Auch die Lehre schließt für das allgemeine Verwaltungsrecht erst aus den Worten „zur Regelung eines Einzelfalls" auf den Ausschluß von Hoheitsakten mit normativem Charakter. Vgl. z. B. *Ule* Verwaltungsprozeßrecht S. 96; *Wolff* S. 236; *Forsthoff* S. 184.

So haben denn auch die Wehrdienstsenate wiederholt[14] eine Anfechtung von Erlassen und Befehlen mit normativem Charakter gebilligt, die — auf die Ebene des allgemeinen Verwaltungsrechts übertragen — einer gerichtlichen Anfechtung unzugänglich gewesen wären. Als Beispiel mag der allgemeine Ministerial-Befehl dienen, daß auch bei privaten Motorradfahrten stets ein Schutzhelm zu tragen ist, sowie der Ministerial-Erlaß, nach dem jeder zu einem Lehrgang kommandierte Soldat an der Truppenverpflegung teilzunehmen hat. In beiden[15] Fällen wäre im allgemeinen Verwaltungsrecht die entsprechende Regelung nicht mehr als anfechtbare Allgemeinverfügung anzusehen gewesen, da sie sich weder an einen bestimmten noch zur Zeit des Erlasses bestimmbaren Personenkreis[16] richtete, es also an hinreichender Konkretheit mangelte.

Als Kriterium für die Zulässigkeit von Beschwerden wird in diesen Fällen eine behauptete tatsächliche Berührung in der individuellen Rechtssphäre, also die Geltendmachung eines unmittelbaren Betroffenseins und Rechtsschutzbedürfnisses ausreichen müssen. Es läge hier bereits dann vor, wenn der Soldat der Vorschrift unterworfen wird, das heißt mit den obigen Beispielen, wenn er Eigentümer eines Motorrades, aber keines Schutzhelmes ist, oder wenn er dem Essen seiner Ehefrau gegenüber dem der Militärköche den Vorzug geben will. Auf den Begriff des unmittelbaren Betroffenseins und des Rechtsschutzbedürfnisses ist später noch ausführlicher einzugehen[17].

Die in § 1 Abs. I WBO erwähnte Behandlung muß weiterhin vom Beschwerdeführer als „unrichtig" empfunden werden. Die Wahl dieses für juristisch geschulte Ohren in einem Gesetzestext etwas fremdartig anmutenden Wortes beruht darauf, daß mit ihm gleicherweise Unrechtmäßigkeit wie Unzweckmäßigkeit einer Behandlung erfaßt werden sollten. Der Beschwerdeführer braucht also nicht eine Rechtsverletzung geltend zu machen[18]. Die Notwendigkeit zu einer Differenzie-

---

[14] Vgl. BDH (WDS): NZWehrR 62/61; 61/85; 64/29. Der BDH hält eine Zulässigkeit von Beschwerden hier offenbar für so selbstverständlich, daß ihm ein näheres Eingehen auf die dargelegte Problematik nicht notwendig erscheint.

[15] Belegstellen in der vorigen Fußnote!

[16] Vgl. *Forsthoff* S. 184; *Ule* Verwaltungsprozeßrecht S. 101; *Drews-Wacke* S. 266 ff.

[17] Unten Kapitel 5 S. 63 und Kap. 8 S. 97. Erwähnt sei jedoch bereits hier, daß auch der BDH (WDS) in NZWehrR 62/61 beiläufig davon spricht, der Antragsteller sei durch den in Rede stehenden Erlaß „unmittelbar betroffen".

[18] So bereits die amtliche Begründung zum EWBO in Drucksache BT 2. WP Nr. 2359 S. 8. Im übrigen einhellige Meinung der Literatur; z. B. *Frahm* S. 27; *Brandstetter* Anm. 3 a dd zu § 1 WBO; *Schreiber* S. 21; *Barth* GRSold S. 97; *Hahnenfeld* SG S. 78; *Obermayer* DVBl. 57/264; *Salzmann* S. 136 f. Letzterer weist zu Recht darauf hin, daß sich diese Auslegung nicht nur aus der Inter-

rung in dieser Hinsicht bringt erst das weitere Verfahren mit sich. Denn gerichtliche Entscheidung läßt sich nur dann herbeiführen, wenn die Verletzung subjektiver Rechte behauptet wird.

Die unrichtige Behandlung kann ebenso wie in einem Tun auch in einem Unterlassen bestehen[19]. Das ist zwar im Grundsatz keine wehrrechtliche Eigenart, gewinnt jedoch in der Normierung des § 1 Abs. II WBO besondere Bedeutung. Aus dem Kreis der denkbaren Unterlassungen wird hier die Nichtbescheidung eines Antrages binnen einer Frist von vierzehn Tagen herausgehoben. Auch dieses Untätigsein ist an sich nur eine unrichtige Behandlung durch Vorgesetzte oder Dienststellen[20]. Sie mußte aber besonders erwähnt werden, da eine Fristbestimmung erforderlich war[21]. — Die Bedingung des § 1 Abs. II WBO, die Nichtbescheidung müsse ohne zureichenden Grund erfolgt sein, ist nicht Zulässigkeitsvoraussetzung, sondern Frage der Begründetheit der Beschwerde. Zulässigkeitsvoraussetzung ist lediglich die Behauptung, daß ein ausreichender Grund nicht vorgelegen habe[22].

Neben unrichtiger Behandlung durch Vorgesetzte kann auch — traditionsgemäß — Verletzung durch pflichtwidriges Verhalten von Kameraden mit der Beschwerde geltend gemacht werden (§ 1 Abs. I WBO). Das Wehrrecht begnügt sich nicht nur mit einer rechtlichen Ordnung des Beziehungsverhältnisses zwischen Vorgesetzten und Untergebenen, sondern unterwirft auch das Verhältnis der kameradschaftlichen Gleichstellung in § 12 SG seinen Regelungen.

In dem Verhältnis der kameradschaftlichen Gleichordnung werden den einzelnen Rechtssubjekten allerdings nur Pflichten auferlegt, denen keine gerichtlich durchsetzbaren Ansprüche gegenübergestellt sind[23]. Jedoch entsprechen diesen Pflichten Rechtsreflexe, die kraft ausdrücklicher Bestimmung der WBO mit der militärinternen Beschwerde geltend gemacht werden können, wenn sie eben als solche gerichtlicher

---

pretation des Wortes „unrichtig" selbst, sondern auch aus § 13 Abs. 1 Satz 2 WBO ergibt: dort werden „unzulässige" und „unsachgemäße" Befehle einander gegenübergestellt.
[19] *Brandstetter* Anm. 3 a ee zu § 1 WBO; *Schreiber* S. 21 a. E.; *Frahm* S. 26.
[20] *Brandstetter* Anm. 4 zu § 1 WBO.
[21] Entsprechung in § 75 VwGO mit der allerdings beträchtlich längeren Frist von drei Monaten.
[22] Dazu BR und BT zum EWBO in Drucksache BT 2. WP Nr. 2359 S. 18 und und S. 21. Vgl. auch *Brandstetter* Anm. 4 c zu § 1 WBO.
[23] Vgl. auch die — dort nur nebenbei gemachte — Bemerkung des Vorlagebeschlusses in NZWehrR 62/65 a. E. Unberührt bleiben natürlich die Rechtspositionen, die sich nicht auf § 12 SG stützen, also z. B. die zivilgerichtliche Klage auf Rückzahlung eines Darlehens oder das Privatklageverfahren im Strafprozeß bei Beleidigungen.

Beurteilung auch unzugänglich bleiben[24, 25]. Dieser Schluß muß daraus gezogen werden, daß zwar das pflichtwidrige Verhalten von Vorgesetzten wie Kameraden nach § 1 WBO Gegenstand einer Beschwerde sein kann, § 17 Abs. I Satz 1 WBO den Antrag auf gerichtliche Entscheidung aber nur bei von den Soldaten geltend gemachten Verletzungen der den Vorgesetzten ihnen gegenüber obliegenden Pflichten zuläßt[26]. So faßte denn auch die amtliche Begründung zum EWBO die Kameradenbeschwerde rechtssystematisch als „Anzeige" eines Disziplinarverstoßes auf[27]. Er liegt darin, daß der Betroffene gegen seine ihm durch das Soldatengesetz auferlegte Kameradschaftspflicht[28] verstößt und gleichsam auf unterster Ebene den „Zusammenhalt der Bundeswehr" (§ 12 SG!) gefährdet. Auch hier zeigt sich übrigens der schon wiederholt hervorgehobene Gesichtspunkt, daß das gesamte Beschwerderecht nicht nur dem individuellen Rechtsschutz, sondern als Anstoßbeschwerde auch der objektiven Kontrolle eines „innerbetrieblichen Funktionierens" dienen soll.

II. Zum Sonderfall der dienstlichen Beurteilung (§ 1 Abs. III WBO)[29]

Nach dem bisher Gesagten scheint die Beschwerde in Hinsicht auf ihren Gegenstand kaum nennenswerten Beschränkungen zu unterliegen. Doch aus § 1 Abs. III WBO ergibt sich, daß eine Beschwerde gegen

---

[24] Zur Problematik der Rechtsreflexe vgl. insbesondere *Bachof* in Jellinek-Gedächtnisschrift S. 287 ff.; *Eyermann-Fröhler* Rdnr. 97 ff. zu § 42 VwGO.

[25] Es wäre theoretisch aber nicht undenkbar, auch das kameradschaftliche Verhältnis derart durch öffentlich-rechtliche Normen zu bestimmen, daß hier die gerichtliche Geltendmachung eigener Rechte in Betracht kommen könnte. Vergleichsweise ist dabei etwa an die echten Parteistreitigkeiten des sonstigen öffentlichen Rechts zu denken.

[26] Für sich alleine gesehen ist die für den Einzelfall ausdrücklich zugebilligte Befugnis zur Klageerhebung heute sicher kein Indiz für das Vorliegen eines subjektiven Rechts. Dem stehen die Generalklauseln entgegen. Wenn aber bei zwei sich etwa entsprechenden Pflichten die eine ausdrücklich gerichtlicher Nachprüfung unterworfen wird, während das bei der anderen nicht der Fall ist, so läßt sich daraus auf die der Pflicht korrespondierende Rechtsposition schließen.

[27] Drucksache BT 2. WP Nr. 2359 S. 8.

[28] Dieser sehr vielschichtige Begriff kann hier nicht ausgeschöpft werden. Zu ihm vgl. § 12 SG und dessen Kommentierungen bei *Rittau* (SG) S. 121 und *Scherer* S. 68 ff.

[29] Ein betont ausführliches Eingehen auf die sich hier ergebende Problematik rechtfertigt sich daraus, daß Beschwerden gegen Beurteilungen in der Praxis quantitativ beträchtliche Bedeutung zukommt. Vgl. dazu *Barth* NZWehrR 65/100. Zum ganzen siehe auch jüngst *Körber* NZWehrR 65/164.

dienstliche Beurteilungen ausgeschlossen sein soll[30]. Dieses Verbot hält jedenfalls in seiner Absolutheit einer näheren Prüfung nicht Stand.

Der Gesetzgeber[31] war 1956 unter Zustimmung der Literatur[32] davon ausgegangen, daß dienstliche Beurteilungen im Wehrrecht wie im Beamtenrecht „ihrem Wesen nach einer Überprüfung durch den höheren Vorgesetzten oder gar einer gerichtlichen Überprüfung nicht zugänglich" seien. Diese Ansicht stand allerdings unter einem Vorbehalt[33]: Gegen die Verletzung solcher Rechte, die dem Soldaten in bezug auf das Beurteilungswesen durch § 29 SG gegeben waren, sollten Beschwerden trotz der „lapidaren"[34] Feststellung des § 1 Abs. III WBO möglich sein. Damit war eine Beschwerde zum Beispiel zugelassen, wenn die Beurteilung nicht eröffnet oder das Recht verweigert worden war, eine Gegenvorstellung über Behauptungen tatsächlicher Art zu den Akten zu geben.

Doch auch noch darüber hinaus muß eine Beschwerde gegen dienstliche Beurteilungen heute für zulässig erachtet werden. Zu diesem Ergebnis muß man gleichsam vom Ende her gelangen, über die Bestimmung des Art. 19 Abs. IV GG. Denn gelangt man zu der Ansicht, daß die gerichtliche Anfechtung nicht ausgeschlossen werden kann, so wird sich erst recht nichts gegen die Zulässigkeit einer verfahrenseröffnenden militärinternen Beschwerde einwenden lassen.

Im Beamtenrecht, das in Hinsicht auf das Beurteilungswesen zu Vergleichszwecken ohne Bedenken herangezogen werden kann[35], ist in den letzten Jahren eine eindeutige Tendenz zu beobachten[36]. Ursprüng-

---

[30] *Barth* GRSold S. 98 führt als eine weitere Beschränkung des Beschwerdegegenstandes das Verbot von Gemeinschaftsbeschwerden an. Das geht fehl, da die Frage nach dem Beschwerdegegenstand hierbei allenfalls mittelbar von Bedeutung ist. Bei dem Verbot von Gemeinschaftsbeschwerden handelt es sich um das „Wie", beim Beschwerdegegenstand dagegen bereits um das „Ob".
[31] Drucksache BT 2. WP Nr. 2359 S. 8.
[32] Vgl. etwa *Frahm* S. 31; *Schreiber* S. 23; *Brandstetter* Anm. 5 zu § 1 WBO; *Jähn* BWV 63/14; *Körber* NZWehrR 65/165.
[33] Vgl. dazu die in den beiden vorigen Fußnoten zitierten Fundstellen sowie BDH (WDS) NZWehrR 61/127 = DÖV 61/231; BDH (WDS) NZWehrR 62/127 ff. = DÖV 63/923; BDH (WDS) NZWehrR 64/166 (167).
[34] *Barth* NZWehrR 65/100.
[35] Wie oben im 3. Kapitel S. 35 schon erwähnt und unten im 8. Kapitel S. 96 noch ausführlicher darzulegen ist, macht die WBO die Zulässigkeit eines Antrags auf gerichtliche Entscheidung grundsätzlich nicht vom Vorliegen eines VA im herkömmlichen Sinne abhängig. Dennoch wird im folgenden dieser Begriff herangezogen, da die WBO in § 1 Abs. III offenbar einen Spezialfall statuieren will und zudem die Entwicklung in der neueren Rechtsprechung zum beamtenrechtlichen Beurteilungswesen durchaus zu einem sachgerechten Ergebnis führt.
[36] Zur Entwicklung und zum heutigen Stand vgl. jüngst die ausführliche Zusammenstellung von *Rengier* in BWV 65/97 ff. und S. 137 ff.

lich wurde unter Berufung auf ein häufiger zitiertes Urteil des OVG Lüneburg[37] die Auffassung vertreten, dienstliche Beurteilungen seien keine Verwaltungsakte und daher generell nicht mit verwaltungsgerichtlicher Klage anzugreifen[38]. Sie würden nicht unmittelbar in die Regelung des Beamtenverhältnisses eingreifen, wenn sie auch in der Lage seien, eine solche vorzubereiten. Damit dienten sie aber eben nur der Vorbereitung von Verwaltungsakten, seien aber noch nicht selber Verwaltungsakte.

In der zweiten Hälfte der fünfziger Jahre bahnte sich jedoch eine Abkehr von dieser Auffassung an[39]. Die dienstliche Beurteilung wird nun als ein Verwaltungsakt angesehen, da sie unmittelbar das beamtenrechtliche Grundverhältnis berührt. Dem ist vorbehaltslos zuzustimmen; denn in der Tat ist die Beurteilung eine der wichtigsten und entscheidendsten Grundlagen für die dienstliche Verwendung, die Übertragung eines Amtes und die Beförderung. Sie greift damit in nicht weniger bedeutsamer Weise in die Rechtsstellung des Beamten ein als das Ergebnis etwa einer Laufbahnprüfung, dessen Eigenschaft als Verwaltungsakt nicht mehr angezweifelt werden kann[40, 41].

Gelangt man damit zu dem Schluß, daß dienstliche Beurteilungen im Beamtenverhältnis nicht grundsätzlich von gerichtlicher Nachprüfung ausgeschlossen werden können, so unterliegt die Nachprüfbarkeit doch beträchtlichen Einschränkungen. Denn die Beurteilung beruht auf einem persönlichkeitsbedingten wertenden Ermessen[42] und hat ein Werturteil zum Inhalt, das als solches von einem Gericht nicht nachgeprüft, abgeändert oder ersetzt werden darf[43]. Die längere Zeit hindurch andauernde Beobachtung des Beurteilten bei seiner dienstlichen Tätigkeit durch den Beurteilenden kann von dem Gericht nicht nach-

---

[37] Urteil vom 9. 5. 51, amtliche Entscheidungssammlung 5/284 = VwRspr 4/Nr. 87.
[38] z. B. OVG Hamburg VwRspr 7/Nr. 141; *Traub* „Die Dienstalter des Beamten" in NJW 57/1095; weitere Nachweise bei *Rengier* BWV 65/99 und bei *Ule* VVDStRL 15/157 in Fußn. 85).
[39] Für die Rechtsprechung bahnbrechend waren die Entscheidungen des BayVGH in VwRspr 11/Nr. 69 und 14/Nr. 47.
[40] Dazu BayVGH in VwRspr 11/Nr. 69 (S. 294) und OVG Rheinland-Pfalz mit Az. 1 K 3/61 vom 3. 1. 62 (mitgeteilt bei *Rengier* BWV 65/138); *Eyermann-Fröhler* Rdnr. 52 zu § 42 VwGO; *Rengier* BWV 65/98; vgl. auch *Ule* VVDStRL 15/157.
[41] Zur Laufbahnprüfung vgl. BVerwG in VwRspr 12/Nr. 55 (S. 226 f.). In diesem Zusammenhang sei auch auf die (ähnliche) Entwicklung im Schulrecht hingewiesen.
[42] Gegen den in diesem Zusammenhang seinerzeit fast durchweg gebrauchten Begriff „Ermessen" zu Recht *Ule* VVDStRL 15/170 Fußn. 127. Von einer echten Freiheit der Wahl zwischen mehreren rechtlichen Möglichkeiten kann hier nicht gesprochen werden.
[43] So BayVGH in VwRspr 14/Nr. 47.

vollzogen werden, die Abgabe des auf dieser Beobachtung beruhenden subjektiven Werturteils ist unvertretbar[44]. Die Nachprüfung ist aus diesem Grunde darauf zu beschränken, ob der Beurteilende den ihm zustehenden Entscheidungsspielraum eingehalten hat, ob er also die (Form-)Vorschriften für die Erstellung beachtete und ob er sich nicht von rechtsirrigen oder sachfremden Erwägungen leiten ließ[45]. Positiv ausgedrückt muß die gerichtliche Nachprüfung erst vor den Schranken des sogenannten technischen Werturteils Halt machen.

Die vorstehenden Grundsätze wurden nun zwar für das Beamtenrecht entwickelt; sie haben aber in gleicher Weise auch für das Wehrrecht Geltung. Denn gelangt man zu der Erkenntnis, daß dienstliche Beurteilungen das Grundverhältnis berühren, so läßt sich insoweit kein Anlaß für eine Differenzierung zwischen Beamten und Soldaten nachweisen. Die dienstliche Zukunft eines Soldaten beruht in mindestens demselben Maße[46] auf seinen Beurteilungen[47] wie die eines Beamten. Folgerichtig hat sich daher auch die Rechtsprechung des Bundesdisziplinarhofes (Wehrdienstsenate) in zwei bisher veröffentlichten Entscheidungen von einer engen Auslegung des § 1 Abs. III WBO gelöst.

Über die Anerkennung einer Verletzung der in § 29 SG eingeräumten förmlichen Rechte als zulässigem Beschwerdegegenstand ist schon berichtet worden. Darüber hinaus wurde nun auch der Beschwerde eines Offiziers wegen Befangenheit des beurteilenden Vorgesetzten stattgegeben[48]. Zur Begründung wird der Ministerial-Erlaß über das Beurteilungswesen[49] herangezogen. Eine darin enthaltene Bestimmung, durch die inhabile Vorgesetzte ausgeschlossen werden sollen, ist nach der Entscheidung des Wehrdienstsenats „als formale Garantie für eine gerechte Beurteilungsentscheidung von gleicher Bedeutung wie die in § 29 SG dem Soldaten zugesprochenen Rechte". Auch insofern könne daher der Soldat eine Verletzung seiner Rechte im Wege der Beschwerde rügen.

---

[44] Vgl. dazu die Ausführungen von *Ule* in VVDStRL 15/170, die sich allerdings auf die — gleichgelagerte! — Problematik im Schulrecht beziehen. Vgl. auch *Wolff* S. 136.
[45] Eine Aufzählung der einzelnen Möglichkeiten aufgrund der neueren Rechtsprechungsergebnisse findet sich bei *Rengier* BWV 65/139.
[46] Vgl. dazu den Erlaß „Beurteilung der Soldaten der Bundeswehr" in VMBl. 59/645 unter Ziff. I und auch BDH (WDS) in NZWehrR 62/127 = DÖV 63/923 = BDHE 6/179.
[47] Beurteilungen i. w. S. einschließlich von „Leistungszeugnissen", die bescheinigen, „daß der Soldat an einem Lehrgang mit oder ohne Erfolg teilgenommen habe" (Beurteilungserlaß in VMBl. 59/645 Ziff. III/1).
[48] BDH (WDS) 61/127 = DÖV 61/231 = BDHE 6/179.
[49] Siehe oben Fußn. 46.

In einer weiteren Entscheidung[50] wird eine Beschwerde für zulässig erachtet, die eine Verletzung des in § 2 WBO enthaltenen Verbots durch eine Beurteilung rügt. Der erkennende Senat hält allerdings noch einen ausdrücklichen Hinweis auf die Parallelität zu den in § 29 zugesicherten Rechten für notwendig. Das vermag jedoch nicht darüber hinwegzutäuschen, daß die sich aus wortgetreuer Auslegung des § 1 Abs. III WBO ergebenden Grenzen bereits erheblich überschritten wurden[51] und die Nichtnachprüfbarkeit weitgehend[52] auf den eigentlichen Beurteilungsspielraum beschränkt wird.

Faßt man nun die bisherigen Ausführungen zusammen, so ergibt sich: Die neuere Rechtsprechung der allgemeinen Verwaltungsgerichte und ein Teil der Literatur erkennt an, daß dienstliche Beurteilungen das beamtenrechtliche Grundverhältnis berühren und Verwaltungsakte sind. Eine gerichtliche Überprüfung auf Einhaltung des Beurteilungsspielraumes ist damit zulässig. Diese Überprüfung kann allerdings niemals bis in den auf Anerkennung der subjektiven Wertung beruhenden Beurteilungsspielraum selbst hineingreifen. Die Rechtsprechung der Wehrdienstsenate entwickelt sich — ausgehend von § 29 SG — in derselben Richtung. Wegen der besonderen Bedeutung des Beurteilungswesens für die gesamte dienstliche Zukunft gleichermaßen von Beamten wie Soldaten ist diese Entwicklung unter der Herrschaft des Art. 19 Abs. IV GG geboten und ihr unter Abkehr von früheren Anschauungen vorbehaltlos zuzustimmen.

Von der Eröffnung des Rechtsweges muß notwendigerweise auch die militärinterne Beschwerde in ihrer Eigenschaft als Prozeßvoraussetzung berührt werden[53]. Im Ergebnis ist § 1 Abs. III WBO daher folgendermaßen zu lesen: „Eine Beschwerde gegen Beurteilungen findet nicht statt; unberührt bleibt das Recht zur Beschwerde über das nicht ordnungsgemäße Zustandekommen von Beurteilungen."

Endlich ist in Hinsicht auf § 1 Abs. III WBO noch ein letzter Gesichtspunkt zu berücksichtigen[54]. Wie bereits hervorgehoben, soll die

---

[50] NZWehrR 64/166.
[51] Zur Rechtsprechungsstatistik der Wehrdienstsenate vgl. *Barth* NZWehrR 65/100: Trotz § 1 Abs. III WBO greifen fast 10 % der dort eingelegten Beschwerden Beurteilungen an. Die Hälfte dieser Beschwerden ist erfolgreich.
[52] Schwierigkeiten bereitet noch die Abgrenzung des Beurteilungsspielraumes. So erklärt die letztgenannte Entscheidung des BDH (WDS) die Prüfung der Wahrheit einer der Beurteilung zugrunde gelegten Tatsache als der gerichtlichen Nachprüfung durch § 1 Abs. III WBO entzogen, weil das Gericht sich damit an die Stelle des Beurteilenden setzen würde. Das überzeugt nicht. Die Tatsache als solche läßt sich durchaus nachprüfen, nur ihre Bewertung etwa in Bezug auf das Persönlichkeitsbild des Beurteilten kann von dem Gericht nicht vorgenommen werden.
[53] Besonders dazu vgl. *Lerche* GR. IV/1 Fußn. 229.
[54] Zu Beschwerden gegen Beurteilungen im Beamtenrecht vgl. insofern *Rengier* BWV 66/25 f.

Einheitsbeschwerde der WBO auch die Dienstaufsichtsbeschwerde erfassen. In einem Vorgriff auf später anzustellende Untersuchungen ist hier bereits festzustellen, daß damit auch den Anforderungen des Art. 17 GG in vollem Umfange genügt werden müßte[55]. Art. 17 GG kennt aber keine Beschränkungen hinsichtlich des Beschwerdegegenstandes, so daß auch insofern der generelle Ausschluß von Beschwerden über vermeintlich willkürliche Handhabung des Beurteilungswesens nicht gerechtfertigt ist[56]. Eine Grenze ergibt sich jedoch auch hier: Beschwerden können niemals Erfolg haben, wenn sie sich ausschließlich gegen die persönlichkeitsbedingte Wertung richten und damit eine Korrektur innerhalb des Beurteilungsspielraumes erstreben. Der höhere Vorgesetzte kann ebensowenig wie ein Gericht das Werturteil des zuständigen Vorgesetzten[57] berichtigen oder diesen zur Abgabe eines bestimmten Werturteils anweisen[58]. Eine Beschwerde, die ein solches Einschreiten erstrebte, wäre also auf etwas Unmögliches gerichtet. Sie muß daher von vornherein auch als unzulässig angesehen werden können[59]. Die soeben vorgenommene Umformulierung des § 1 Abs. III WBO scheint damit auch unter Berücksichtigung des Art. 17 GG vertretbar.

Fünftes Kapitel

Die formellen Voraussetzungen

Die bisherigen Ausführungen zum Beschwerdegegenstand weisen in materieller Hinsicht ein nahezu unbegrenztes Recht zur Beschwerde nach. Beschränkungen für die Zulässigkeit einer Beschwerde ergeben

---

[55] Siehe unten Kapitel 10/III.
[56] In engem Zusammenhang steht — wie ebenfalls noch darzustellen sein wird — mit dem (parlamentarischen) Petitionsrecht auch das Recht, sich nach § 7 WbG mit Eingaben an den Wehrbeauftragten zu wenden. Der Wehrbeauftragte nun pflegt Beschwerden gegen Beurteilungen zu bearbeiten. Vgl. z. B. den WBA-Jahresbericht 1959 S. 22 f. unter den Nummern 18, 23, 24.
[57] Eine Ausnahme besonderer Art findet sich jedoch in dem Erlaß über das Beurteilungswesen in VMBl. 59/645 unter Ziff. IV/2: Bei Befangenheit des Beurteilenden hat der nächsthöhere Vorgesetzte an dessen Stelle zu treten. Unter Anerkennung des Motivs muß darin eine ähnliche Notlösung gesehen werden wie bei dem Ausschluß des gesetzlichen Richters wegen Befangenheit.
[58] Der höhere Vorgesetzte kann aber zu der abgeschlossenen Beurteilung stets eine *eigene* Stellungnahme abgeben. Bei Beurteilungen von Soldaten mit dem Dienstgrad vom Feldwebel an aufwärts wird er durch den Erlaß über das Beurteilungswesen (siehe vorige Fußnote) unter Ziff. IV/3 dazu sogar verpflichtet.
[59] Vgl. *v. Mangoldt-Klein* S. 510 unter 3; *Wernicke* BK Anm. II 3 c zu Art. 17 GG; a. A. *Dürig* in Maunz-Dürig Rdnr. 39 zu Art. 17 GG.

sich nun jedoch durch die Begrenzung des Kreises der Verfahrensbeteiligten sowie dadurch, daß das Vorliegen einer persönlichen Beschwer behauptet werden muß und schließlich dadurch, daß die Beschwerde in bestimmter Form innerhalb bestimmter Frist bei einer von mehreren bestimmten Stellen einzulegen ist.

I. „Verfahrensbeteiligte"

Die Verwendung des Wortes Verfahrensbeteiligte im Zusammenhang mit dem Verfahren nach der WBO ist an sich inkorrekt. Denn herkömmlich werden damit Personen wie Antragsteller (Kläger) und Antragsgegner (Beklagter) bezeichnet, die mit prozessualen Rechten ausgestattet Prozeßhandlungen vornehmen und den Fortgang des Verfahrens beeinflussen können. Die WBO gibt aber nur dem Beschwerdeführer entsprechende Rechte — und auch ihm nur wenige —, während derjenige, über dessen Tun oder Unterlassen Beschwerde geführt wird, ohne jede verfahrensrechtliche Beeinflussungsmöglichkeit bleibt[1].

Der Gesetzgeber wandte sich mit dieser Regelung von dem bisher im Wehrbeschwerderecht Üblichen ab und gestaltete ein nicht — kontradiktorisches Verfahren. Noch bei der Durchsicht der Gesetzesmaterialien zur WBO läßt sich dieser Umschwung verspüren: das anfänglich traditionsgemäß gebrauchte Wort „Verklagter"[2] wurde in den Ausschüssen durch „Betroffener" ersetzt. Ursache für die Neuregelung dürfte die Absicht zu besonderer Betonung des Untersuchungsgrundsatzes im Beschwerdeverfahren gewesen sein und letztlich wohl die Vorstellung, daß auch hiermit das Einlegen einer Beschwerde dem Soldaten psychologisch erleichtert würde. Er braucht nicht *gegen* seinen Vorgesetzten oder Kameraden zu klagen, sondern kann sich *über* ihn beschweren[3]. Ob diese Regelung in der Praxis von Nutzen ist, mag dahingestellt bleiben.

Wenn trotz der eben dargelegten Sachlage hier von „Verfahrensbeteiligten" gesprochen wird, so geschieht das nur, um sowohl die Beschwerdeführer als auch diejenigen, über die Beschwerde geführt wird, unter einer Sammelbezeichnung ansprechen zu können. Beteiligte im prozessualen Sinne sind nicht gemeint.

---

[1] Vgl. dazu ausführlicher BDH (WDS) in NZWehrR 62/66 (67) = BDHE 6/185; vgl. auch BDH (WDS) NZWehrR 64/32.
[2] Siehe Drucksache BT 2. WP Nr. 2359 z. B. S. 2 f. § 4 Abs. III und V, § 9 Abs. II, S. 9 f.
[3] Vgl. hierzu auch Salzmann S. 135 f.

1. Beschwerdeführer

Nach der Bestimmung des § 1 WBO kann Beschwerdeführer nur ein Soldat sein. Im Gegensatz zum früheren Beschwerderecht sind damit Beamte der Wehrverwaltung als Beschwerdeführer unzweifelhaft ausgeschlossen. Der Begriff des Soldaten im Sinne der Vorschrift bedarf allerdings näherer Erläuterung.

Auszugehen ist von der Legaldefinition des § 1 Abs. I Satz 1 SG. Soldat ist danach, wer aufgrund der Wehrpflicht oder freiwilliger Verpflichtung in einem Wehrdienstverhältnis steht. Das Wehrdienstverhältnis beginnt bei Wehrpflichtigen mit der Einberufung[4] und bei Berufssoldaten und Soldaten auf Zeit mit ihrer Berufung. Es endet mit der Entlassung oder den sonstigen in §§ 43, 54 SG und § 28 WPflG genannten Gründen. Soldat ist ferner nach § 4 Abs. IV WPflG der zu einer „dienstlichen Veranstaltung" zugezogene Angehörige der Reserve[5].

Das alles wäre an sich wenig problematisch, ergäben sich nicht für das Beschwerderecht in zweifacher Hinsicht Unklarheiten: hat der sogenannte De-facto-Soldat ein Beschwerderecht, und wie steht es damit grundsätzlich bei ausgeschiedenen Soldaten?

Unter einem De-facto-Soldaten ist jemand zu verstehen, der zwar faktisch Wehrdienst leistet, infolge irgendwelcher Fehler von Dienststellen der Bundeswehr aber rechtlich nicht als Soldat zu betrachten ist[6].

Er kann sich jederzeit darauf berufen, daß ihm als Nichtsoldaten keine dem Wehrdienstverhältnis entstammenden Pflichten obliegen[7]. Andererseits ist er in den Dienstbetrieb eingegliedert, und daher kann ihm das Fehlen der rechtlichen Soldateneigenschaft auch nicht grundsätzlich zum Nachteil ausgelegt werden[8]. Für das Beschwerderecht scheint es daher richtig, die Anwendung der WBO gegebenenfalls in sein Belieben zu stellen. Will er sich beschweren, so kann er zwar förmliche Beschwerde nach § 1 WBO einlegen. Er kann statt dessen

---

[4] Gleich, ob zur Ableistung des Grundwehrdienstes oder zur Ableistung von Wehrübungen. Für Soldaten der Territorialreserve vgl. bezüglich des Beschwerderechts den Erlaß in VMBl. 64/56.
[5] Siehe dazu den Erlaß in VMBl. 61/107 (letzte Änderung VMBl. 62/279).
[6] Vgl. *Schreiber* NZWehrR 63/150 und WK 60/38 ff.; *Scherer* S. 34 ff.; *Baden-v. Mitzlaff* S. 66 f.; ferner OLG Oldenburg NZWehrR 63/132. Die Rechtslage im faktischen Wehrdienstverhältnis — es ist nach *Schreiber* „nicht ganz selten" — ist noch nicht abschließend geklärt.
[7] Daher kann er auch nicht wegen Fahnenflucht verurteilt werden; vgl. OLG Oldenburg ebenda.
[8] Sonst läge hier ein venire contra factum proprium auf Seiten der Bundeswehr vor; vgl. übrigens zu beidem *Scherer* S. 34 und S. 35.

aber auch von den jedem Staatsbürger zur Verfügung gestellten formlosen Rechtsbehelfen und den förmlichen der VwGO Gebrauch machen.

Etwas schwieriger ist die Lage bei aus dem Wehrdienstverhältnis ausgeschiedenen Soldaten. Die WBO geht auf sie nur mit einer Bestimmung ein: Nach § 15 soll die Fortführung des Verfahrens durch ein Ausscheiden nicht berührt werden.

Das ist einleuchtend, läßt aber doch noch Zweifel bestehen. Die Literatur gelangt jedenfalls übereinstimmend zu dem Ergebnis, daß auch der ausgeschiedene Soldat die WBO anzuwenden habe, wenn der Beschwerdeanlaß in die Dienstzeit fällt, bis zum Ausscheiden aber kein Gebrauch von dem Beschwerderecht gemacht wurde, sowie dann, wenn Rechte oder Pflichten aus dem Wehrdienstverhältnis über dessen Beendigung hinauswirken[9]. Mit Einschränkungen folgt auch das Bundesministerium der Verteidigung in einem Erlaß dieser Ansicht[10]. Die WBO sei anzuwenden, wenn die Beschwerdefrist nach § 6 WBO bereits vor Ende des Dienstverhältnisses in Lauf gesetzt worden sei.

Zur Begründung wird angeführt, daß der Beschwerdeführer bei Kenntniserlangen von dem Anlaß noch Soldat war, und diese Rechtsstellung müsse ihm erhalten bleiben[11]; bei der Geltendmachung von Rechten aus dem Wehrdienstverhältnis berufe er sich auf die innegehabte frühere Stellung als Soldat und müsse insofern diesem gleich behandelt werden[12]; in einigen Fällen (§§ 19, 29 Abs. III, 32 SG) sei statt des Verwaltungsgerichts gemäß § 17 WBO ausschließlich das Wehrdienstgericht zuständig, und schließlich wolle § 15 WBO nicht das Beschwerderecht einschränken[13, 14].

Diese Ansicht dürfte sich jedoch nicht halten lassen. Die Begründungen stützen sie nicht hinreichend.

§ 1 WBO spricht von Soldaten, womit auch nach Ansicht der eben vorgetragenen Gegenmeinung nur aktive Soldaten gemeint sind. Sei-

---

[9] So *Frahm* S. 108, 110 f.; dem zustimmend BDH (WDS) in NZWehrR 62/127 (129); *Brandstetter* Einführung 5 zur WBO; *Schreiber* S. 19 f. (Die jeweilig geäußerten Ansichten unterscheiden sich geringfügig).

[10] „Geltung der WBO für entlassene Soldaten", VMBl. 58/462; zustimmend Fuchs BWV 62/357. Vgl. auch BVerwGE 18/283 (284) = NJW 64/2030 = DVBl. 64/921 = JZ 65/179, wo unter Berufung auf den soeben zitierten Erlaß ebenfalls auf den Zeitpunkt des Kenntniserlangens von dem Beschwerdeerlaß abgestellt wird.

[11] Erlaß des BMVtdg ebenda.

[12] *Schreiber* S. 19 f.

[13] *Frahm* S. 110 f.

[14] Die Argumentation *Brandstetters* bleibt hier unberücksichtigt. Soweit sie nicht auch mit den eben wiedergegebenen Gründen arbeitet, scheint sie dem Kommentator offenbar selbst nicht ganz überzeugend. Vgl. dazu auch den Erlaß des BMVtdg in VMBl. 58/462 unter Ziff. 3.

nem eindeutigen Wortlaut nach bewirkt aber § 15 WBO keine Änderung dieser Rechtslage, sondern nur eine Klarstellung. Derjenige, der einmal als aktiver Soldat eine Beschwerde eingelegt hat, soll das Verfahren weiterverfolgen, also gegebenenfalls weitere Beschwerde einlegen und Antrag auf Entscheidung des Wehrdienstgerichtes stellen können. Das einmal eingeleitete Verfahren soll durch eine Statusänderung nicht berührt werden. Etwas anderes ist aus „Fortführung des Verfahrens" nicht herauszulesen.

Gerade aus der besonderen Hervorhebung dieser Klarstellung muß aber auch geschlossen werden, daß jeder aus dem aktiven Dienstverhältnis Entlassene sein Recht nur noch nach den Normen des allgemeinen Verwaltungsrechts suchen kann, sofern er eben nicht bereits vor seiner Entlassung das Verfahren eingeleitet hat[15]. Ein solches Ergebnis bleibt durchaus im Rahmen des von der WBO verfolgten Zwecks. Soweit sie den Soldaten günstiger als den zivilen Staatsbürger stellt, geschieht das zur Steigerung des Rechtsschutzes im militärischen Gewaltverhältnis, weil hier die Rechte des einzelnen in besonderer Weise gefährdet sind. Den Auswirkungen dieser Gefährdung ist der einzelne nach seiner Entlassung nicht mehr ausgesetzt, so daß rückwirkende Feststellungen nicht mehr notwendig erscheinen. Das Rechtsschutzinteresse ist geringer geworden. Es bestehen keine Bedenken dagegen, ihn sein Recht nun in gleicher Weise wie die anderen Staatsbürger suchen zu lassen. Der frühere Soldat müßte also zum Beispiel die in der Literatur angeführten weiterwirkenden Rechte aus dem Soldatenverhältnis wie den Anspruch auf Einsichtnahme in die Personalakten (§ 29 Abs. III SG) und Erteilung eines Dienstzeugnisses (§ 32 SG) sowie Fragen im Zusammenhang mit der Genehmigung einer Annahme von Belohnungen (§ 19 SG) vor den allgemeinen Verwaltungsgerichten nach abgeschlossenem Widerspruchsverfahren geltend machen[16]. Über derartige Streitigkeiten haben die allgemeinen Verwaltungsgerichte in den gleichgelagerten Fällen des Beamtenrechts ohnehin zu entscheiden[17].

Zudem darf auch nicht verkannt werden, daß die Beschwerde nach der WBO nicht nur vorteilhaft wirkt, es also nicht nur gilt, eine erworbene Rechtsstellung zu erhalten. Zu denken ist etwa an die Ver-

---

[15] Eine Ausnahme ist jedoch für Disziplinarbeschwerden zu machen. Denn diese führen zu den Wehrdienstgerichten in ihrer Eigenschaft als Disziplinargerichte hin, die als solche nicht durch die allgemeinen Verwaltungsgerichte ersetzbar sind. Vgl. dazu auch unten im 9. Kapitel S. 113 f.
[16] Nach der in dem Erlaß VMBl. 58/462 geäußerten Ansicht soll die Entscheidung über den Rechtsweg praktisch alleine davon abhängen, ob der Beschwerdeführer bereits vor oder erst nach der Entlassung von dem Anfechtungsgrund Kenntnis erlangt hat!
[17] §§ 70, 90, 92 BBG; § 172 BBG mit § 126 BRRG.

kürzung der Rechtsmittelfristen, an den Zwang zur Einhaltung eines zweistufigen Vorverfahrens und an den Ausschluß des Suspensiveffekts.

Dieser Suspensiveffekt dürfte im übrigen der gewichtigste Grund für die Vertreter der Gegenmeinung sein[18]. Man glaubt, zu unhaltbaren Ergebnissen zu kommen, wenn ein entlassener, insbesondere ein nach § 55 Abs. V SG fristlos entlassener Soldat diese Entlassung durch Einlegen von Rechtsmitteln hinauszögern könnte[19]. Da § 3 Abs. I WBO den Suspensiveffekt ausschließt, bestünde diese Gefahr bei Anwendung der WBO nicht.

Auch das überzeugt nicht, und zwar aus zwei Gründen. Einmal führt dieses Zweckmäßigkeitsdenken zu einer gewissen Inkonsequenz. Ein Soldat wird als für den Beruf untauglich entlassen. Obgleich er damit nun ziviler Bürger ist, soll er die ausschließlich für Soldaten erlassene WBO anwenden müssen, und dieses im Grunde nur deswegen, damit er nicht sofort wieder als Soldat gilt.

Zum anderen ist die offenbare Besorgnis heute[20] unbegründet. Nach § 80 Abs. II Ziff. 4 VwGO kann dem Entlassungsakt sofortige Vollziehbarkeit beigelegt werden[21]. Ein beachtliches öffentliches Interesse als Voraussetzung für die Anordnung der sofortigen Vollziehbarkeit wird bei Anlässen, die eine fristlose Entlassung rechtfertigen, stets zu bejahen und auch bei sonstigen Entlassungen im allgemeinen gegeben sein. Damit ist das berechtigte Interesse der Bundeswehr in diesen Fällen hinreichend gewahrt, ohne daß es eines nach den oben angestellten Erwägungen doch recht anfechtbaren Umweges über die WBO bedürfte.

Zusammenfassend ist festzuhalten: Die Rechte und Pflichten aus der WBO gelten nur für aktive Soldaten. Aus dem aktiven Wehrdienst entlassene Soldaten haben sich nur dann nach der WBO zu richten, wenn

---

[18] Dieser Grund wird jedenfalls stets hervorgehoben. Vgl. *Brandstetter* Einführung 5 zur WBO; *Frahm* S. 157; *Schreiber* S. 20; Erlaß des BMVtdg in VMBl. 58/462 Ziff. 3.
[19] Dieser Problemkreis gehört zwar systematisch zu „Verwaltungsbeschwerde", soll aber aus gliederungstechnischen Gründen hier mitbehandelt werden. Nebenbei bemerkt sei, daß hier der Ansatzpunkt für die Anerkennung einer besonderen „Statusbeschwerde" liegen muß (siehe die oben wiedergegebene Einteilung von H. *Meyer*). Aus den sogleich im Text darzulegenden Gedanken ergibt sich jedoch, daß für eine solche Statusbeschwerde kein Raum bleibt.
[20] Es ist der Gegenmeinung zuzugeben, daß die im folgenden angeschnittene Frage vor Inkrafttreten der VwGO recht umstritten war.
[21] Zu Recht folgern *Eyermann-Fröhler* Rdnr. 30 zu § 80 VwGO, daß nach der Entsprechung des § 80 Abs. I Satz 2 zu Satz 1 der § 80 Abs. II Ziff 4 VwGO nicht auf vollziehbare VA beschränkt bleiben könne. Ebenso *Klinger* S. 390. Vgl. auch OVG Lüneburg DVBl. 63/335; OVG Münster NJW 63/2244. Vgl. ferner die beiden vom LVG Köln entschiedenen Fälle zu § 51 MRVO Nr. 165 in NZWehrR 59/115 ff., in denen die Entlassungsbehörde die sofortige Vollziehung anordnete.

sie bereits vor ihrer Entlassung ein Beschwerdeverfahren eingeleitet haben[22]. De-facto-Soldaten können nach ihrer eigenen Entscheidung entweder nach der WBO oder nach der VwGO vorgehen.

Das soeben zum Kreis der Beschwerdeberechtigten Gesagte bedarf nun noch einiger kleiner Ergänzungen. Durch § 1 Abs. IV WBO werden unter Berufung auf Art. 17 a GG gemeinschaftliche Beschwerden für unzulässig erklärt. Eine entsprechende „Meutereiklausel" gehört bereits seit langer Zeit als fester Bestandteil zu den Vorschriften über das militärische Beschwerderecht. Sie war früher nur teilweise dahin modifiziert, daß Beschwerden mehrerer höchstens durch zwei Soldaten vorgetragen werden durften[23].

Dennoch ist die Klausel kein „alter Zopf", den abzuschneiden es langsam an der Zeit wäre. Eine solche vereinzelt in der Literatur vertretene Ansicht[24] deutet nicht gerade auf besonderes Verständnis für die Problematik, die sich aus der Spannung zwischen Beschwerderecht und militärischer Disziplin ergibt. Nur allzu leicht können die Grenzen zwischen echter gemeinschaftlicher Beschwerde und dem Versuch einer Nötigung durch den Druck gemeinsamen Handelns ins Fließen geraten, nur allzu leicht eine Sammelbeschwerde den Tatbestand schwerwiegender Disziplinwidrigkeit erfüllen[25]. Stets dürfte im Hintergrund der Gedanke „Gemeinsamkeit macht stark" stehen. Für das militärische Vorgesetzten- und Untergebenenverhältnis wäre seine gesetzliche Legitimierung verfehlt.

Im übrigen wird § 1 Abs. IV WBO vom subjektiven Tatbestand her zu interpretieren sein[26]. Bleibt es mehreren Soldaten unbenommen, sich einzeln über ihnen gemeinsam zugefügte Unbill zu beschweren, so

---

[22] Vorbehaltlich der oben in Fußn. 15 gemachten Ausnahme: für Disziplinarbeschwerden rechtfertigt sich eine Sonderbehandlung.

[23] z. B. stellen Art. 5, 21 der kurhessischen KA vom 17. 3. 1814 „truppweises" Beschweren unter Strafe (Text in „Sammlung Kurhessen" I/1814/25 ff.). Zu Beschwerden dürfen nicht mehr als zwei erscheinen z. B. nach Art. 26 der hannoverschen KA vom 4. 5. 1790 (*Spangenberg* III/526 ff.); Ziff. 2 der preußischen Beschwerdevorschriften vom 25. 2. 1828 (bei *Dietz* (1941) S. 27 Fußn. 1).

[24] *Hoffmann* S. 75. Dort wird die etwas befremdete Meinung vertreten, daß die Klausel „mit dem Leitbild eines demokratischen Staates" unvereinbar sei und gefragt: „Dient ein solches Verbot nicht vielmehr der Verschleierung von Mißständen innerhalb der Bundeswehr, indem es zu leicht den einzelnen Soldaten einschüchtert?"

[25] Daher sind auch im ausländischen Recht meist ausdrücklich entsprechende Verbote enthalten. Vgl. z. B. das italienische Regolamento Di Disziplina Militare Per L'Esercito Ziff. 136; danach steht die Nichtbeachtung des Verbots als „ein schwerer Verstoß gegen die Unterordnung" unter Strafandrohung (Text in DDS S. 471).

[26] Das dürfte etwa auch die Ansicht von *Schreiber* S. 24 sein.

kann es nicht generell unzulässig sein, wenn dies mit (etwa) gleichlautenden Schriftsätzen geschieht[27]. Die Grenze des Zulässigen wird erst dann überschritten, wenn ein Wille zum gemeinsamen Handeln mit dem Ziel der Nötigung eines Vorgesetzten erkennbar wird. Das dürfte zum Beispiel regelmäßig der Fall sein, wenn mehrere Soldaten gemeinsam eine Beschwerde zur Niederschrift abgeben wollen oder wenn von ihnen lediglich ein hektographiertes Blatt unterschrieben wird[28].

Endlich ist noch kurz auf die Zulässigkeit von Vertretungen des Beschwerdeführers einzugehen. Das Gesetz schweigt hierzu. Daher hat der Bundesminister der Verteidigung im Erlaßwege eine Entscheidung getroffen[29]. Sie scheint unbedenklich und sieht vor, daß Rechtsanwälte in Hinsicht auf § 3 Abs. III BRAO generell als Vertreter zuzulassen sind[30]. Anderer Personen soll sich der Beschwerdeführer als Vertreter dagegen nur dann bedienen dürfen, wenn es sich um die Anfechtung von Verwaltungsangelegenheiten handelt, nicht also bei Disziplinarsachen und in truppendienstlichen Angelegenheiten.

2. Beschwerdebefugnis

§ 1 WBO normiert weiterhin als Zulässigkeitsvoraussetzung, daß der Beschwerdeführer eine ihn persönlich treffende Beschwer geltend machen muß[31]. Dieses ergibt sich aus § 1 Abs. I und Abs. II WBO. Der Soldat kann sich beschweren, wenn *er* glaubt, unrichtig *behandelt* oder *verletzt zu sein*, oder wenn *ihm* ein Antrag nicht fristgemäß beschieden wurde[32].

---

[27] So aber *Frahm* S. 32. Dagegen auch *Lerche* GR IV/1 S. 519.

[28] Zu Recht merkt *Lerche* ebenda an, daß sich das Verbot „auf einem recht schmalen Grat rechtlicher Ökonomie" bewege; denn seine legale Umgehung mag kaum schwer fallen.

[29] VMBl. 63/294. Vgl. ferner *Baden-v. Mitzlaff* S. 189. Zur Lage vor Inkrafttreten der BRAO *Brandstetter* Einführung 7 zur WBO und H. *Meyer* NZWehrR 59/23 f. mit Nachweisen.

[30] Bedenken können allerdings insoweit bestehen, als der Beschwerdeführer stets, d. h. auch im Falle eines Durchdringens mit seiner Beschwerde, die Kosten für den Vertreter zu tragen hat. Denn auch hierzu enthält die WBO keine Bestimmungen. Eine Angleichung an andere Verfahrensarten scheint insofern dringend geboten. Vgl. auch die Kritik in der Zeitschrift „Spiegel" 1965/Nr. 29/6 (Leserbrief v. Buch).

[31] Unstreitig. Vgl. *Frahm* S. 24 f.; *Schreiber* S. 20; *Brandstetter* Anm. 1 zu § 1 WBO; *Jähn* BWV 63/14 f.

[32] Nur nebenbei sei auf die Ansicht *Frahms* S. 24 hingewiesen, es müsse sich hier stets um einen Antrag in eigener Sache handeln. § 1 Abs. II WBO gibt jedoch bereits demjenigen ein Beschwerderecht, der durch die Nichtbescheidung als solche gleichsam abstrakt unrichtig behandelt wurde. Auf den Inhalt des Antrages kommt es dabei nicht an!

Erforderlich ist, daß der Beschwerdeführer eine Berührung seiner eigenen Interessensphäre, ein individuelles Betroffensein[33] geltend macht. Die angefochtene Maßnahme oder Unterlassung muß also Bezug zu seiner Rechtsstellung haben. In seinen Rechten verletzt zu sein, braucht der Soldat allerdings nicht zu behaupten, denn — wie schon eingangs des vorigen Kapitels dargelegt — auch lediglich unzweckmäßiges Handeln kann mit der Beschwerde angegriffen werden. Ausgeschlossen ist jedoch eine Beschwerde, die sich gegen unrichtiges Handeln anderen gegenüber richtet, also gleichsam eine „Popularbeschwerde".

Bei der bereits ebenfalls im vorigen Kapitel erwähnten Anfechtung von Hoheitsakten mit normativem Charakter liegt ein Betroffensein erst dann vor, wenn sich der Hoheitsakt auf die Rechtssphäre des Soldaten auswirkt. Solange das noch nicht der Fall ist, weil zum gegenwärtigen Zeitpunkt keine relevante Beziehung zwischen den Rechten des Soldaten und dem Hoheitsakt besteht, ist die Beschwerde unzulässig. Die Anfechtung einer in der Zukunft möglicherweise eintretenden unrichtigen Behandlung bleibt ausgeschlossen. In diesem Falle könnte man allerdings ebensogut von einem fehlenden Rechtsschutzbedürfnis sprechen. Denn dieses steht mit dem Erfordernis des Betroffenseins in enger Verbindung.

Beides läßt sich jedoch trennen. Das Betroffensein hängt davon ab, ob der Antragsteller einen grundsätzlichen rechtlich relevanten Zusammenhang zwischen dem hoheitlichen Handeln und seiner eigenen Rechtssphäre nachweisen kann. Die Anerkennung eines Rechtsschutzbedürfnisses dagegen[34] hängt davon ab, ob die Geltendmachung der Beschwer noch oder schon als zulässig anzusehen ist[35]. Der Beschwerdeführer muß hier ein berechtigtes Interesse an der Entscheidung zum gegenwärtigen Zeitpunkt haben. Zur Verdeutlichung mag ein Beispiel dienen: Am Tage seiner Entlassung beschwert sich ein Soldat darüber, daß er nicht den gesamten ihm zustehenden Urlaub erhalten habe. Die Wahrheit seiner Behauptung unterstellt wäre er in diesem Fall zwar in seiner Rechtssphäre betroffen. Ein Rechtsschutzbedürfnis aber kann

---
[33] Zu diesem, allerdings im Zusammenhang mit Fragen des Gerichtsschutzes, vgl. *Lerche* GR IV/1 S. 516 f.
[34] Es ist allerdings zuzugeben, daß in Schrifttum und Rechtsprechung hier meist keine Trennung vorgenommen wird. Sie gewinnt ihre eigentliche Bedeutung auch erst im Rahmen des später zu behandelnden Antrages auf gerichtliche Entscheidung.
[35] Der Begriff des Rechtsschutzbedürfnisses wird zwar meist nur in Bezug auf das gerichtliche Verfahrensrecht angewandt, seiner Verwendung an dieser Stelle steht jedoch nichts im Wege. Auch hier ist indessen zu berücksichtigen, daß bei der militärinternen Beschwerde die Verletzung von Rechten nicht behauptet zu werden braucht, sondern daß die Geltendmachung der Unzweckmäßigkeit einer Maßnahme ausreicht.

in Anbetracht der bevorstehenden Entlassung nicht angenommen werden. Die Beschwerde wäre daher zurückzuweisen.

In diesem Zusammenhang ist noch auf die Ausnahme einzugehen, die von der WBO bezüglich der sonst allgemein geltenden Grundsätze über das Rechtsschutzbedürfnis im Sonderfall der Befehle gemacht wird.

Der dem einzelnen Soldaten gegebene Befehl berührt seine Rechtssphäre, er ist betroffen. Das wird von der WBO als selbstverständlich unterstellt. Doch ein Befehl ist in der weitaus überwiegenden Zahl der denkbaren Fälle[36] sofort auszuführen. Das Einlegen einer Beschwerde ändert nichts daran, da sie nach § 3 Abs. I WBO keine aufschiebende Wirkung hat und ohnehin erst nach Ablauf einer Nacht zulässig wird. Wenn der Soldat pflichtgemäß sofort dem Befehl nachkam, so müßte nun im allgemeinen seiner späteren Beschwerde das Rechtsschutzbedürfnis abgesprochen werden. Diese besondere Sachlage rechtfertigt die Vorschriften der §§ 13 Abs. 1 Satz 2 und 19 Abs. I Satz 2 WBO, nach denen bei bereits ausgeführten oder anders erledigten Befehlen gegebenenfalls in der Entscheidung auszusprechen ist, daß sie nicht hätten ergehen dürfen. Der Nachweis eines berechtigten Interesses an dieser Feststellung wie etwa in § 113 Abs. I Satz 4 VwGO ist nicht notwendig[37]. Die WBO unterstellt hier vielmehr von Gesetzes wegen generell ein Rechtsschutzbedürfnis[38].

3. „Antragsgegner"

Mit dem bisher Gesagten ist der Kreis der Beschwerdeberechtigten hinreichend abgegrenzt. Es ergibt sich nun aber die Frage, gegen wen, das heißt gegen wessen Tun oder Unterlassen Beschwerde nach der WBO geführt werden darf.

§ 1 WBO nennt zunächst Vorgesetzte. Darunter sind einmal die militärischen Vorgesetzten nach § 1 Abs. IV SG i. V. mit der „Verordnung über die Regelung des militärischen Vorgesetztenverhältnisses[39] zu verstehen, also diejenigen, die zur Erteilung von Befehlen gegenüber Soldaten befugt sind. Der Soldat kann jedoch auch einem Beamten oder einem sonstigen Angehörigen des öffentlichen Dienstes unterstellt sein,

---
[36] Sogenannte Dauerbefehle sind hier nicht von Bedeutung. Auch die Bestimmungen des § 11 Abs. I Satz 3 und Abs. II SG können unberücksichtigt bleiben.
[37] Vgl. dazu *Ule* Verwaltungsprozeßrecht S. 143 ff., insbesondere S. 145 f.
[38] Vgl. zu diesem Fall auch *Frahm* S. 25 f., S. 100 f.
[39] Vom 4. Juni 1956 (VMBl. 57/71) mit Änderungen, zuletzt vom 6. August 1960 (VMBl. 60/505); kommentiert von *Scherer* S. 206 ff.

Die formellen Voraussetzungen

der ihm Weisungen erteilen darf[40]. Dieser Fall ist besonders in den großen Dienststellen der Bundeswehr wie zum Beispiel den Wehrbereichskommandos oder auch im Verteidigungsministerium relativ häufig zu finden. Da die WBO nur schlicht von „Vorgesetzten" spricht, scheint es unbedenklich, hierunter auch die nicht-militärischen Vorgesetzten zu verstehen[41]. Ob Beschwerde über eine sachliche Entscheidung oder über das persönliche Verhalten des Vorgesetzten geführt wird, ist nicht von Bedeutung[42].

Neben Vorgesetzten nennt § 1 Abs. I WBO auch Dienststellen der Bundeswehr. Es ist unstreitig, daß dieser Begriff im weitesten Sinne auszulegen ist und sich nicht etwa nur auf militärische Dienststellen bezieht[43]. Im Ergebnis werden sämtliche militärischen und zivilen Einrichtungen erfaßt, die zum Ressortbereich des Bundesministers der Verteidigung gehören[44]. Hier kommen nur Beschwerden in Betracht, die sich gegen Sachentscheidungen oder entsprechende Unterlassungen richten[45]. Während ein Vorgesetzter stets mit einer bestimmten Person zu identifizieren ist, steht die Person des Entscheidenden bei einer Dienststelle gleichsam abstrakt im Hintergrund. Kennzeichnet das Vorgesetzten—Untergebenenverhältnis mehr die persönliche Bezugnahme, so ist für das Verhältnis Dienststelle—Soldat die Anonymität beherrschend. Eine Dienststelle kann nicht „persönlich" handeln. Fallen im Rahmen einer Sachentscheidung durch eine Dienststelle beleidigende Äußerungen, so kann der Soldat dagegen nur mit der formlosen Dienstaufsichtsbeschwerde vorgehen, wenn das handelnde Organ nicht Soldat ist. Ist es Soldat, so steht der Weg zur Kameradenbeschwerde offen.

Unter Kameraden im Sinne des § 1 Abs. I WBO sind grundsätzlich alle Soldaten der Bundeswehr zu verstehen, ohne daß es hierbei auf ihren Dienstgrad oder ihre Dienststellung ankäme. Diese Auslegung ergibt sich durch Heranziehung des § 12 SG, der offenbar von einem solchen Kameradenbegriff ausgeht[46]. Wenn aber Dienstgrad und

---

[40] Siehe dazu *Scherer* S. 37.
[41] Im Ergebnis ebenso *Frahm* S. 22; *Brandstetter* Anm. 3 a aa zu § 1 WBO.
[42] A. A. *Frahm* S. 22 ff., der offenbar Beschwerden gegen das persönliche Verhalten von Nicht-Soldaten generell ausschließen will. Er legt dabei dem § 1 Abs. I WBO eine Systematik zugrunde, die abzulehnen ist, und überbetont den Wert des § 13 Abs. II WBO als Kriterium für den vorliegenden Fall. — Wie hier auch *Brandstetter* Einführung 5 zur WBO.
[43] Siehe *Brandstetter* Anm. 3 a cc zu § 1 WBO; *Frahm* S. 22 mit beispielhafter Aufzählung der in Betracht kommenden Dienststellen.
[44] Eine Ausnahme ist nur für die Wehrdienstgerichte zu machen, gegen deren Tätigkeit bzw. Untätigkeit keine Beschwerde nach § 1 WBO zulässig ist. So BDH (WDS) in NZWehrR 62/69; 64/32 (33).
[45] So auch *Brandstetter* Einführung 5 zur WBO.
[46] Vgl. *Brandstetter* ebenda und Anm. 3 b zu § 1 WBO; *Rittau* S. 121 (SG).

5 Oetting

Dienststellung insoweit unerheblich sind, so kann unter Umständen auch gegen einen militärischen Vorgesetzten mit der Kameradenbeschwerde vorgegangen werden, nämlich dann, wenn das pflichtwidrige Verhalten des Vorgesetzten nicht in unmittelbarem Zusammenhang mit seiner Vorgesetztenstellung steht[47]. — Die Beschwerde über das Verhalten eines Kameraden kann stets nur Beschwerde über das persönliche Verhalten sein. Im Verhältnis der kameradschaftlichen Gleichordnung sind nach dessen gesetzlicher Ausgestaltung keine öffentlich-rechtlich relevanten Sachentscheidungen möglich.

II. Form- und Fristbestimmungen

Die Form- und Fristbestimmungen der WBO bieten kaum Anlaß zu eingehenden Erörterungen.

Die Beschwerde kann sowohl schriftlich als auch mündlich eingelegt werden. Wird sie mündlich vorgetragen, so ist eine Niederschrift anzufertigen, die von dem Beschwerdeführer zu unterschreiben ist (§ 6 Abs. II WBO)[48]. Es gelten die gleichen Grundsätze wie auch sonst im Verfahrensrecht.

Adressat der Beschwerde können stets zwei verschiedene Stellen sein. Einmal kann die Beschwerde bei dem nächsten Disziplinarvorgesetzten eingereicht werden, unabhängig davon, ob dieser auch für ihre Entscheidung zuständig ist. (§ 5 Abs. I Satz 1 WBO.) Sollte er das nicht sein, so hat der angerufene Vorgesetzte die Beschwerde vom Amts wegen unverzüglich an die zuständige Stelle weiterzuleiten (§ 5 Abs. III WBO). Wahlweise daneben besteht die zweite Möglichkeit, die Beschwerde unmittelbar bei der für die Entscheidung zuständigen Stelle einzulegen (§ 5 Abs. I Satz 2 WBO)[49].

Diese Regelung muß als durchaus gelungen bezeichnet werden. Sie stellt einerseits sicher, daß sich der Beschwerdeführer nicht an seinen

---

[47] Beispiel nach *Brandstetter* Einführung 5 zur WBO / Anm. 3 b zu § 1 WBO: KpChef und BtlKdr wohnen in einem Haus. Der BtlKdr pflegt auch bei später nächtlicher Heimkehr die Türen laut zuzuschlagen. Kameradenbeschwerde zulässig und begründet.

[48] Einen Fall, in dem dieser Vorschrift nicht genügt wurde, enthält NZWehrR 60/93 f. (LVG Köln).

[49] Daneben bestehen Sonderregelungen für Ausnahmesituationen. Im Lazarett liegende Soldaten können ihre Beschwerde *auch* bei dem leitenden Sanitätsoffizier anbringen. Soldaten in Arrest- oder Strafanstalten *auch* bei einem militärischen Anstaltsvorgesetzten (§ 5 Abs. II WBO). Ist der für die Entscheidung zuständige Disiplinarvorgesetzte bei abgesetzten Truppenteilen usw. nicht erreichbar, so kann die Beschwerde bei dem höchsten anwesenden Offizier eingelegt werden. (§ 11 Buchstabe b WBO).

Die formellen Voraussetzungen 67

nächsten Disziplinarvorgesetzten wenden m u ß, was vornehmlich dann von Bedeutung ist, wenn die Beschwerde gegen eine Handlung eben dieses Vorgesetzten gerichtet wird. Andererseits[50] wieder befindet sich der Soldat stets auf dem richtigen Wege, wenn er sich an seinen Kompaniechef oder den Bataillonskommandeur usw. wendet. Ihm wird dadurch die nicht immer leichte Bestimmung jener für die Entscheidung zuständigen Stelle abgenommen, so daß er nicht Gefahr läuft, gegebenenfalls durch Adressierung an eine zunächst unzuständige Stelle die vorgeschriebene Frist zu überschreiten[51, 52].

Die Beschwerdefrist beträgt nach § 6 Abs. I WBO zwei Wochen. Sie ist damit zwar erheblich länger als früher[53], aber auch wieder beträchtlich kürzer als die Widerspruchsfrist nach § 70 VwGO.

Die Kürze der Frist beruht auf dem Gedanken, daß im militärischen Gewaltverhältnis Rechtsangelegenheiten möglichst beschleunigt durchgeführt und zu einem klärenden Abschluß gebracht werden sollen. Das scheint zweckmäßig, da sich hier Unklarheiten im dienstlichen Verhältnis zwischen den hoheitliche Gewalt Ausübenden und den Gewaltunterworfenen in besonderer Weise belastend auswirken[54]. In der WDO wurde daher der Beschleunigungsgrundsatz in § 7 Abs. I ausdrücklich hervorgehoben. In der WBO kommt er durch die stets verhältnismäßig kurzen Fristen zum Ausdruck[55].

Aber auch die Verlängerung gegenüber den früheren Fristen ist gerechtfertigt, weil in Verwaltungsangelegenheiten die Beschwerde der WBO den Widerspruch ersetzt (§ 22 WBO). Sie ist also abgesehen vom beschwerdegerichtlichen Verfahren auch Zulässigkeitsvoraussetzung für die Erhebung der verwaltungsgerichtlichen Klage und damit von

---

[50] Zu beidem vgl. die amtliche Begründung zum EWBO in Drucksache BT 2. WP Nr. 2359 S. 7 und zu § 5.
[51] Zur Form der Adressierung vgl. auch BDH (WDS) in NZWehrR 62/127 (129).
[52] Nach BDHE (WDS) 5/227 soll auch eine beim Wehrbeauftragten eingelegte Beschwerde unter Berücksichtigung des § 7 WBO dann zulässige Beschwerde i. S. der WBO sein, wenn der Soldat an sich eine förmliche Beschwerde einlegen wollte, die Wahl des Adressaten auf unverschuldeter Unkenntnis beruht und der Wehrbeauftragte die Beschwerde bei ordnungsmäßigem Geschäftsgang noch fristgerecht an die zuständige Stelle hätte abgeben können. — Abgesehen vom Fall falscher Rechtsmittelbelehrung dürfte das auf eine Überdehnung des Rechtsschutzgedankens hinauslaufen.
[53] Siehe oben im 2. Kapitel S. 33.
[54] Vgl. dazu auch *Pernthaler* S. 220 und *Lerche* GR/IV/1 S. 518.
[55] Vgl. z. B. § 1 Abs. II, § 6 Abs. I, § 7, § 16 Abs. I und Abs. II WBO und demgegenüber § 75 Satz 2, § 70 Abs. I, § 60 Abs. II Satz 1, § 74 VwGO (die angeführten Vorschriften der WBO und der VwGO entsprechen sich zum Teil inhaltlich nur ungefähr).

5*

einer Bedeutung, die eine allzu große Schlechterstellung des Soldaten gegenüber dem Beamten und zivilen Bürger nicht mehr gestattet[56].

Für die Berechnung der Fristen gelten die allgemeinen Grundsätze der Verfahrensordnungen, im Ergebnis also die Vorschriften der § 187 ff. BGB[57]. Eine Besonderheit gilt jedoch insofern, als der Lauf der Frist zwar mit Kenntniserlangen von dem Beschwerdeanlaß beginnt, Beschwerde aber frühestens nach Ablauf einer Nacht eingelegt werden darf. Der Gesetzgeber wollte durch diese —im Wehrrecht übrigens wiederum traditionelle — Bestimmung den Beschwerdeführer vor übereilten Handlungen schützen. „Er soll Zeit und Ruhe gewinnen, das Für und Wider einer Beschwerde und die Sache selbst, die ihn bewegt, erwägen und eine Nacht überschlafen", wie Dietz in seinem Kommentar zur BO 36 anmerkt[58].

Die Frist ist nur gewahrt, wenn die Beschwerde bei einem der zuständigen Adressaten rechtzeitig eingeht[59]. Sie läuft bei Verhinderung durch unabwendbare Zufälle nach § 7 und § 11 Buchstabe a WBO erst drei Tage nach Fortfall des Hinderungsgrundes ab[60]. Das entspricht der Wiedereinsetzung in den vorigen Stand als Rechtsgedanken des allgemeinen Verfahrensrechts, wenn es auch hier keines besonderen Antrages bedarf und die Frist auch hier wieder kürzer als sonst ist[61]. Vermittlung und Aussprache (§ 4 WBO) haben keinen Einfluß auf den Lauf der Beschwerdefrist[62].

---

[56] Das dürfte R. *Müller* bei seiner Kritik in WWR 62/580 übersehen haben. Siehe übrigens auch *Frahm* S. 60. K. *Meyer* DÖV 54/69 hält eine Frist von einem Monat für „militärisch untragbar". Immerhin aber kennt das ausländische Wehrbeschwerderecht Fristen bis zu drei Monaten.

[57] Eine Verweisung wie z. B. in § 57 VwGO oder § 222 ZPO fehlt. Doch dürfte es sich hier um allgemein geltende Rechtsgedanken handeln, deren Heranziehung jedenfalls beim gänzlichen Schweigen des Gesetzes nichts im Wege steht.

[58] *Dietz* (1941) S. 146.

[59] In Zweifelsfällen ist die Frist als gewahrt anzusehen: BDH (WDS) NZ-WehrR 61/32. Zu Einzelfragen vgl. im übrigen BDH (WDS) NZWehrR 62/127 (129); BDHE (WDS) 4/169 und 5/227.

[60] Vgl. dazu die im Ergebnis doch recht großzügige Rechtsprechung der Wehrdienstsenate ebenda (vorige Fußnote!) sowie in NZWehrR 59/106 und NZWehrR 59/108.

[61] Zum Vergleich: § 44 f. StPO; § 233 f. ZPO; § 60 VwGO.

[62] Auf den etwaigen Einfluß mangelhafter Rechtsmittelbelehrung wird erst im nächsten Kapitel eingegangen, da die Erstbeschwerde jedenfalls stets mit einer Rechtsmittelbelehrung zu versehen ist (§ 12 WBO). Dagegen ist bei den primären militärischen Hoheitsakten nur bei Verhängung einer Disziplinarstrafe und ferner in den Verwaltungsangelegenheiten eine Rechtsmittelbelehrung erforderlich. Dazu vgl. den Erlaß in VMBl. 60/204.

III. Zum Fehlen des Suspensiveffekts

Es ist noch zu erwähnen, daß nach § 3 WBO das Einlegen einer Beschwerde keine aufschiebende Wirkung hat[63]. Der Soldat wird durch Einlegen einer Beschwerde insbesondere nicht von der Pflicht befreit, einen Befehl „nach besten Kräften vollständig, gewissenhaft und unverzüglich auszuführen" (§ 11 Abs. I Satz 2 SG). Diese bemerkenswerte Abweichung von dem sonst im Verwaltungsrecht fast stets mit dem Einlegen von Rechtsmitteln verbundenen Suspensiveffekt beruht auf militärischer Notwendigkeit. Es ist ohne weiteres einleuchtend, daß eine etwaige hemmende Wirkung die Schlagkraft einer Einheit ernsthaft in Frage stellen würde[64], zumal unbegründetes und den formellen Vorschriften der WBO widersprechendes Beschwerdeführen grundsätzlich nicht strafbar ist (§ 2 WBO).

Eine Milderung erfährt die Vorschrift durch § 3 Abs. II WBO, nach dem die Ausführung eines Befehls oder die Vollziehung einer Maßnahme bis zur Entscheidung über die Beschwerde ausgesetzt werden kann[65]. Da die Aussetzungsmöglichkeit insoweit nicht von einem Antrag abhängig gemacht ist, muß auf eine ex-officio-Pflicht der zur Beschwerdeentscheidung berufenen Stelle geschlossen werden, die Zweckmäßigkeit einer entsprechenden Anordnung oder einer anderen einstweiligen Maßnahme zu überprüfen[66]. Der Beschwerdeführer kann jedoch auch einen Antrag auf Aussetzung stellen und dann, wenn dieser abgelehnt wird, nach § 17 Abs. VI Satz 3 WBO gerichtliche Anordnung der aufschiebenden Wirkung beantragen. Kraft ausdrücklicher Bestimmung ist es dabei nicht erforderlich, daß bereits Antrag auf gerichtliche Entscheidung in der Hauptsache gestellt wurde[67]. Allerdings ist der Antrag auf gerichtliche Anordnung der Suspensivwirkung nur dann zulässig, wenn der Beschwerdegegenstand gerichtlicher Beurteilung zugänglich wäre. Für den „Härtefall" disziplinarer Bestrafung ordnet § 30 Ziff. 1 WDO in beschränktem Maße die aufschiebende Wirkung von Gesetzes wegen an.

---

[63] Das ist zwar keine „Voraussetzung" im Sinne der Kapitelüberschrift, wird aber zweckmäßigerweise schon in diesem Zusammenhang hervorgehoben.

[64] Nach OVG Münster in BWV 65/162 ff. läßt sich daraus herleiten, daß der Ausschluß einer aufschiebenden Wirkung des Rechtsmittels auch für reine Verwaltungsangelegenheiten (§ 22 Abs. I i. V. mit § 3 Abs. I WBO) rechtens und mit Art. 3 GG vereinbar ist. In Hinsicht auf die ebenda umstrittenen Besoldungsfragen scheint das allerdings nicht unbedingt überzeugend.

[65] In Betracht kommen hier nur Dauerbefehle oder solche, die erst nach Ablauf einer Nacht auszuführen sind. Denn vorher ist bereits das Einlegen einer Beschwerde unzulässig (§ 6 Abs. I WBO).

[66] Ebenso *Frahm* S. 45.

[67] Für Verwaltungsangelegenheiten § 22 Abs. IV WBO. Entsprechung in § 80 Abs. V VwGO.

Sechstes Kapitel

Die Sondervorschriften über Vermittlung und Aussprache

Auch wenn sämtliche Zulässigkeitsvoraussetzungen für das Einlegen einer Beschwerde vorliegen, dann wird der Soldat dennoch häufig zögern, von seinem Recht Gebrauch zu machen. Motiv kann dabei mangelnde Zivilcourage[1] sein, aber in gleichem Maße auch die Scheu, persönlich verschiedener Wesensart entspringende Differenzen vor Vorgesetzten oder Gerichten auszutragen oder die Sorge um die zukünftige dienstliche Zusammenarbeit. Die Reihe achtenswerter Gründe ließe sich fortsetzen[2], und jeder Soldat wird zumindest unbewußt davon beeinflußt, daß ein Beschwerdeverfahren mit seinem förmlichen Charakter, den Zeugenvernehmungen und der durch eine höhere, aber doch außenstehende Instanz gefällten Entscheidung dazu geeignet ist, das Vertrauensverhältnis innerhalb der Einheit empfindlich zu stören[3].

Der künftigen Zusammenarbeit ist indessen grundsätzlich auch nicht mit der stillschweigenden Hinnahme von unbedachten Äußerungen oder Maßnahmen gedient. Die WBO sieht daher vor, daß weniger gravierende Unstimmigkeiten durch Aussprache oder Vermittlung beigelegt werden können.

I. Aussprache

Das Recht auf Aussprache ist in § 4 Abs. V WBO normiert. Danach kann der potentielle Beschwerdeführer von dem Betroffenen verlangen, daß dieser ihm „Gelegenheit zur Darlegung seines Standpunktes" gibt. Aus der Verbindung der Aussprache mit dem Institut der Vermittlung wird deutlich, daß um Aussprache nur dann ersucht werden darf, wenn sich der Soldat persönlich gekränkt fühlt und ihm ein gütlicher Ausgleich möglich erscheint[4]. In aller Regel kann das nur bei Beleidigungen oder unwürdiger Behandlung im weitesten Sinne der Fall sein. Bloße Sachentscheidungen oder Ablehnung eines Antrages sind ursprünglich sicher nicht gemeint.

---

[1] Hierzu und zu weiteren „negativen" Hinderungsgründen siehe unten im 12. Kapitel.

[2] Vgl. *Scheyhing* DÖV 58/77.

[3] *Barth* GRSold S. 99 spricht von einer „beinahe unheilbaren" Störung des gespannten menschlichen Verhältnisses durch Ingangbringen eines förmlichen Verfahrens. Zu einem in gewisser Weise ähnlichen Gedanken findet bereits *Graf Khevenhüller* unter II/7 f. seiner „Observations-Puncten" von 1749.

[4] Vgl. § 4 Abs. V und § 4 Abs. I WBO. Zu demselben Ergebnis gelangt *Frahm* S. 55.

Die Sondervorschriften über Vermittlung und Aussprache 71

Man wird die Bestimmung jedoch nicht zu eng auslegen dürfen[5]. Denn einmal beruht es auf sehr subjektiver Ansicht, ob sich jemand persönlich gekränkt fühlt und ihm ein gütlicher Ausgleich möglich erscheint.

Zum anderen wird der Anspruch auf rechtliches Gehör[6] in seinen Auswirkungen hier nicht ganz unberücksichtigt bleiben dürfen. Zwar liegt sein Schwerpunkt unbezweifelbar in dem Recht auf Anhörung *vor* Erlaß einer hoheitlichen Maßnahme[7] und auf schriftlichem statt mündlichem „Gehör"[8]. Aber seinen Sinn findet er darin, daß der Gewaltunterworfene zur Durchsetzung seiner Rechte nicht erst auf Rechtsbehelfe und Rechtsmittel angewiesen sein soll, und eben das ist im Grunde auch der Sinn der Aussprache. Zudem wird in der überwiegenden Zahl der Fälle im militärischen Gewaltverhältnis eine vorherige Anhörung gar nicht möglich sein. — Auch ist hier eine enge Beziehung zu dem durch Art. 17 GG geschützten Recht auf Gegenvorstellung zu bedenken, das sich allerdings — jedenfalls in den Grenzen des verfassungsmäßigen Schutzbereichs — nur auf schriftliche Äußerungen erstreckt und somit hier nicht unmittelbar angewandt werden kann.

Endlich läßt sich noch der Fürsorgegedanke, dem im Wehrrecht besondere Bedeutung beigemessen wird[9], heranziehen. Auch aus ihm läßt sich herleiten[10], daß einem Anspruch auf Darlegung des eigenen Standpunktes bei vermeintlich unrichtiger Behandlung keine zu engen Grenzen gesetzt werden dürfen.

Die Statuierung eines subjektiven Rechts auf Aussprache ist im deutschen[11] Wehrrecht neu. Sie hat sich zunächst auch einige Kritik zugezogen. Schon der Bundesrat[12] hielt die Aussprache für „besonders" bedenklich, weil sie die Gefahr des „böswilligen Mißbrauchs durch sub-

---

[5] Zu eng *Frahm* S. 55 mit S. 48 f.
[6] Zu diesem Anspruch auch im Verwaltungsverfahren vgl. z. B. *Dürig* in Maunz-Dürig Rdnr. 92 zu Art. 103 GG; EVwVerfG (1963) § 21 mit Erläuterung S. 123 f.; vgl. auch BDHE (WDS) 6/185 (insbesondere S. 188, erster Absatz a. E.).
[7] *Wolff* S. 93 spricht von „mindestens nachgängigem rechtlichen Gehör" als besonderem Rechtsgrundsatz.
[8] BVerfGE 7/95 (98): „Eine Pflicht zur mindestens schriftlichen Anhörung".
[9] Vgl. § 31 SG und § 10 Abs. III SG.
[10] Vgl. dazu *Dietz* (1941) S. 61 f. für die BO 36, die noch kein subjektives Recht auf Aussprache enthielt. Vgl. ferner auch *Lerche* GR IV/1 S. 506.
[11] Anders teilweise im ausländischen Recht, dem dafür das Institut der Vermittlung fremd ist. Für Österreich vgl. ADV § 13 Abs. III (bei *Pernthaler* S. 233). Für Belgien Reglement de Diszipline Art. 101, wo das Recht jedoch eher dem deutschen „Einspruch" gleicht (DDS S. 488). Näheres dazu unten im letzten Kapitel.
[12] Stellungnahme zum EWBO in Drucksache BT 2. WP Nr. 2359 S. 18.

versive Elemente" eröffne und geeignet sei, „die Autorität des Disziplinarvorgesetzten in Frage zu stellen". Ebenso sieht Rudolf *Müller*[13] mehr die Gefahr eines Mißbrauchs in Form der Möglichkeit, daß ein Vorgesetzter „zur Rede gestellt" und ihm „die Meinung gesagt" werden kann, als die positiven Seiten.

Die Bedenken sind sicher nicht ganz ungerechtfertigt. Eine Aussprache, in der nicht mit beiderseitig gutem Willen die gebotene Sachlichkeit gewahrt wird, vermag bestehende Spannungen unzweifelhaft zu verstärken statt sie zu mildern[14]. Jedoch kann der um Aussprache Gebetene jederzeit auf sinnvolle Handhabung dieses Rechts dringen. Er kann die Aussprache beenden, wenn die „Darlegung des Standpunktes" nicht mit der notwendigen Selbstbeherrschung vorgenommen wird und in Disziplinwidrigkeit auszuarten droht. Im übrigen besteht die Möglichkeit, einen Vorgesetzten gegen seinen Willen zur Rede zu stellen, nicht. Die — freilich etwas unscharfe — Formulierung des § 4 Abs. V WBO gibt nur ein Recht auf Anhörung durch den Betroffenen, verpflichtet diesen aber nicht, seine Maßnahmen einem etwaigen Untergebenen gegenüber zu verteidigen[15]. Die Gefahr für die Disziplin ist damit nur relativ gering.

Insgesamt gesehen dürften daher auch bei der Einführung des Rechts auf Aussprache die positiven Seiten überwiegen. Wird dieses Recht sinnvoll gehandhabt, dann vermag es durchaus kleinere Unstimmigkeiten ohne förmliches Verfahren zu bereinigen, verlorenes Vertrauen wiederzugeben und damit, wenn das Verhältnis Vorgesetzter—Untergebener berührt ist, die Vorgesetztenautorität zu stärken. Es scheint begrüßenswert, wenn der Bundestag trotz der vom Bundesrat seinerzeit angemeldeten Bedenken auf die Übernahme eines Rechts auf Aussprache nicht verzichtet hat.

---

[13] In WWR 62/580.
[14] So schrieb denn auch bereits das preußische Dienstreglement vom 13. 9. 1788 für die dort gewährten Beschwerden von Offizieren vor, daß der Beleidigte niemals zu dem Vorgesetzten gehen durfte, der ihm die Beleidigung zugefügt hatte (nach *Dietz* (1941) S. 13).
[15] In dieser Weise wollte auch die Bundesregierung § 4 Abs. V WBO verstanden wissen (Drucksache BT 2. WP Nr. 2359 S. 21). Vgl. auch Schreiber S. 32. Allerdings scheint in Hinsicht auf diesen vom Gesetz dem Wort „Aussprache" gegebenen Inhalt die Ausdrucksweise verfehlt. Der Begriff Aussprache umfaßt an sich mehr als bloß ein Anhören der Gegenpartei. — Auf der mangelhaften Präzision des Gesetzeswortlautes beruht auch die Tatsache, daß der Inhalt des Wortes Aussprache in § 4 Abs. V WBO in der gleichsam amtlichen Kommentierung des BMVtdg fehlinterpretiert wird (*WBO-IFü* S. 15 f.). Ebenso unrichtig *Frahm* S. 56. Bedenklich die Auslegung bei *Brandstetter* Anm. 11 zu § 4 WBO.

II. Vermittlung

Im Gegensatz zur Aussprache gehört die Vermittlung (§ 4 Abs. I bis Abs. IV WBO) als besondere Einrichtung des Wehrrechts bereits seit langer Zeit zum Beschwerdeverfahren[16]. Sie wurde im Zuge der Entwicklung jedoch nicht unbeträchtlichen Wandelungen unterworfen. Ohne hierauf im einzelnen einzugehen soll nur erwähnt werden, daß sie als Bestandteil derjenigen Regelungen geschaffen wurde, mit denen man sich um die Bekämpfung des Duellwesens bemühte. Die Vermittlung war daher auch auf die Anwendung durch Offiziere beschränkt, die sich ihrer generell zur Einleitung eines Beschwerdeverfahrens bedienen mußten[17].

Die BO von 1921 machte die Einleitung des Beschwerdeverfahrens durch Anrufung eines Vermittlers dann auch für Unteroffiziere und Mannschaften zur Pflicht (Ziff. 7 ff.). In der neuen BO von 1936 kehrte man dagegen wieder zu dem früheren Zustand zurück: die Vermittlung erwies sich als „ungeeignet für Unteroffiziere und Mannschaften", die 1921 vorgenommene Gleichstellung hatte sich „nicht bewährt"[18]. Wie kaum anders zu erwarten ist nach der WBO von 1956 die Vermittlung wieder für alle Dienstgrade zugelassen, da eine Beschränkung auf Offiziere „dem ... bezweckten Grundsatz der Gleichbehandlung aller Soldaten nicht entsprechen" würde[19]. Es scheint so, als ob in diesem Falle wie auch sonst bisweilen die Zweckmäßigkeit einer wehrrechtlichen Regelung ausschließlich an politischen Erwägungen orientiert wurde. — Ein wesentlicher Unterschied zu der früheren Vermittlung besteht jetzt auch noch insofern, als das Vermittlungsverfahren herkömmlich vor Einlegen einer Beschwerde obligatorisch war, jetzt aber nur noch fakultativ ist. Ebenso wie von dem Recht auf Aussprache kann der Soldat an Stelle oder nach dieser von dem Institut der Vermittlung Gebrauch machen, er muß es aber nicht.

Wie die Aussprache so ist auch die Vermittlung nur dann zulässig, wenn sich der potentielle Beschwerdeführer persönlich gekränkt fühlt und ihm ein gütlicher Ausgleich möglich erscheint (§ 4 Abs. I WBO). Aber im Gegensatz zu dem oben bei der Aussprache hierzu Gesagten wird man bei der Vermittlung diese Voraussetzungen restriktiv interpretieren müssen. Die Vermittlung ist ihrem Wesen nach und auf-

---

[16] Die bei *Graf Khevenhüller* II/7 vorgeschriebene Regelung dürfte im 18. Jahrhundert nicht nur in Österreich bräuchlich gewesen sein.
[17] Jedenfalls in neuerer Zeit und abgesehen von einigen Ausnahmen wie z. B. bei Beschwerden gegen Disziplinarstrafen.
[18] *Dietz* (1941) S. 35.
[19] Entgegnung der Bundesregierung auf „schwere Bedenken" des BR hin. Drucksache BT 2. WP Nr. 2359 S. 21 bzw. S. 18.

grund ihrer historischen Entwicklung alleine dazu geeignet und bestimmt, kleinere Spannungen im zwischenmenschlichen Bereich ohne Einschaltung von Vorgesetzten zu bereinigen, die häufig nur auf Mißverständnissen, unbewußt kränkenden Äußerungen oder übereiltem Handeln beruhen. Zur Herbeiführung einer Korrektur von Sachentscheidungen kann sie allenfalls ausnahmsweise dann angewandt werden[20], wenn die Sachentscheidung eine offenbare persönliche Kränkung enthält, die sich zum Beispiel aus der Begründung der Nichtgenehmigung eines Urlaubsantrages oder der Ablehnung eines Versetzungsgesuches ergeben mag[21].

Hinsichtlich der Wahl des Vermittlers, der die Durchführung der Vermittlung nur aus zwingenden Gründen[22] ablehnen darf, ist der potentielle Beschwerdeführer relativ frei gestellt. Auch für die Tätigkeit des Vermittlers fehlen konkrete Vorschriften. Er ist lediglich angewiesen, sich im persönlichen Benehmen mit den Beteiligten mit dem Sachverhalt vertraut zu machen und sich um einen Ausgleich zu bemühen (§ 4 Abs. IV WBO). In Anbetracht der Tatsache, daß jetzt auch Unteroffiziere und Mannschaften von der Vermittlung Gebrauch machen können, wären hier etwas eingehendere Vorschriften wünschenswert gewesen, zumal diese früher vorhanden waren[23].

Die Perfektionierung des formalen Rechtsschutzes durch höhere Vorgesetzte und Richter sollte nicht auf Kosten einer an sich bewährten Einrichtung[24] geschehen, die ihren Wert dadurch behält, daß sie der wachsenden Entpersönlichung des zwischenmenschlichen Bereichs entgegenzuwirken vermag. Denn auch heute noch kann in einer engen Gemeinschaft wie der militärischen nicht auf ein gewisses Maß an persönlichem Bezug verzichtet werden.

---

[20] Für die Möglichkeit einer ausnahmsweisen Anwendung auch Frahm S. 48 f.
[21] Daß die Vermittlung bei echten Sachentscheidungen generell „sinnlos" sein soll (Barth GRSold S. 99), überzeugt nicht. Hier läßt sich differenzieren.
[22] Nach der Hervorhebung des § 4 Abs. III WBO dürfen unmittelbare Vorgesetzte des Beschwerdeführers und des Betroffenen sowie der Vertrauensmann die Vermittlung nicht übernehmen und der Vermittler an der Sache selbst nicht beteiligt sein.
[23] Den vier Absätzen der WBO in § 4 standen sieben den Paragraphen der WBO entsprechende Ziffern der BO 21 und zehn der BO 36 gegenüber, die Regelungen über die Vermittlung enthielten.
[24] *Scheyhing* DÖV 58/77 schlägt sogar die Einführung der Vermittlung in das Beamten- und Richterrecht vor.

Siebentes Kapitel

Das militärinterne Beschwerdeverfahren

I. Erstbeschwerde

1. Entscheidungskompetenz

Für die Entscheidung über eine eingelegte Beschwerde ist nach § 9 Abs. I Satz 1 WBO derjenige Disziplinarvorgesetzte zuständig, der den Gegenstand der Beschwerde zu beurteilen hat[1]. Dabei ist nicht von Bedeutung, ob dieser Disziplinarvorgesetzte auch die volle Disziplinargewalt über den Betroffenen hat[2]. Er muß lediglich einerseits Vorgesetzter hinsichtlich des materiellen Beschwerdeinhalts sein, also gegebenenfalls in der Sache selbst Weisungen erteilen und Entscheidungen fällen können. Und zum anderen muß er, unabhängig von dem zu entscheidenden Fall und der Person des Betroffenen, Disziplinargewalt nach § 16 ff. WDO haben. In den meisten Fällen werden beide Voraussetzungen in der Person eines Vorgesetzten zusammentreffen; er wird, wenn er in der Sache selbst entscheiden kann, auch Disziplinarvorgesetzter des Betroffenen sein.

Soweit Sachentscheidungskompetenz und Disziplinargewalt nicht zusammentreffen, muß unterschieden werden. Richtet sich die Beschwerde gegen das persönliche Verhalten des Betroffenen — bei Kameradenbeschwerden ist das stets der Fall —, dann ist nur der Disziplinarvorgesetzte zuständig[3]. Richtet sie sich gegen die dienstliche Tätigkeit als solche, zum Beispiel gegen einzelne Befehle, sonstige Anordnungen oder Entscheidungen, so ist es der für das entsprechende Sachgebiet zuständige Vorgesetzte[4]. Wird sowohl gegen das persönliche Verhalten als auch gegen eine dienstlich getroffene Maßnahme Beschwerde geführt, die sich auf *einen* konkreten Sachverhalt bezieht[5],

---

[1] Zur Kompetenz in Verwaltungsangelegenheiten vgl. § 9 Abs. I Satz 2 WBO und für den Sonderfall der Truppenverwaltungsangelegenheiten *Fuchs* BWV 62/357 ff. mit weiteren Nachweisen. Zur Kompetenz bei Disziplinarbeschwerden vgl. § 30 Ziff. 2 WDO und dessen Kommentierung bei *Baden-v. Mitzlaff* S. 193 ff. und ferner H. *Meyer* NZWehrR 59/21 ff.
[2] Im Grundsatz kaum streitig. Vgl. *Frahm* S. 76 ff.; v. *Mitzlaff* NZWehrR 64/22 f.; *Schwinger* NZWehrR 64/151 ff.; teilweise jedoch a. A. H. *Meyer* NZWehrR 59/52 f.
[3] Beispiel: Der Wachvorgesetzte befiehlt dem Wachsoldaten in Bezug auf X: „Nehmen sie das besoffene Schwein fest!" X beschwert sich über die Ausdrucksweise, aber nicht über die Festnahme als solche. Gegenstand der Beschwerde ist nur das ehrenrührige Verhalten.
[4] Beispiel: Gleicher Fall, jedoch Wortlaut des Befehls: „Nehmen sie den Mann fest". X hält die Festnahme für unrichtig.
[5] Beispiel: Ausgangsfall wie auf der Vorseite Fußnote 3. X beschwert sich sowohl über die Festnahme als auch über die Ausdrucksweise.

dann wird zweckmäßigerweise auf den Schwerpunkt des Begehrens abgestellt. Er wird im allgemeinen wegen deren größerer Tragweite auf dem Gebiet der dienstlichen Sachmaßnahme liegen[6, 7].

Es ist nicht zu verkennen, daß die Bestimmung des § 9 Abs. I Satz 1 WBO damit in Einzelfällen zu erheblichen Unklarheiten über die Zuständigkeit führen kann. Sie werden zwar durch § 9 Abs. III WBO in ihrer Bedeutung etwas herabgesetzt, da in Zweifelsfällen der höhere Vorgesetzte die Entscheidungskompetenz zu bestimmen hat. Doch ist es unverständlich, warum der Gesetzgeber nicht auf die einfache und klare Lösung des Ziff. 20 BO 36[8] zurückgegriffen und damit jeglichen Zweifeln von vornherein den Anlaß entzogen hat. Nach Ziff. 20 BO 36 war generell der Disziplinarvorgesetzte des Betroffenen zuständig. Diese Regelung scheint deswegen unbedenklich, weil der Disziplinarvorgesetzte im Rahmen seiner Aufklärungspflicht schwierige und ihm eventuell weniger geläufige Sachfragen durch Einholung von Erkundigungen klären kann.

Der zur Entscheidung berufene Vorgesetzte ist im übrigen aufgrund eines „einfachen" Devolutiveffekts stets der instantiell nächste Vorgesetzte[9]. Der Verfahrenszug wird von der WBO genau vorgeschrieben und entscheidet letzten Endes auch über die Bestimmung des gesetzlichen Richters (vgl. § 21 WBO). Es ist daher unzulässig, daß ein höherer Vorgesetzter als der zunächst zuständige die Beschwerdeentscheidung trifft[10].

2. Vorbereitung der Entscheidung

Über die Vorbereitung der Entscheidung, die Entscheidung selbst und über den Beschwerdebescheid enthält die WBO in den §§ 10, 12, 13, 14 relativ eingehende Bestimmungen. Sie finden weitgehend ihre Entsprechung im allgemeinen Verwaltungsprozeßrecht. Insoweit sollen

---
[6] Entsprechend etwa dem Rechtsgedanken des § 16 Abs. III WDO. Vgl. zu diesem auch den Erlaß in VMBl. 58/398 und die Kommentierung bei *Baden-v. Mitzlaff* S. 124 f.
[7] Zum Ganzen vgl. auch *Frahm.* S. 76 ff.; *v. Mitzlaff* NZWehrR 64/22 f. Dabei *v. Mitzlaff* im Ergebnis wie hier, a. A. jedoch *Schwinger* NZWehrR 64/151 ff., zum Teil unter Berufung auf *Frahm.* Nach H. *Meyer* NZWehrR 59/52 f. soll im Falle eines möglichen Dienstvergehens stets der Disziplinarvorgesetzte voll zuständig sein, der die Disziplinargewalt über den Betroffenen innehat.
[8] Dazu *Dietz* (1941) S. 179 ff.; vgl. auch H. *Meyer* ebenda, der keinen Unterschied zwischen der jetzigen und der früheren Regelung anerkennt.
[9] Anders aber bei der unten noch zu behandelnden „Sprungbeschwerde" unmittelbar zum BMVtdg.
[10] Eingehend BDH (WDS) NZWehrR 64/168; vgl. auch BDH (WDS) NZWehrR 64/117 (119) = BDHE 6/169 (172 f.).

sie nur kurz wiedergegeben werden. In einigen Punkten sind allerdings auch wieder etwas nähere Untersuchungen notwendig.

Der Sachverhalt ist nach § 10 WBO durch mündliche oder schriftliche Verhandlungen zu klären, soweit die Beschwerde nicht schon nach § 12 Abs. III WBO oder aus sonstigen Gründen zurückzuweisen ist[11]. Der für die Entscheidung zuständige Vorgesetzte kann die Aufklärung des Sachverhalts einem anderen Offizier übertragen. In fachdienstlichen Angelegenheiten ist eine Stellungnahme der nächsthöheren Fachdienststelle einzuholen. In einigen Sonderfällen soll der Vertrauensmann[12] gehört werden. Das Verfahren ist auszusetzen, sofern für die Entscheidung die Beurteilung einer Frage von wesentlicher Bedeutung ist, über die in einem anderen Verfahren[13] entschieden werden soll, wenn durch die Aussetzung keine unangemessene Verzögerung eintritt. Die Aussetzung muß dem Beschwerdeführer durch einen Zwischenbescheid mitgeteilt werden (§ 12 Abs. II WBO).

Zunächst ist dem Beschwerdeführer selbst Gelegenheit zur Begründung seiner Eingabe zu geben. Beschwert sich ein Soldat und behält er sich eine nähere Begründung ausdrücklich vor, so ist ihm hierfür eine angemessene Frist zu setzen. Das ist für den Antrag auf gerichtliche Entscheidung im Disziplinarbeschwerdeverfahren vom Bundesverfassungsgericht entschieden worden[14], muß aber rechtsstaatlichen Grundsätzen zufolge auch für das Verfahren vor Dienststellen der vollziehenden Gewalt gelten[15]. Die Pflicht zur (vollständigen!) Anhörung dürfte sich ferner auch schon aus der Aufklärungspflicht des § 10 Abs. I WBO entnehmen lassen.

Etwas schwieriger ist die Frage nach einer Anhörungspflicht in Bezug auf den „Betroffenen" zu beantworten. Wie oben schon dargelegt wurde[16], hat derjenige, über den Beschwerde geführt wird, im Verfahren nach der WBO keine prozessuale Rechtsstellung. Das ließe an sich darauf schließen, daß der Betroffene auch keinen Anspruch auf rechtliches Gehör hat.

---

[11] Doch kann eine als unzulässig zurückgewiesene Beschwerde u. U. erneut und nunmehr ordnungsgemäß eingelegt werden. Dazu *Jähn* BWV 63/13 f. mit Nachweisen.
[12] Zum „Vertrauensmann" vgl. § 35 SG. Eine entsprechende Einrichtung besteht in Deutschland seit 1921. Der Vertrauensmann darf im übrigen wohl Kameraden beraten, nicht aber ihnen Beschwerden aufsetzen, die diese nur noch zu unterschreiben und einzureichen brauchen; vgl. TrDGer A in NZ-WehrR 59/112.
[13] Zu denken ist an Disziplinarstraf- oder ordentliches Strafverfahren.
[14] BVerfGE 17/191 = NZWehrR 64/71.
[15] Vgl. *Dürig* in Maunz-Dürig Rdnr. 92 zu Art. 103 GG mit Nachweisen in Fußn. 3. Vgl. auch EVwVerfG (1963) § 21.
[16] Im 5. Kapitel S. 56.

Zu Recht ist jedoch der Bundesdisziplinarhof in einem ausführlich begründeten Beschluß zu der Ansicht gelangt[17], daß eine Entscheidung über eine Beschwerde ohne Anhörung des Betroffenen nicht generell zulässig sein könne. Solle in einer Beschwerdeentscheidung über Rechte und Pflichten des Betroffenen entschieden werden, so erfolge damit ein Eingriff in seine Rechtsstellung. Das sei beispielsweise der Fall, wenn mit dem Entscheid das in der Beschwerde gerügte Verhalten gemißbilligt werden oder zu der Feststellung führen solle, der Betroffene habe seine Befehlsbefugnisse überschritten. Hier werde er zum „materiell Beteiligten". Vor der Entscheidung müsse ihm daher rechtliches Gehör in demselben Umfange gewährt werden, wie wenn ihn die belastende Maßnahme (Entscheidung) ohne die Zwischenschaltung der Beschwerde eines Dritten treffen würde.

Der erkennende Senat gelangt mit seinen Ausführungen zu dem Ergebnis, daß ein Anspruch auf rechtliches Gehör stets gegeben sei, wenn ein Vorgesetzter schriftlich eine dem Soldaten nachteilige Entscheidung über sein Verhalten und im Zusammenhang damit über seine Rechte und Pflichten treffen wolle. Dem ist jedenfalls für das Beschwerdeverfahren zuzustimmen, zumal § 71 VwGO für das Widerspruchsverfahren eine recht ähnliche Regelung trifft, wenn auch nur in Form einer Sollbestimmung[18].

3. Inhalt der Entscheidung

Die Vorschriften der WBO über den Inhalt der Entscheidung ähneln stark denen der VwGO. Um Gleiches Gleichem gegenüberstellen zu können, ist hier jedoch ein kleiner Umweg erforderlich: Die Entscheidung des Truppendienstgerichts kann ohne Bedenken der des allgemeinen Verwaltungsgerichts gegenübergestellt werden. Insoweit ergeben § 113 Abs. I, Abs. IV VwGO und § 19 Abs. I WBO weitgehende Übereinstimmung. Auf der Ebene des außergerichtlichen Vorverfahrens enthält dagegen nur die WBO in § 13 eine Vorschrift über den Inhalt der Beschwerdeentscheidung, während die VwGO hinsichtlich der Entscheidung im Widerspruchsverfahren keine genaue Bestimmung trifft.

Da sich nun innerhalb der WBO § 13 Abs. I und § 19 Abs. I im wesentlichen gleichen, läßt sich auch § 13 Abs. I WBO dem § 113 Abs. I,

---

[17] BDH (WDS) NZWehrR 62/66 = BDHE 6/185.
[18] Vgl. auch § 21 Abs. I EVwVerfG (1963), der allerdings ebenfalls auf den formell Beteiligten abstellt. Während die formelle Beteiligung dort erst durch § 12 Abs. II auf Antrag hin hergestellt wird, hat nach dem Beschluß des WDS die Beschwerdeinstanz von sich aus eine Anhörung des Betroffenen herbeizuführen.

Abs. IV VwGO gegenüberstellen. Zu berücksichtigen sind nur die Konsequenzen, die sich aus der Gewaltenteilung ergeben. So kann der Vorgesetzte als Beschwerdeinstanz selbst für Abhilfe sorgen, Truppendienstgericht und allgemeines Verwaltungsgericht können aber nur durch das Aussprechen einer Verpflichtung gegenüber der vollziehenden Gewalt darauf hinwirken, soweit es sich nicht um die Aufhebung eines Hoheitsaktes handelt. Auch vermag die militärische Beschwerdeinstanz schlicht „unsachgemäße", das heißt unzweckmäßige Befehle und Maßnahmen aufzuheben, während die Gerichte stets nur über die Unrechtmäßigkeit von Hoheitsakten zu entscheiden haben.

Der Vergleich ergibt, daß eine dem § 113 Abs. I Satz 2 VwGO entsprechende Normierung in der WBO fehlt[19]. Dadurch entsteht jedoch keine spürbare Lücke. In § 13 Abs. I WBO läßt sich notwendigenfalls schon die Generalklausel des ersten Satzes heranziehen[20]. In § 19 Abs. I WBO dürften sich die im truppendienstlichen Bereich denkbaren Sachverhalte unter Satz 3 oder auch Satz 1 subsumieren lassen. Dabei kann jedoch nicht ganz unberücksichtigt bleiben, daß eine volle Wiedergutmachung im militärischen Dienstverhältnis „kaum erträglich"[21] wäre, wobei die Worte nicht in ihrer vollen Schärfe zu verstehen sind. Gemeint ist damit nur, daß beispielsweise eine einmal durchgeführte (Straf-) Versetzung nicht rückgängig gemacht zu werden braucht, sondern daß es ausreicht, wenn dem Dienstherren bestimmte aus der Rechtsauffassung des erkennenden Gerichts ersichtliche Richtlinien für die weitere personalpolitische Behandlung des Antragstellers auferlegt werden.

Ein zweiter Unterschied zwischen den Regelungen der WBO und der VwGO besteht insofern, als bei Befehlen deren Rechtswidrigkeit auch dann festzustellen ist, wenn sie bereits ausgeführt oder anders erledigt sind. Die VwGO stellt in den entsprechenden Vorschriften der §§ 43, § 113 Abs. I Satz 4 bei Feststellungsurteilen darauf ab, ob der Kläger ein berechtigtes Interesse an der (baldigen) Feststellung nachweisen kann[22].

Fraglich ist, ob die Entscheidung zu einer Schlechterstellung des sich beschwerenden Soldaten führen darf, ob also reformatio in peius statthaft ist. Für das Widerspruchsverfahren im allgemeinen Verwaltungs-

---

[19] Sie fehlte auch früher in § 75 MRVO Nr. 165 und in § 79 VGG.
[20] *Frahm* S. 100: „Diese ganz allgemein gehaltene Formel läßt eine Vielzahl von Maßnahmen zu. Die in Satz 2 bis 4 aufgezählten Maßnahmen sind nur einige der möglichen Formen der Abhilfe".
[21] *Barth* NZWehrR 65/102.
[22] Dazu bereits oben im 5. Kapitel S. 64.

recht ist diese Frage lebhaft umstritten[23]. Für das militärinterne Beschwerdeverfahren muß sie dahin beantwortet werden, daß reformatio in peius grundsätzlich zulässig ist. Im gerichtlichen Verfahren ist sie dagegen nach allgemeinen Grundsätzen nicht möglich.

Die Zulässigkeit einer Schlechterstellung des Beschwerdeführers muß bereits aus dem Doppelcharakter des Wehrbeschwerderechts hergeleitet werden. Es soll nicht nur dem Individualschutz des einzelnen dienen, sondern ist auch als Anstoß zur Kontrolle eines objektiv recht- und zweckmäßigen Handelns der militärischen Vorgesetzten und Dienststellen gedacht. Zudem gewinnt hier auch noch § 30 WDO eine klarstellende Bedeutung. Er bestimmt die WBO nach Maßgabe einzeln aufgezählter Sonderbestimmungen für Beschwerden gegen Disziplinarstrafen für entsprechend anwendbar. Nach Ziff. 4 der Sonderbestimmungen nun darf die Entscheidung über eine Beschwerde die angefochtene Maßnahme nicht verschärfen. Daraus ist zu schließen, daß in allen übrigen Fällen, bei Beschwerden in truppendienstlichen und in Verwaltungsangelegenheiten, reformatio in peius zulässig sein muß.

Eine bemerkenswerte Bestimmung über den Inhalt der Entscheidung enthält § 13 Abs. II WBO. Der entscheidenden Instanz wird die Verpflichtung auferlegt, bei einem festgestellten Dienstvergehen nach der Disziplinarordnung zu verfahren[24] und die getroffene disziplinare Entscheidung dem Beschwerdeführer mitzuteilen. Das scheint deswegen bemerkenswert, weil hier eine enge Verbindung zwischen Dienststrafrecht und Beschwerderecht hergestellt wird, die in beschränktem Maße zur Anerkennung eines Rechts auf Genugtuung führt.

Die Auslegung des § 13 Abs. II WBO und damit der Inhalt des Rechts ist umstritten[25]. Sicher ist nur, daß jedenfalls kein Anspruch auf Bestrafung[26] oder gar auf Bestrafung mit einem bestimmten Strafmaß besteht. Denn die Ausübung der Disziplinargewalt ist durch das Opportunitätsprinzip bestimmt. Ob der Disziplinarvorgesetzte überhaupt einschreiten will, bleibt seinem pflichtgemäßen Ermessen anheim gestellt[27].

---

[23] Vgl. z. B. *Eyermann-Fröhler* Rdnr. 7 zu § 73 VwGO mit Nachweisen und *Klinger* Anm. B 4 zu § 73 VwGO, ebenfalls mit zahlreichen Nachweisen für die in Lehre und Rechtsprechung vertretenen Ansichten.
[24] Hat die entscheidende Instanz nicht ausreichende Disziplinargewalt, so hat sie den disziplinaren Überhang der Beschwerdematerie an den zuständigen Disziplinarvorgesetzten abzugeben.
[25] Vgl. *Frahm* S. 104; *Brandstetter* Anm. 5 zu § 13 WBO; *Schreiber* NZWehrR 63/60; *Körber* NZWehrR 64/9; *Schreiber* NZWehrR 64/11; *Fuchs* NZWehrR 64/67. Vgl. ferner auch H. *Meyer* NZWehrR 59/56 Fußn. 44.
[26] Vgl. BDH (WDS) NZWehrR 65/23; *Frahm* S. 103; H. *Meyer* NZWehrR 59/57 f., jedoch dieser nicht mit ganz überzeugender Argumentation.
[27] Siehe §§ 6 Abs. II, 21 Abs. I, 23 Abs. I, 79 Abs. I WDO.

Die in den Disziplinarordnungen vorgesehenen Möglichkeiten zur Verhängung von Disziplinarstrafen dienen ausschließlich den Belangen der Allgemeinheit, nicht aber den Interessen des einzelnen; sie geben dem einzelnen Bürger kein subjektives öffentliches Recht[28]. Daran ändert im Grundsatz auch § 13 Abs. II WBO nichts.

Es bleibt jedoch die Frage bestehen, was dem Beschwerdeführer nun eigentlich mitzuteilen ist. In Hinsicht auf die in § 13 Abs. II Satz 2 WBO vorgeschriebene Mitteilung der „getroffenen disziplinaren Entscheidung" dürfte ein der Pflicht gegenüberstehendes Recht nämlich gegeben sein. Der überwiegende Teil des Schrifttums[29] gelangt zu dem Ergebnis, hier bestehe ein Anspruch auf Mitteilung der konkret verhängten Strafe. Die Gegenansicht[30] meint, eine Mitteilung des „Ob" der Bestrafung reiche aus, ihre Art und Höhe könne verschwiegen bleiben. Diese Ansicht scheint die richtigere zu sein.

Zwar läßt sich aus der isoliert betrachteten Bestimmung des § 13 Abs. II WBO auch und sogar wohl besser die erste der beiden vertretenen Ansichten herauslesen. Sieht man die Norm jedoch als Bestandteil des Gesamtkomplexes Disziplinar-/ Beschwerderecht, so ergibt sich die Unrichtigkeit dieser Ansicht.

Im Wehrdisziplinarrecht besteht der Grundsatz, daß Ruf und Ansehen eines Vorgesetzten möglichst gewahrt bleiben sollen. Sie bilden die Grundlage für seine Autorität. Das dürfte der wesentliche Anlaß für den generellen Ausschluß der Öffentlichkeit im disziplinargerichtlichen Verfahren sein[31]. Es wird auch deutlich in der Bestimmung des § 36 Abs. II WDO; danach ist die Disziplinarstrafe des strengen Verweises im Gegensatz zum Verweis durch Bekanntmachung vor den Soldaten der Einheit oder des Truppenteils des Bestraften zu vollstrecken, jedoch nur vor solchen Soldaten, die im Dienstgrad nicht unter dem Bestraften stehen. Diese Bestimmung wirkt als disziplinarrechtlicher Grundsatz über die Verhängung des strengen Verweises hinaus. Die Art der Bestrafung ist dienstgradniederen Soldaten generell nicht bekanntzugeben[32]. — Von dem Grundsatz würde nun aber abgewichen, wenn man § 13 Abs. II WBO mit der überwiegend vertretenen Ansicht in der oben wiedergegebenen Weise interpretieren wollte. Denn in den wohl meisten Fällen dürften die hier in Betracht kommenden Beschwerden gegen Vorgesetzte geführt werden.

---

[28] Vgl. VGH Minden DVBl. 65/339 und ferner auch BDH (WDS) NZWehrR 65/23 (a. E. der Entscheidung) sowie BDH (WDS) NZWehrR 59/31 = DÖV 59/34.
[29] *Frahm, Brandstetter, Körber* und *H. Meyer.* Belege oben Fußn. 25.
[30] *Schreiber* NZWehrR 64/11 und *Fuchs* NZWehrR 64/67.
[31] § 85 WDO und dazu *Baden-v. Mitzlaff* S. 348 sowie *Schreiber* NZWehrR 64/12.
[32] *Baden-v. Mitzlaff* S. 217 und *Schreiber* ebenda.

Auch ein Vergleich innerhalb der WBO bestätigt die Ansicht, daß nur die Tatsache der Bestrafung oder Nichtbestrafung mitgeteilt zu werden braucht. Dem § 13 Abs. II WBO steht für das beschwerdegerichtliche Verfahren § 19 Abs. II WBO gleich. Nach dieser Vorschrift hat das angerufene Gericht gegebenenfalls die Verpflichtung auszusprechen, nach Maßgabe der WDO zu verfahren. Eine dem § 13 Abs. II Satz 2 WBO entsprechende Bestimmung fehlt. Das kann nur so verstanden werden, daß hier eine Mitteilung des „Ob" und des „Wie" einer eventuellen Bestrafung überhaupt nicht in Betracht kommt[33].

Könnte man nicht dennoch beide Regelungen ungefähr zu inhaltlicher Übereinstimmung bringen, so wäre die Divergenz unverständlich. Doch gelangt man zu einem annehmbaren Ergebnis, wenn man das Gewicht einer derartigen wehrdienstgerichtlichen Entscheidung bedenkt. Hebt sie ausdrücklich das Vorliegen eines Dienstvergehens hervor und spricht sie eine Verpflichtung zur weiteren Behandlung des Falles nach der WDO aus, so wird der Disziplinarvorgesetzte — dem Beschwerdeführer erkennbar — regelmäßig nicht mehr von einer Bestrafung absehen können. Andernfalls geriete er selber in den Verdacht einer Dienstpflichtverletzung. Damit kommt aber § 19 Abs. II WBO seinem Inhalt nach dem § 13 Abs. II WBO nahezu gleich, wenn man dessen Satz zwei so auslegt, daß nur die Tatsache der Bestrafung oder Nichtbestrafung also solche dem Beschwerdeführer mitgeteilt werden muß[34].

Eine derartige Auslegung führt auch nicht zur schrankenlosen Anerkennung der Vorgesetztenautorität, sondern bedeutet nur ihre Wahrung, soweit es sinnvoll erscheint. Dem Untergebenen wird mitgeteilt, ob er unrichtig behandelt wurde. Ihm wird sogar mitgeteilt, ob sein Vorgesetzter disziplinar bestraft wurde. In gravierenden Fällen kann er bei strafgerichtlichen Verfahren auch Kenntnis davon erlangen, wie die Strafe ausgefallen ist. Eine darüber hinausgehende Mitteilung des (disziplinaren) Strafmaßes scheint weder zweckmäßig noch notwendig, zumal im sonstigen nichtmilitärischen Disziplinarrecht nicht einmal die Pflicht zur Mitteilung des „Ob" einer Bestrafung an den durch ein Dienstvergehen Verletzten besteht. Es ist daher nichts dagegen einzuwenden, wenn die militärische Praxis allgemein in dem hier für rechtmäßig erkannten Sinne verfahren dürfte[35].

---

[33] Sonst hätte § 19 Abs. II WBO a. E. lauten müssen: „... nach Maßgabe der WDO zu verfahren und dem Beschwerdeführer die getroffene disziplinare Entscheidung mitzuteilen".
[34] Vgl. ferner auch § 12 Abs. II Satz 3 WBO: Bei Aussetzung des Beschwerdeverfahrens bis zur Entscheidung in dem „anderen Verfahren" ist ersteres nur späterhin insoweit fortzuführen, als es durch den Ausgang des anderen Verfahrens nicht erledigt ist. Von einer besonderen Mitteilungspflicht über den Ausgang des anderen Verfahrens ist nicht die Rede.
[35] Vgl. dazu *Fuchs* NZWehrR 64/67 f. und zu den rechtspolitischen Erwägungen auch *Schreiber* NZWehrR 64/12.

4. Beschwerdebescheid

Die aufgrund der Nachprüfungen getroffene Entscheidung ist dem Beschwerdeführer und dem Betroffenen nach § 12 Abs. I WBO in Form eines schriftlichen Bescheides mitzuteilen. Bei letzterem genügt formlose Übergabe. Dem Beschwerdeführer dagegen ist der Bescheid nur gegen Empfangsschein auszuhändigen oder nach den sonstigen Vorschriften des Verwaltungszustellungsgesetzes[36] zuzustellen. Der Grund für die unterschiedliche Behandlung von Betroffenem und Beschwerdeführer liegt darin, daß der Betroffene ohnehin nicht das nur dem Beschwerdeführer zugebilligte Recht zur weiteren Beschwerde hat[37].

Der Bescheid ist zu begründen und, sofern der Beschwerde nicht in vollem Umfange stattgegeben wurde, gegenüber dem Beschwerdeführer mit einer Rechtsmittelbelehrung[38] zu versehen. In allem besteht kein Unterschied zum Widerspruchsverfahren nach der VwGO mit Ausnahme der Tatsache, daß auch bei einer positiven Entscheidung strenge Formvorschriften einzuhalten sind[39].

II. Weitere Beschwerde

Wird der Erstbeschwerde nicht in vollem Umfange stattgegeben, fallen insbesondere etwa erstrebte Abhilfemaßnahmen nicht so aus, wie es der Beschwerdeführer sich vorgestellt hat, so kann er nach § 16 WBO weitere Beschwerde einlegen. Weitere Beschwerde ist auch dann zulässig, wenn über die Erstbeschwerde nicht binnen eines Monats entschieden wurde. Da die Vorschriften über die Erstbeschwerde für entsprechend anwendbar erklärt sind (§ 16 Abs. IV WBO), bedarf es hier nur kurzer Ausführungen.

Die weitere Beschwerde ist, abgesehen von der Untätigkeitsbeschwerde, innerhalb von zwei Wochen nach Aushändigung beziehungsweise sonstiger Zustellung des Bescheides über die Erstbeschwerde einzulegen. Diese Fristbestimmung wird zwar meist kaum besonderen Anlaß zu Zweifeln geben, läßt aber doch ungeklärt, wie in Fällen fehlender, unvollständiger oder unrichtiger Rechtsmittelbelehrung zu ver-

---

[36] Vom 3. Juli 1952 (BGBl. I/379). Die Änderung durch § 181 VwGO ist hier unwesentlich.
[37] So jedenfalls *Frahm* S. 92. Da jedoch der Betroffene gegen die Entscheidung eine selbständige Erstbeschwerde einlegen und damit ein neues Beschwerdeverfahren veranlassen kann (Frahm ebenda und S. 113), scheint mit Rücksicht auf § 6 Abs. I WBO eine förmliche Zustellung auch an den Betroffenen zweckmäßiger.
[38] Vgl. dazu den Erlaß in VMBl. 60/204.
[39] Vgl. demgegenüber § 72 und § 73 Abs. III VwGO.

fahren ist. Im allgemeinen Verwaltungsprozeßrecht werden etwaige Unklarheiten durch § 73 Abs. III Satz 1 i. V. mit § 58 VwGO ausgeräumt. Eine entsprechende Bestimmung fehlt jedoch in der WBO.

Der Wehrdienstsenat am Bundesdisziplinarhof hat zu dem Problem Stellung genommen und gelangt zu einem differenzierenden Ergebnis[40]. Danach besteht kein allgemein gültiger Rechtssatz der Art, daß Fehler in einer vorgeschriebenen Rechtsmittelbelehrung den Fristablauf hemmen[41]. Aus diesem Grunde sei im Wehrbeschwerderecht darauf abzustellen, ob im Einzelfalle die mangelhafte Rechtsmittelbelehrung die Fristversäumnis verursacht habe. Sei das der Fall, so dürfe das Verschulden auf Seiten der vollziehenden Gewalt nicht zum Nachteil des Gewaltunterworfenen ausschlagen. Es läge dann vielmehr ein unabwendbarer Zufall im Sinne des § 7 WBO vor[42]. Bestehe jedoch kein unmittelbarer Kausalzusammenhang zwischen dem Fehler in der Rechtsmittelbelehrung und der Fristversäumnis, so sei die Beschwerde verspätet und damit unzulässig.

Gegen den Beschluß des Senats läßt sich aus sachlich-rechtlichen Gründen nichts einwenden. Rechtspolitische Erwägungen führen jedoch zu Bedenken. Es schiene richtiger, wenn sich die Wehrdienstgerichtsbarkeit bei Lücken in der WBO zu deren Ausfüllung mehr auf die Regelungen des allgemeinen Verwaltungsprozeßrechts[43] stützen würde, mit dem das militärische Beschwerderecht nun einmal in engstem Zusammenhang steht. Zu Abweichungen sollte es nur dort kommen, wo sachlogische Erfordernisse sie zwingend gebieten[44]. Ein solches zwingendes Gebot dürfte in Hinsicht auf die Konsequenzen aus mangelhafter Rechtsmittelbelehrung nicht vorliegen.

Die Untätigkeitsbeschwerde des § 16 Abs. II WBO unterscheidet sich etwas von der nach § 1 Abs. II WBO. Beschwerdegegenstand ist nicht mehr alleine die Nichtbescheidung eines Antrages, sondern jede mit der Erstbeschwerde gerügte unrichtige Behandlung. Hinzu tritt jetzt eine weitere unrichtige Behandlung in Gestalt eines Untätigbleibens der zunächst angerufenen Instanz. Sie ist jedoch nur Zulässigkeitsvoraussetzung für das Einlegen der weiteren Beschwerde. Beschwerdegegenstand

---
[40] In NZWehrR 59/102.
[41] Hauptargument: § 44 Satz 2 StPO.
[42] So etwa auch ausdrücklich § 44 StPO.
[43] Daß zur Zeit des Beschlusses — 1958 — die VwGO noch nicht in Kraft getreten war, ist ohne Bedeutung; denn auch ihre Vorläufer trafen entsprechende Regelungen.
[44] Zur grundsätzlichen Diskussion über „Die Einheit der rechtsprechenden Gewalt" vgl. *Werner Weber* in dem gleichnamigen Kapitel in „Spannungen und Kräfte" (mit zahlreichen weiteren Nachweisen).

bleibt das ursprünglich gerügte Tun oder Unterlassen, die Entscheidungskompetenz geht in vollem Umfange auf die nächsthöhere Instanz über[45]. Setzt man allerdings den „Antrag" in § 1 Abs. II WBO einem „Antrag auf Entscheidung im Beschwerdeverfahren" gleich, so ist kaum ein Unterschied zwischen beiden Regelungen zu verspüren.

Ein wirklicher Unterschied besteht aber in Hinsicht auf die in § 16 Abs. II WBO bis zu einem Monat verlängerte Frist sowie darin, daß hier im Gegensatz zu § 1 Abs. II WBO nicht mehr „Untätigbleiben ohne zureichenden Grund" behauptet werden muß. Untätigkeit alleine läßt die weitere Beschwerde zulässig werden.

Zuständig für die Entscheidung über eine weitere Beschwerde ist der nächsthöhere Disziplinarvorgesetzte, das heißt der Disziplinarvorgesetzte desjenigen, der über die Erstbeschwerde zu entscheiden hatte. Wie auch alle anderen Zuständigkeitsvorschriften der WBO ist § 16 Abs. III zwingend, seine Nichtbeachtung führt zu Aufhebbarkeit des (weiteren) Beschwerdebescheides schon aus diesem Grunde[46].

III. Anrufung des Ministers

Sieht sich der Soldat auch durch die Entscheidung über die weitere Beschwerde nicht zufriedengestellt, so werden ihm nunmehr zwei neue Möglichkeiten eröffnet. Glaubt er sich in seinen Rechten verletzt, dann kann er Antrag auf gerichtliche Entscheidung stellen. Diese Möglichkeit soll im nächsten Kapitel untersucht werden. Der Soldat kann jedoch auch weiterhin den militärinternen Beschwerdeweg beschreiten und nach der weiteren Beschwerde unmittelbar den Bundesminister der Verteidigung anrufen (§ 20 WBO)[47].

---

[45] Im Ergebnis ebenso *Frahm* S. 115 f.
[46] BDH (WDS) NZWehrR 64/117 (119) = BDHE 6/169 (172 f.). — Hat über eine weitere Disziplinarbeschwerde (§ 30 Ziff. 6 WDO) der höhere Disziplinarvorgesetzte statt des in diesem Sonderfall alleine zuständigen TrDGer entschieden, so soll nach TrDGer A — Beschluß vom 29. 10. 1959 — ein unheilbarer Mangel vorliegen, so daß die Entscheidung als nicht existent zu betrachten ist (nach *Baden-v. Mitzlaff* S. 197). Das scheint im Ergebnis etwas bedenklich, Aufhebbarkeit dürfte auch hier richtiger sein. — Vgl. ferner auch BDH (WDS) NZWehrR 64/168.
[47] Zur Beantwortung der von *Lerche* GR IV/1 S. 524 Fußn. 273 in Hinsicht auf Art. 65 a Abs. II GG aufgeworfenen Frage: das gilt auch für den Verteidigungsfall, da die WBO nicht auf die Innehabung der höchsten Befehls- und Kommandogewalt abstellt, sondern auf das Amt des BMVtdg.

1. Sprungbeschwerde

Die Durchführung des Beschwerdezuges bis zu den höchsten Vorgesetzten gehört zu den traditionellen Regelungen des militärischen Beschwerdeverfahrens[48]. Es kann nur als erfreulich bezeichnet werden, daß der Gesetzgeber sie in der WBO trotz der Eröffnung des Gerichtsweges nicht beseitigt, sondern lediglich etwas — und in sinnvoll erscheinender Weise — modifiziert hat.

Im Gegensatz zum früheren Recht ist es heute nicht mehr erforderlich, daß vor der Anrufung des Bundesministers der Verteidigung zunächst bei sämtlichen Instanzen, die zwischen diesem und der zur Entscheidung über die weitere Beschwerde berufenen liegen, Entscheidung beantragt wird. Nach der weiteren Beschwerde kann sich der Soldat unmittelbar, das heißt unter Auslassung aller Zwischeninstanzen an den Minister wenden. Ganz so neu, wie es bisweilen zum Ausdruck gebracht wird, ist die Einführung einer derartigen „Sprungbeschwerde" allerdings nicht[49]. Für Unteroffiziere und Mannschaften war eine gleiche Abkürzung des Verfahrens in Heer und Marine bereits seit 1942 bzw. seit 1943 vorgesehen: sie konnten nach der weiteren Beschwerde unmittelbar den Oberbefehlshaber ihrer Teilstreitkraft anrufen[50].

Die Freiheit der Wahl zwischen einem Antrag auf gerichtliche Entscheidung und einem Antrag auf Entscheidung durch eine höhere Instanz der vollziehenden Gewalt ist als sogenannte Wahlklage auch in anderen Gesetzen vorgesehen[51]. Zur Vermeidung einer etwaigen Entscheidungskonkurrenz macht sie besondere Vorkehrungen notwendig. Im Wehrrecht bestimmt sich die Zulässigkeit der Sprungbeschwerde daher nach den in § 20 Abs. I normierten Voraussetzungen. Es darf entweder innerhalb der hierfür vorgesehenen Frist kein Antrag auf truppendienstgerichtliche Entscheidung gestellt worden sein; die Sprung-

---

[48] Nicht jedoch der Beschwerdezug bis zur „allerhöchsten Stelle". Für Soldaten bis einschließlich Oberstleutnant endete der Beschwerdezug z. B. seit 1938 beim Oberbefehlshaber ihrer Teilstreitkraft. Vgl. dazu die Fassung der BO 36, wie sie unter Ziff. 25 bei *Dietz* (1941) wiedergegeben ist.
Im Beamtenrecht gilt übrigens ähnliches. Siehe z. B. § 171 BBG.

[49] Für eine Neuschöpfung halten sie beispielsweise die amtliche Begründung zum EWBO in Drucksache BT 2. WP. Nr. 2359 S. 7 (!); Abgeordneter *Merten* als Berichterstatter im schriftlichen Bericht des Ausschusses für Vtdg zum EWBO, Sten. Ber. BT 181. Sitzung vom 14. 12. 1956 S. 10092 A; *Barth* GRSold. 103 unter Ziff. 4; *Frahm* S. 17; *Schreiber* S. 18 f.

[50] Nach R. *Müller* WWR 62/577 (dort auch Nachweise).

[51] Bzw. vorgesehen gewesen! Siehe §§ 34, 42 des Gesetzes über das Postwesen; § 450 RAbgO; §§ 18, 19 VGG Rheinland-Pfalz. Von einer „bemerkenswert rechtsunsystematischen Regelung" (so *Wunderlich* NZWehrR 65/13) kann daher in Hinsicht auf die WBO kaum gesprochen werden.

beschwerde wird erst nach Ablauf der Frist zulässig. Oder[52] ein Antrag auf gerichtliche Entscheidung muß bereits als unzulässig zurückgewiesen worden sein. In diesem Fall beginnt die — wieder stets vierzehntägige — Frist für die Sprungbeschwerde mit der Zurückweisung zu laufen.

Über den Beschwerdegegenstand enthält § 20 WBO ebensowenig eine Bestimmung wie schon § 16 WBO für die weitere Beschwerde. Daraus ist zu schließen, daß im Grundsatz auch hier keine Abweichungen von den nach § 1 WBO möglichen Gegenständen einer Beschwerde bestehen. Sowohl Unzweckmäßigkeit als auch Unrechtmäßigkeit einer Behandlung durch Vorgesetzte oder Dienststellen sowie Pflichtwidrigkeiten von Kameraden können vor dem Minister angefochten werden[53].

Fraglich ist allerdings, ob Untätigkeitsbeschwerden möglich sind. Denn handelt es sich bei diesen eigentlich auch bloß um das Geltendmachen einer unrichtigen Behandlung, so ist doch auffallend, daß insofern Sonderregelungen sowohl für die Erstbeschwerde (§ 1 Abs. II WBO) als auch für die weitere Beschwerde (§ 16 Abs. II WBO) als auch für den Antrag auf gerichtliche Entscheidung getroffen wurden. Das Schweigen des § 20 WBO muß daher so verstanden werden, daß eine Sprungbeschwerde gegen das Untätigbleiben der mit einer weiteren Beschwerde angerufenen Instanz nicht zulässig ist. Dieses Ergebnis scheint auch deswegen richtig, weil man sonst zu einer kaum mehr sinnvollen Auslegung des Gesetzes gelangen würde. Denn wollte man auch im Rahmen des § 20 WBO eine Untätigkeitsbeschwerde für möglich erachten, so könnte diese erst nach Ablauf eines Jahres, dann aber nur noch innerhalb von vierzehn Tagen erhoben werden[54].

Während in Hinsicht auf das Einlegen der Sprungbeschwerde die Vorschriften über das Einlegen der Erstbeschwerde durch § 20 Abs. II WBO für entsprechend anwendbar erklärt werden, fehlt bezüglich ihrer Behandlung ein entsprechender Verweis. Daraus möchte das Schrifttum schließen, der Minister sei hier völlig frei gestellt und habe nicht einmal die rechtlich verbindliche Pflicht zur Entscheidung und zur Erteilung eines Bescheides[55].

---

[52] § 20 Abs. I Ziff. 2 WBO bezieht sich nicht mehr auf die eigentliche Wahlklage, wie *Lerche* GR IV/1 S. 524 Fußn. 274 zu Recht bemerkt.
[53] Zu dem gleichen Schluß führt die bemerkbare Parallelstellung des § 20 Abs. I Ziff. 1 WBO („Unrechtmäßigkeit") und § 20 Abs. I Ziff. 2 WBO („Unzweckmäßigkeit" sowie „Kameradenbeschwerde") zu § 17 WBO.
[54] § 17 Abs. I Satz 2, § 17 Abs. V, § 20 Abs. I Ziff. 1, § 20 Abs. I Satz 3 i. V. mit Satz 2 WBO.
[55] *Frahm* S. 148 und auch S. 147; *Brandstetter* Anm. 4 zu § 20 WBO; ferner wohl (?) auch H. *Meyer* NZWehrR 59/47; *Körber* NZWehrR 64/65. Gegenstimmen sind nicht ersichtlich.

Dem kann jedoch nicht gefolgt werden. Bereits die Tatsache, daß Sprungbeschwerde und Anrufung des Gerichts im Grunde gleichwertig nebeneinander gestellt sind, spricht dagegen. Darüber hinaus darf auch hier wieder der Einfluß des Petitionsrechts als verfassungsmäßiger Absicherung des Beschwerderechts nicht übersehen werden[56]. Auch aus Art. 17 GG läßt sich eine Pflicht zur Entscheidung und zur Verbescheidung herleiten[57]. Im übrigen entspricht nur eine solche Pflicht rechtsstaatlichem Denken, dem das gesetzliche Zur-Verfügung-Stellen einer „Papierkorbbeschwerde"[58] fremd sein muß. Diese Gesichtspunkte zwingen zu der grundsätzlichen Anerkennung einer Pflicht im Rahmen des § 20 WBO, nach der eine zulässige Beschwerde mit Sorgfalt zu prüfen und dem Beschwerdeführer ein begründeter[59] Bescheid zu erteilen ist. Lediglich an die strengen für die Erstbeschwerde normierten Verfahrens- und Formvorschriften ist der Minister nicht gebunden.

2. Zur Problematik der „Wahlklage"

Einige Schwierigkeiten bereitet im Zusammenhang mit der Sprungbeschwerde § 20 Abs. III WBO. Er erklärt die Entscheidung des Bundesministers der Verteidigung für schlicht „endgültig", gerät dadurch aber in Kollision mit Art. 19 Abs. IV GG.

Unstreitig ist es jedenfalls mit Art. 19 Abs. IV GG nicht zu vereinbaren, daß auch solche Entscheidungen des Ministers endgültig sein sollen, die auf dem Wege der reformatio in peius zu einer Schlechterstellung des sich beschwerenden Soldaten führen[60]. Hier liegt ihrem Charakter nach eine „neue" Beschwer vor, deren gerichtliche Geltendmachung bei Vorliegen einer potentiellen Rechtsverletzung nicht generell ausgeschlossen werden kann[61]. Ein etwaiger Antrag auf gerichtliche Entscheidung wäre unter Heranziehung des § 21 WBO über den Bun-

---

[56] Im einzelnen zum Verhältnis zwischen der WBO und Art. 17 GG unten im 10. Kapitel S. 129 ff.

[57] Das ist seit dem klärenden Beschluß in BVerfGE 2/225 (230) nicht mehr streitig, wenn auch noch nicht überall erkannt.

[58] *Dürig* in Maunz-Dürig Rdnr. 8 zu Art. 17 GG.

[59] Eine Verpflichtung zur Erteilung eines *begründeten* Bescheides läßt sich allerdings aus Art. 17 GG alleine nicht herleiten, vgl. H. *Meyer* NZWehrR 59/49 f. mit Hinweis auf BVerfGE 2/225. Doch gewinnt hier die nähere gesetzliche Normierung des § 20 WBO und seine Parallelstellung zum Antrag auf gerichtliche Entscheidung um so mehr an Bedeutung.

[60] Vgl. *Frahm* S. 149; *Schreiber* S. 70; *Brandstetter* Anm. 5 zu § 20 WBO; vgl. auch *Dürig* in Maunz-Dürig Rdnr. 15 zu Art. 19 Abs. IV GG.

[61] Nach *Frahm* S. 149 gelangte bereits der Rechtsausschuß des BR zu derselben Auffassung. Es scheint bedauerlich, daß daraus keine Konsequenzen für die redaktionelle Fassung des § 20 Abs. III WBO gezogen wurden.

desminister der Verteidigung (§ 21 WBO i. V. mit § 17 Abs. IV WBO!) an die Wehrdienstsenate zu richten[62].

Fraglich bleibt damit die Beurteilung derjenigen Fälle, in denen der Minister lediglich die Entscheidung über die weitere Beschwerde bestätigt oder doch nur für teilweise Abhilfe sorgt, und in denen die Möglichkeit einer Rechtsverletzung ebenfalls nicht ausgeschlossen werden kann.

Folgt man den vom Bundesverfassungsgericht entwickelten Grundsätzen[63], so müßte § 20 Abs. III WBO auch insoweit verfassungswidrig sein. Indessen vermögen diese Grundsätze nicht hinreichend zu überzeugen. Sie sollen daher nicht ganz unwidersprochen bleiben[64].

Das Bundesverfassungsgericht führt aus, daß auf die gerichtliche Anfechtung einer hoheitlichen Maßnahme durch Verstreichenlassen der Frist wohl verzichtet werden könne[65]. Es sei auch zulässig, den Fristablauf zur Voraussetzung für die Anrufung der nächsthöheren Instanz innerhalb der Exekutive zu machen. Doch könne nicht von Gesetzes wegen ein Verzicht auf die gerichtliche Geltendmachung eines solchen Hoheitsaktes unterstellt werden, der noch gar nicht ergangen und dessen Inhalt nicht vorauszusehen sei.

Dem ist entgegenzuhalten, daß die Unterstellung eines derartigen Verzichts durchaus möglich sein muß, soweit er sich nicht auch auf eine eventuelle neue Beschwer erstreckt. Davon abgesehen aber stellt sich die Eröffnung des Beschwerdeweges — im Falle der WBO — bis zum Bundesminister der Verteidigung nur als eine zusätzlich gewährte Möglichkeit dar. Das eigentliche Rechtsmittelverfahren endet bereits dann, wenn sich der Beschwerdeführer entschließt, keinen Antrag auf gerichtliche Entscheidung zu stellen, und die dafür vorgesehene Frist verstreichen läßt. Macht er nunmehr von dem zusätzlich (!) gewährten

---

[62] So *Brandstetter* und *Frahm* ebenda; vgl. auch *Körber* NZWehrR 64/66 und *Lerche* GR IV/1 S. 524 Fußn. 274 a. E.
[63] BVerfGE 9/194 zur Wahlklage im VGG Rheinland-Pfalz mit Hinweis auf die am Ergebnis gleiche Rechtsprechung des Bundesfinanzhofes in BStBl. 58/III/198 und BStBl. 54/III/165 zur RAbgO. Für entsprechende Bedeutung dieser Entscheidung in Hinsicht auf § 20 Abs. III WBO *Lerche* GR IV/1 S. 524 — wenn auch nur mit Bedenken bezüglich der Entscheidung des BVerfG. Für Verfassungswidrigkeit des § 20 Abs. III WBO ebenfalls *Körber* NZWehrR 64/61 ff., jedoch in offenbarer Unkentnis der oben wiedergegebenen Entscheidungen. *Körber* grundsätzlich zustimmend *Wunderlich* NZWehrR 65/13.
[64] *Dürig* in Maunz-Dürig Rdnr. 15 zu Art. 19 Abs. IV GG und *Bettermann* DÖV 58/165 ff. (mit weiteren Nachweisen) sehen die Wahlklage für unbedenklich an, soweit die exekutivische Entscheidung keine neue Beschwer enthält. Auch die Kommentatoren der WBO (Vorseite Fußn. 60) sehen keine generelle Verfassungswidrigkeit des § 20 Abs. III WBO. Diese Stellungnahmen erfolgten allerdings alle vor BVerfGE 9/194.
[65] BVerfGE 9/198 f.

Rechtsbehelf Gebrauch, den Minister anzurufen, so erreicht er damit zwar eine erneute Überprüfung durch eine höhere Instanz und kann auf Abhilfe hoffen. Erfolgt jedoch keine Abhilfe, so fehlt es zur gerichtlichen Anfechtung nunmehr an einem Rechtsschutzbedürfnis, da der Soldat nicht erneut beschwert wird[66].

Die Lage ist die gleiche, wie im „normalen" Verwaltungsverfahren: Der Bürger legt Widerspruch gegen einen Verwaltungsakt ein. Der Widerspruch wird durch Bescheid zurückgewiesen. Der Bürger verzichtet jetzt auf die Erhebung einer Anfechtungsklage und läßt die Klagefrist verstreichen. Später legt er formlose Dienstaufsichtsbeschwerde ein und erhält einen Bescheid, nach dessen Wortlaut auch die nächsthöhere Behörde keinen Anlaß zur Abänderung des ursprünglichen Verwaltungsaktes sieht. In diesem Fall dürfte sich niemand für eine Anfechtbarkeit des Bescheides aussprechen wollen. Er ändert die durch Ablauf der Anfechtungsfrist rechtlich verfestigte Ausgangslage nicht und enthält keine neue Beschwer.

Daß es nun bei der gesetzlich normierten Wahlklage wesentlich anders sein soll, kann nicht mit durchschlagender Überzeugungskraft behauptet werden. Der einzige Unterschied besteht darin, daß hier der Dienstaufsichtsbeschwerde eine besondere Regelung gleichgestellt ist[67]. Durch die Sonderregelung wird keine irgendwie geartete Rechtsverkürzung des Gewaltunterworfenen bewirkt, soweit Art. 19 Abs. IV GG als Maßstab heranzuziehen ist. Der Soldat hat die Möglichkeit, gerichtliche Kontrolle herbeizuführen; damit wird Art. 19 Abs. IV GG genügt. Macht er von dieser Möglichkeit aus irgendwelchen Gründen keinen Gebrauch, dann muß er eben die Konsequenzen tragen[68], gleich, ob er nun noch eine Instanz der vollziehenden Gewalt anrufen, oder auch das unterlassen will.

Im übrigen führen die von genereller Verfassungswidrigkeit des § 20 Abs. III WBO ausgehenden Überlegungen *Lerches*[69] und *Körbers*[70]

---

[66] Im Ergebnis dürfte das etwa auch der Ansicht *Wunderlichs* in NZWehrR 65/13 entsprechen, der hier eine Entscheidung „gnadenähnlicher Art" in Erwägung gezogen wissen will.

[67] Ohnehin war die Sprungbeschwerde ursprünglich für solche Fälle gedacht, in der mangels Rechtsverletzung eine gerichtliche Entscheidung nicht herbeigeführt werden konnte. Dazu H. *Meyer* NZWehrR 59/45.

[68] Dem kann auch nicht mit *Körber* NZWehrR 64/65 entgegengesetzt werden, daß Laien auf dem Gebiet des Rechts die Konsequenzen eines Rechtsmittelverzichts und den voraussichtlichen Erfolg einer Anrufung des Ministers nicht abzuschätzen vermögen. Einmal kann sich der Soldat wie jeder andere Bürger in vergleichbarer Lage an einen Rechtsanwalt wenden, und zum anderen dürfte die Einsicht eines Laien für die Gültigkeit eines Gesetzes nur von sehr untergeordneter Bedeutung sein.

[69] In GR IV/1 S. 524 Fußn. 274 a. E.

[70] In NZWehrR 64/66.

jedenfalls insoweit zu einem unhaltbaren Ergebnis, als für jede Entscheidung des Ministers im Rahmen des § 20 WBO aus dem Rechtsgedanken des § 21 WBO allein eine Anrufung der Wehrdienstsenate in Betracht kommen soll. Dem kann zwar zugestimmt werden, falls die ministerielle Entscheidung eine neue Beschwer enthalten sollte. Denn dann tritt zu dem bisherigen Hoheitsakt eine inhaltlich erweiternde Entscheidung aus der originären Sphäre des Ministers hinzu. Wollte man aber — ganz abgesehen von den obigen Erwägungen — auch jede andere Entscheidung im Rahmen des § 20 WBO einer vollen Beurteilung durch die Wehrdienstsenate zugänglich machen, so wäre damit die instantielle Zuständigkeitsverteilung innerhalb der Wehrdienstgerichtsbarkeit praktisch hinfällig. Jeder Soldat brauchte bei potentieller Rechtsverletzung nach der weiteren Beschwerde nur noch den Bundesminister der Verteidigung pro forma anzurufen, um seinen Fall einem Wehrdienstsenat und damit dem Obergericht vorlegen zu können. Die Truppendienstgerichte dagegen könnten nach Belieben des Antragstellers, der sicher stets nach höchstrichterlicher Entscheidung streben wird, umgangen werden.

IV. Beschwerden gegen unmittelbar vom Minister ausgehende Maßnahmen

Abschließend zu diesem Kapitel bedarf es noch eines Eingehens auf § 21 WBO, der auf den letzten Seiten bereits wiederholt erwähnt wurde.

Das militärinterne Beschwerdeverfahren ist in seinem Grundsatz zweistufig aufgebaut. Nach der weiteren Beschwerde steht der Weg vor das Truppendienstgericht oder statt dessen der Weg zum Bundesminister der Verteidigung offen. Diese Mehrstufigkeit eines hierarchischen Instanzenzuges entfällt naturgemäß, wenn die anzufechtende Maßnahme vom Minister selbst ausgeht. Nach § 21 WBO kann der Soldat im Falle einer geltend gemachten Rechtsverletzung im Sinne des § 17 WBO dann unmittelbar, das heißt ohne jedes Vorverfahren Antrag auf Entscheidung durch die Wehrdienstgerichtsbarkeit stellen[71]. Statt der Truppendienstgerichte werden jetzt die Wehrdienstsenate zu-

---

[71] Abweichend § 22 Abs. III für Verwaltungsangelegenheiten! Insgesamt fehlt es hier etwas an Rechtseinheitlichkeit, doch mag das an der überkommenen Trennung von Innen- und Außenverhältnis liegen. Vgl.: Nach § 68 Abs. I Satz 2 Ziff. 1 VwGO ist gegen die VA einer obersten Behörde vor Klageerhebung kein Widerspruch erforderlich. Anders im Beamtenrecht. § 126 Abs. III Ziff. 1 BRRG schreibt auch für diesen Fall ein Widerspruchsverfahren vor. Im Wehrrecht schließlich ist zwar in Verwaltungsangelegenheiten die Beschwerde durch § 22 Abs. III WBO zur Zulässigkeitsvoraussetzung für die Klage erhoben (hier wird stets das herkömmlich sogenannte Außenverhältnis berührt). Nach § 21 Ziff. 1 WBO kann jedoch in allen anderen Fällen unmittel-

ständig (§ 21 Ziff. 2 WBO). Wird eine Maßnahme des Ministers lediglich als unzweckmäßig, nicht aber als unrechtsmäßig angesehen, so ist eine förmliche Beschwerde im Sinne der WBO überhaupt nicht möglich[72]. Der Antrag auf gerichtliche Entscheidung ist unzulässig. Die Anrufung einer höheren Instanz (evtl. Bundeskanzler, Bundespräsident), an die eine truppendienstliche Wehrbeschwerde stets zu richten wäre, ist in der WBO nicht vorgesehen. Möglich bleibt aber das Einlegen einer formlosen Gegenvorstellung. — Den eben erwähnten Maßnahmen des Ministers sind Entscheidungen über Beschwerden und weitere Beschwerden durch das Gesetz ausdrücklich gleich gestellt.

§ 21 WBO bezieht sich primär nur auf das Verhältnis Ministerium — nachgeordnete Dienststelle[73]. Soldaten, die nicht dem Ministerium angehören, können stets nach § 21 vorgehen. Denn ihnen gegenüber stellt sich jede Maßnahme und Entscheidung des Ministeriums als solche des Bundesministers der Verteidigung dar[74].

Dagegen wirkt sich bei den in das Ministerium versetzten Soldaten unter Umständen aus, daß dieses auch in sich hierarchisch gegliedert ist. Über unrichtige Behandlung durch Vorgesetzte oder Pflichtwidrigkeiten von Kameraden, die ihrerseits mit Disziplinargewalt ausgestatteten Vorgesetzten (§ 9 Abs. I WBO!) unterstellt wurden, sind Beschwerden an diese Disziplinarvorgesetzten, zumindest aber an den Minister selber denkbar. Dann findet § 21 WBO erst Anwendung, wenn der Minister persönlich entschieden hat[75].

Achtes Kapitel

Die Anrufung, das Verfahren und die Gerichtsqualität der Wehrdienstgerichte

Ist die weitere Beschwerde erfolglos geblieben, so hat der Soldat nicht nur das soeben dargelegte Recht, sich in dritter Instanz unmittelbar an den Bundesminister der Verteidigung zu wenden. Er kann statt

---

bar Antrag auf Entscheidung des Wehrdienstsenates gestelt werden (hier wird meist nur das herkömmlich sogenannte Innen- oder Betriebsverhältnis berührt sein).

[72] Siehe auch *Frahm*, S. 152.
[73] Die nachfolgende Unterscheidung beruht auf den Ausführungen von *Frahm*, S. 151 f.
[74] Vgl. dazu die bezüglich des Beschwerderechts nicht ganz zu Unrecht geäußerte Kritik in der Zeitschrift „Spiegel" 1965/Nr. 29/S. 6 f. (Leserbrief v. Buch).
[75] Vgl. dazu den in der Zeitschrift „Spiegel" 1965/Nr. 27/S. 24 f. wiedergegebenen Sachverhalt.

dessen auch nach § 17 Abs. I WBO Entscheidung des Truppendienstgerichts[1] beantragen. Beschwerde und weitere Beschwerde hatten dann den Charakter eines Vorverfahrens.

Ein Antrag auf gerichtliche Entscheidung ist naturgemäß nur dann zulässig, wenn der Beschwerdeführer eine Verletzung seiner Rechte geltend macht. Wendet er sich lediglich gegen die Unzweckmäßigkeit einer Maßnahme, so bleibt ihm allein die Möglichkeit, sich nach der weiteren Beschwerde in der oben beschriebenen Weise an den Bundesminister der Verteidigung zu wenden.

I. Antrag auf gerichtliche Entscheidung

1. Verletzung der Rechte

Die Fälle, in denen das Truppendienstgericht angerufen werden kann, werden durch § 17 Abs. I WBO enumerativ bestimmt. Ein Antrag ist danach zulässig, wenn über die weitere Beschwerde nicht innerhalb eines Monats entschieden wurde[2]. Weiterhin kann der Antrag gestellt werden, wenn der Beschwerdeführer eine Verletzung von Pflichten eines Vorgesetzten geltend macht, die diesem dem Untergebenen gegenüber oblagen. Mit dieser Bestimmung wurde der „leidige Streit"[3] über die Rechtsreflexe insoweit umgangen und den Vorgesetztenpflichten ein ausdrücklicher Anspruch des Gewaltunterworfenen gegenübergestellt. Endlich kann eine Verletzung der dem Soldaten durch das Soldatengesetz positiv zugesprochenen Rechte geltend gemacht werden. Die Vorgesetztenpflichten wie auch die Rechte des Antragstellers müssen sich aus den §§ 6 bis 36 des Soldatengesetzes ergeben, wobei die §§ 24, 25, 30, 31 SG ausgenommen sind.

Der Kreis der Rechte, die damit vor dem Wehrdienstgericht geltend gemacht werden können, erweist sich bei näherer Betrachtung als relativ groß[4]. Denn der Zweite Unterabschnitt des Ersten Abschnittes im Soldatengesetz enthält einige recht weit gefaßte Bestimmungen[5]. Dabei ist zunächst an § 6 SG zu denken, der vorbehaltlich gesetzlich normierter und statusbedingter Einschränkungen dem Soldaten die gleichen

---

[1] Für den Antrag auf Entscheidung der Wehrdienstsenate vgl. § 21 WBO. Hinsichtlich des Beschwerdegegenstandes bestehen keine Abweichungen.
[2] Bei nicht fristgerechter Erledigung der Erstbeschwerde und der weiteren Beschwerde ist damit der Antrag auf gerichtliche Entscheidung bereits nach zwei Monaten möglich: § 16 Abs. II i. V. mit § 17 Abs. I Satz 2 WBO.
[3] *Barth* GRSold S. 95.
[4] Das dürfte *Wunderlich* bei seiner auch sonst nicht immer sehr scharf formulierten Kritik in NZWehrR 65/12 übersehen haben.
[5] Vgl. dazu *Obermayer* DVBl. 57/265 f. und ferner *Dürig* in Maunz-Dürig Rdnr. 26 zu Art. 19 Abs. IV in Fußn. 1, S. 20.

staatsbürgerlichen Rechte wie jedem anderen Staatsbürger bestätigt[6]. Weiterhin sind die Absätze III und IV des § 10 SG i. V. mit § 17 Abs. I Satz 2 WBO zu beachten. Sowohl die Pflicht des Vorgesetzten zur Fürsorge als auch die, Befehle nur zu dienstlichen Zwecken und nur unter Beachtung der Gesetze und der Dienstvorschriften zu erteilen, eröffnen über den Kreis der im Soldatengesetz konkret normierten Rechte hinaus neue Möglichkeiten zur Anfechtung im Verletzungsfalle.

Im Sinne einer grundsätzlichen Beschränkung des Rechtsschutzes ist damit § 17 Abs. I WBO nur wenig zu entnehmen. Immerhin gibt er aber Anhaltspunkte für die Abgrenzung der sachlichen Zuständigkeit zwischen Wehrdienstgerichten und allgemeinen Verwaltungsgerichten. Eine scharfe Grenzziehung ist hier erforderlich, weil die Bestimmung des § 17 Abs. II i. V. mit § 17 Abs. I WBO sich gegenüber § 59 SG als nicht ausreichend erwiesen hat[7]. Bisher ist eine spürbare Lücke bei behaupteter Verletzung der Fürsorgepflicht entstanden, doch können die für diesen Fall von den Wehrdienstsenaten entwickelten Grundsätze unbedenklich auch bei sonstigen etwaigen Kompetenzfragen herangezogen werden.

Die Fürsorgepflicht ist im Soldatengesetz zweifach angesprochen. Nach dem schon erwähnten § 10 Abs. III SG hat der Vorgesetzte „für seine Untergebenen zu sorgen", und nach § 31 SG wird die gleiche Verpflichtung dem Bund im Rahmen des Dienst- und Treueverhältnisses auferlegt. Gewiß ist nun die Vorgesetztenfürsorgepflicht nur ein Bestandteil derjenigen des Bundes. Trotzdem ergibt sich eine Notwendigkeit zur Differenzierung, weil nach § 17 Abs. I WBO über die Verletzung des § 10 Abs. III SG die Wehrdienstgerichte zu entscheiden haben, über eine solche des § 31 SG aber die Vewaltungsgerichte; denn § 31 SG ist in § 17 Abs. I WBO einer Beurteilung durch die Wehrdienstgerichte entzogen, und damit werden über § 59 SG die allgemeinen Verwaltungsgerichte zuständig.

Die von den Wehrdienstsenaten in diesen Fällen angewandte Differenzierungsmethode scheint aufgrund der Rechtslage kaum verbesse-

---

[6] Allerdings eben nur die allgemeinen staatsbürgerlichen Rechte. Für eine Anwendung z. B. der beamtenrechtlichen Vorschriften auch im Wehrrecht läßt sich § 6 SG nichts entnehmen. Vgl. BDHE (WDS) 4/171.

[7] Bemerkenswert ist in diesem Zusammenhang, daß nach § 18 Abs. III WBO die Wehrdienstgerichte eine Sache von Amts wegen an die Verwaltungsgerichte zu verweisen haben, wenn sie deren Zuständigkeit für gegeben halten, und für die Verwaltungsgerichte umgekehrt dasselbe gilt (§ 22 Abs. V WBO). Die Verweisung muß also auch gegen den erklärten Willen des Antragstellers erfolgen; vgl. dazu BDH (WDS) NZWehrR 64/73 (74) = BDHE 6/184. Konsequenterweise müßte hieraus auch auf die Unzulässigkeit eines Verzichts entsprechend dem sonst bekannten Klageverzicht geschlossen werden! Doch dürfte sich wohl wenigstens insoweit § 8 WBO entsprechend heranziehen lassen.

rungsfähig, führt aber zu einer recht ausgeprägten und jedenfalls für den Laien nur schwer verständlichen Kasuistik[8]. Die eigentliche Ursache dafür, daß die Wehrdienstsenate Streitigkeiten um die Fürsorgepflicht nicht durchweg unter Hinweis auf die beherrschende Stellung des § 31 SG an die allgemeinen Verwaltungsgerichte verwiesen haben, dürfte im übrigen wohl darin zu sehen sein, daß die allgemeinen Verwaltungsgerichte dann in einer Vielzahl von Fällen Klagen als unzulässig zurückgewiesen hätten, da lediglich das Betriebs- oder Innenverhältnis betroffen wäre. Das hätte jedoch dem Sinn der WBO widersprochen, die auch dieses Verhältnis im Grundsatz gerichtlicher Beurteilung zugänglich machen will.

Die Wehrdienstsenate gehen zunächst von der generellen Kompetenzverteilung aus, wie sie in § 17 Abs. I Satz 1 WBO erkennbar wird[9]. Die Beurteilung von Streitfragen über die dort ausgenommenen §§ 24, 25, 30, 31 SG steht den Verwaltungsgerichten zu. Da die genannten Paragraphen ihrem Inhalt nach eine gewisse Einheitlichkeit erkennen lassen, indem sie sich auf das allgemeine Dienstverhältnis beziehen, entsteht ein Gegensatz zu den in § 17 Abs. I Satz 1 WBO genannten übrigen Paragraphen im Zweiten Unterabschnitt des Ersten Abschnittes des Soldatengesetzes, über deren Verletzung die Wehrdienstgerichte zu entscheiden haben. Denn diese übrigen Paragraphen beziehen sich im wesentlichen auf das Verhältnis der besonderen militärischen Unterordnung. Auf eine kürzere Formel gebracht haben die Wehrdienstgerichte über Maßnahmen im Verhältnis Vorgesetzter — Untergebener zu entscheiden und die allgemeinen Verwaltungsgerichte über solche im Verhältnis Dienstherr — Soldat[10].

Aufgrund dieses Leitgedankens ist nun im Einzelfall zu entscheiden, ob das geltend gemachte Recht beziehungsweise die entsprechende Pflicht dem einen oder dem anderen Verhältnis entstammt und danach der Rechtsweg zu bestimmen. Bei der Entscheidung ist in besonderer Weise auf das Begehren des Klägers abzustellen[11].

---

[8] Vgl. insofern das Beispiel bei *Barth* NZWehrR 65/98 in Fußn. 1 zu den „Planstellenbeschwerden". Warum dort einmal die Wehrdienstgerichte, dann aber wieder die allgemeinen Verwaltungsgerichte zuständig sein sollen, wird dem klagenden Soldaten nicht begreiflich zu machen sein.
[9] Zum folgenden BDH (WDS) NZWehrR 59/108 = BDHE 4/169 = DÖV 59/34.
[10] *Lerche* GR IV/1 S. 511 Fußn. 218.
[11] Zu der im Soldatengesetz doppelt normierten Fürsorgepflicht enthält die amtliche Sammlung des BDH verschiedene Entscheidungen, in denen eine Verweisung an das allgemeine Verwaltungsgericht erfolgte oder die eigene Zuständigkeit (stillschweigend) bejaht wurde. Verweisung an das Verwaltungsgericht: BDHE 4/169 (Erfüllung einer Beförderungszusage); 6/189 (Anfechtung einer Umzugsgenehmigung wegen deren Nebenfolgen); Annahme der eigenen Zuständigkeit: BDHE 5/225 (Versetzung); 6/165 (Versetzung von einer höheren Planstelle auf eine niedrigere); 6/173 (178) (Versetzung/Planstelle).

2. Anforderungen an die Rechtsverletzung

Für die im sachlichen Kompetenzbereich der Wehrdienstgerichte verbleibenden Fälle erweist es sich als notwendig, die Zulässigkeit von Anträgen auf Entscheidung zu beschränken, um eine Ausuferung des Gerichtsschutzes zu verhindern. Diese Beschränkung ist mit derjenigen vergleichbar, die im allgemeinen Verwaltungsrecht durch die Abgrenzung des Verwaltungsakts von gerichtlich unanfechtbarem Verwaltungshandeln vorgenommen wird. Nicht schon jedes bloße Tätigwerden eines mit hoheitlicher Autorität versehenen Organs, das nur in noch so mittelbarem Zusammenhang mit der Rechtssphäre eines Gewaltunterworfenen steht, kann diesen bereits zu gerichtlichem Vorgehen berechtigen. Der in Lehre und Rechtsprechung herausgebildete Begriff des Verwaltungsaktes ist allerdings im Wehrrecht nicht verwendbar, soweit die Anfechtung eines hoheitlichen Tuns oder Unterlassens vor den Wehrdienstgerichten in Frage steht. Denn unstreitig sind hier auch solche Hoheitsakte gerichtlicher Beurteilung zugänglich, die dem innerdienstlichen Betrieb entstammen[12] und die damit nicht mehr als das Grundverhältnis berührende Verwaltungsakte im herkömmlichen Sinne angesehen werden können. Es sind daher andere Kriterien heranzuziehen.

a) Anforderungen als Voraussetzung der Zulässigkeit eines Antrages

Nach der Rechtsprechung der Wehrdienstsenate können grundsätzlich Vorgänge der (vorbereitenden) innerdienstlichen Meinungsbildung nicht gerichtlich nachgeprüft werden. Derartige Vorgänge dürften besonders im Personalwesen häufig sein. Sie sind zum Beispiel gegeben, wenn ein Personalsachbearbeiter dienstlich die Akten eines Soldaten mit Randbemerkungen versieht, in denen kritisch zu einem Untersuchungsbericht Stellung genommen wird[13]. Ebenso ist es in Hinsicht auf die Einleitungsverfügung im Disziplinarverfahren oder in Hinsicht auf die Einleitung der Zwangspensionierung eines Offiziers[14]. Wie ein Senat es jüngst ausgedrückt hat, kann ein Vorgang „gerichtlich nur dann

---

[12] Vgl. etwa § 17 Abs. III Satz 1 WBO: Mit dem Antrag kann nur geltend gemacht werden, daß eine *dienstliche* Maßnahme ... rechtswidrig sei (darauf legt *Dürig* in Maunz-Dürig Rdnr. 25, Fußnote, zu Art. 19 Abs. IV GG Wert). Vgl. auch die Erwähnung des „Befehls" neben der „Maßnahme" in § 19 Abs. I WBO und zum „Befehl" *Ule* VVDStRL 15/158 f. Bemerkenswert ist im übrigen, daß „Befehl" und „Maßnahme" nebeneinandergestellt sind, nicht aber etwa „Befehl" und „Verwaltungsakt".

[13] BDH (WDS) NZWehrR 61/32 = BDHE 5/220; vgl. auch *Barth* NZWehrR 65/102.

[14] BDH (WDS) in ständiger Rechtsprechung; vgl. z. B. die vorgenannte Entscheidung (a. E.) und NZWehrR 59/104 = BDHE 4/178; zu letzterer vgl. die Kritik bei H. *Meyer* NZWehrR 59/43 ff. und insgesamt auch *Baden-v. Mitzlaff* S. 323 mit zahlreichen weiteren Nachweisen.

nachgeprüft werden, wenn (er) bereits einen die Rechtssphäre des Antragsstellers berührenden Verwaltungsakt oder doch jedenfalls eine wesensähnliche hoheitliche Entscheidung gegenüber dem Antragsteller zum Inhalt" hat[15].

Im Grunde genommen verwendet der Senat damit das Kriterium des „unmittelbaren Betroffenseins"[16]. Dabei liegt die Betonung hier nicht auf dem Betroffensein überhaupt, das für die Zulässigkeit einer militärinternen Beschwerde als entscheidend anzusehen ist[17], sondern auf der Unmittelbarkeit des Betroffenseins. Während das Betroffensein selbst in den oben erwähnten Beispielen nicht geleugnet werden kann und eine militärinterne Beschwerde damit schon zulässig ist[18], wird ein Antrag auf gerichtliche Entscheidung solange für unzulässig angesehen, als der angegriffene Akt lediglich Bestandteil der internen Meinungsbildung einer Dienststelle ist[19].

Erst wenn diese Meinungsbildung zu einem Entschluß geführt hat, der in eine Verfügung, Anordnung, Entscheidung oder sonstige Maßnahme umgesetzt unmittelbar die Rechtsposition des Soldaten durch dessen Verpflichtung zu einem Tun oder Unterlassen, durch rechtsfeststellende oder rechtsgestaltende Wirkung berührt[20], ist der Antrag auf gerichtliche Entscheidung zulässig. Dann allerdings bedarf es für die Zulässigkeit des Antrages nicht mehr des nachzuweisenden Umschlags einer internen Maßnahme in einen echten Rechtsakt[21], noch eines nach-

---

[15] BDH (WDS) Az. I (II) WB 16/64 (zur Veröffentlichung vorgesehen). Kurz dazu Zeitschrift „Spiegel" 1965/Nr. 27/S. 25 rechts.

[16] Wörtlich verwandt wird es — soweit ersichtlich — nur in der Entscheidung in NZWehrR 62/61 in Zusammenhang mit der Anfechtung eines normativen Ministerialerlasses (vgl. oben im 4. Kapitel S. 48). In NZWehrR 59/105 spricht der erkennende Senat von „unmittelbarer Rechtswirkung".

[17] Siehe dazu schon oben im 5. Kapitel S. 63.

[18] So denn anscheinend auch der WDS in der Entscheidung mit Az. WDB 19/59 (vgl. dazu Baden-v. Mitzlaff S. 324) in offenbarer Anlehnung an H. Meyer NZWehrR 59/44 ff. (49 f.): gegen disziplinargerichtliche Einleitungsverfügungen soll Dienstaufsichtsbeschwerde bzw. Gegenvorstellung zulässig sein. Auf den von H. Meyer in diesem Zusammenhang angeführten Einfluß des Petitionsrechts wird unten im 10. Kapitel noch eingegangen werden.

[19] Auch die erst jüngst veröffentlichte Entscheidung des BDH (WDS) in NZWehrR 65/133 gehört in diesen Zusammenhang, obgleich dort auch das Rechtsschutzinteresse fehlt, wenn man — wie hier — zwischen beidem unterscheidet: ein Soldat beschwert sich gegen den Inhalt einer Auskunft über seine in Aussicht genommene zukünftige Verwendung.

[20] Beispiele: 1. Gebot — Versetzungsverfügung sowie die meisten militärischen Befehle (dazu noch unten im Text!). 2. Verbot — der Dienstausübung nach § 22 SG. 3. Rechtsgestaltend — Unterstellung eines Hauptmanns unter einen Oberleutnant im Rahmen einer Übung. 4. Rechtsfeststellend — Ablehnung eines Urlaubsgesuches, da dem Antragsteller kein Anspruch auf Urlaub mehr zustehe.

[21] So etwa nach H. Krüger in Festschrift für Smend S. 231 (zum Beamtenrecht).

7 Oetting

zuweisenden tatsächlichen Eingriffs in den eigenen Rechtskreis des Untergebenen[22]. Diese beiden Forderungen führen nur dazu, daß zunächst die Begründetheit eines Antrags (Klage) zu prüfen wäre, um aus ihr einen Schluß auf die Zulässigkeit ziehen zu können. Das wäre prozessual kaum überzeugend[23]. Vielmehr liegen gerichtlich anfechtbarer Rechtsakt und gerichtlich anfechtbarer Eingriff in den eigenen Rechtskreis des Soldaten bereits dann vor, wenn er durch einen Hoheitsakt in der oben beschriebenen rechtlich relevanten Weise unmittelbar betroffen wird.

Dieses Ergebnis deckt sich mit einem schon von Lerche skizzierten Gedanken. Zu Recht hebt *Lerche*[24] hervor, daß bei der Stellung von Anforderungen an die Intensität des individuellen Betroffenseins der geeignete Ansatzpunkt zu finden ist, um ein Übermaß an Gerichtsschutz zu vermeiden. Er führt dabei aus, daß auch die unbestrittene grundsätzliche Ausscheidung der Geltendmachung „fremder" Rechtsinteressen (Dritter, der Kameraden oder der Allgemeinheit) im Grunde nur entferntere Stadien auf dem langen Weg immer intensiver werdenden individualen Betroffenseins bezeichnen. Daher könne der Begriff der Verletzung „seiner" Rechte[25] nicht als feststehender Block betrachtet werden; er ließe sich vielmehr in abgestufte Intensitätsgrade individuellen Betroffenseins auflösen.

In mittelbarem Zusammenhang hiermit steht auch, daß gerichtliche Geltendmachung von „persönlichen" Beschwerden[26] grundsätzlich nicht zulässig ist. Denn in diesen Fällen werden keine hoheitlichen Maßnahmen in Form von Verwaltungsakten oder den vom Wehrdienstsenat so genannten wesensähnlichen Entscheidungen, sondern eben persönliches und damit nicht hoheitliches Handeln von Vorgesetzten oder Kameraden angegriffen. Wird allerdings eine Ehrenminderung erst *durch* eine hoheitliche Maßnahme bewirkt, zum Beispiel durch die besonderen Umstände bei einer Versetzung oder durch einen die Würde des Untergebenen verletzenden Befehl, dann wird die gerichtliche Geltendmachung zulässig[27]. Denn in diesem Fall liegt schon eine gleichsam

---

[22] So — ebenfalls für das Beamtenrecht — *Bachof* in Festschrift für Laforet S. 304.
[23] Vgl. *Dürig* in Maunz-Dürig Rdnr. 25 zu Art. 19 Abs. IV GG unter bb.
[24] In GR IV/1 S. 516 f.
[25] Von dem Erfordernis einer Verletzung „seiner" Rechte (der des Soldaten) spricht § 17 Abs. I WBO ebenso wie Art. 19 Abs. IV GG.
[26] Zu diesem Begriff siehe oben im 3. Kapitel S. 44.
[27] Vgl. BDH (WDS) NZWehrR 63/42 = BDHE 6/173 = DÖV 62/829 = NJW 62/1884. Vgl. auch BDH (WDS) NZWehrR 65/23 (zu § 19 Abs. II WBO, der keinen selbständigen gerichtlich geltend zu machenden Anspruch gewähre). Wie die letztgenannte Entscheidung auch Frahm S. 143.

greifbare hoheitliche Handlung vor, nicht eine bloße und unverbindliche Äußerung[28].

Für die Zulässigkeit des Antrags auf gerichtliche Entscheidung erweist sich damit der Begriff der Maßnahme als von ausschlaggebender Bedeutung. Auch die WBO verwendet ihn wiederholt[29], ohne jedoch deutlich werden zu lassen, was damit gemeint ist[30].

Versucht man aufgrund der bisher angestellten Erwägungen diesen Begriff zu definieren, so muß etwa diese Formulierung gewählt werden: Eine gerichtlich anfechtbare Maßnahme im Sinne der WBO ist jedes auf das Wehrdienstverhältnis bezogene hoheitliche Tätigwerden eines Vorgesetzten oder einer Dienststelle der Bundeswehr, das mit dem Anspruch auf rechtliche Wirkung gegenüber einem Soldaten versehen diesen unmittelbar in der Sphäre seiner individuellen Rechte trifft.

Die beabsichtigte rechtliche Wirkung kann dabei in der Verpflichtung zum Einhalten eines Gebots oder Verbots liegen; sie kann auch rechtsgestaltender oder rechtsfeststellender Natur sein. Ob die Maßnahme den Soldaten im Grund- oder im Betriebsverhältnis trifft, ist nicht von Bedeutung. Ebenso kommt es nicht darauf an, ob die Maßnahme im Rahmen der (militärischen) Kommandogewalt oder der (zivilen) Verwaltungsgewalt erlassen wurde[31]. Endlich ist es auch nicht entscheidend, ob die Maßnahme ursprünglich zur Regelung eines konkreten Einzelfalls oder zur Regelung einer unbestimmten Vielzahl von Fällen ergangen ist, soweit der Soldat nur ein unmittelbares Betroffensein geltend machen kann. — Der Begriff der Maßnahme im Sinne der WBO ist also wesentlich weiter zu fassen als der sonst das Verwaltungsrecht beherrschende Begriff des Verwaltungsaktes[32].

---

[28] Sie liegt ferner auch bei den erzieherischen Maßnahmen des vordisziplinären Raumes wie Rügen, Mißbilligungen und Belehrungen vor. Siehe dazu *Barth* NZWehrR 65/101. Bei den von Barth ebenda auch zitierten „belastenden Feststellungen, die in an einen Dritten gerichteten amtlichen Bescheiden getroffen werden" dürfte hinsichtlich der Anerkennung einer gerichtlichen Anfechtbarkeit jedoch eine gewisse Zurückhaltung geboten sein.
[29] Insbesondere in § 19 Abs. I WBO; siehe ferner § 3 Abs. II, § 13 Abs. I, § 17 Abs. III, § 21, § 22 Abs. IV WBO.
[30] Vgl. hierzu und teilweise auch zum folgenden schon die Ausführungen zur Anfechtbarkeit von Akten mit normativem Charakter oben im 4. Kapitel S. 47.
[31] Wenn man sich nicht der etwas willkürlichen Unterscheidung bedienen will, ob im Ergebnis der Weg vor die Wehrdienstgerichte oder der vor die allgemeinen Verwaltungsgerichte zu gehen ist. Dann käme hier nur das Rechtsgebiet in Betracht, dessen Beurteilung in die Kompetenz der Wehrdienstgerichtsbarkeit fällt. Schon im Ansatzpunkt — zu Recht — gegen diese nun leider doch Gesetz gewordene „Gewaltenaufsplitterung" *Lerche* in DVBl. 54/630 f.
[32] Dagegen ergibt sich ein unmittelbarer Berührungspunkt zu der Interpretation des Art. 19 Abs. IV Satz 1 GG durch *Dürig* in Maunz-Dürig Rdnr. 25.

Liegt eine derartige Maßnahme vor, so ist im allgemeinen auch ein Rechtsschutzbedürfnis das Antragstellers gegeben. Es gilt insoweit grundsätzlich nichts anderes[33] als im Verfahren nach der Verwaltungsgerichtsordnung. Bei Befehlen trifft die WBO allerdings für den Antrag auf gerichtliche Entscheidung ebenso wie schon für die militärinternen Beschwerden eine Sonderregelung. Denn aus § 19 Abs. I Satz 2 WBO muß entnommen werden, daß gegen Befehle auch dann vorgegangen werden kann, wenn sie bereits ausgeführt oder anders erledigt wurden. In diesem Fall braucht also keine gegenwärtige Beschwer mehr vorzuliegen; andererseits braucht auch nicht ein besonderes berechtigtes Interesse an der Feststellung der Rechtswidrigkeit nachgewiesen zu werden, wie es nach § 113 Abs. I Satz 4 VwGO erforderlich ist. In Bezug auf Befehle unterstellt die WBO stets ein Rechtsschutzbedürfnis.

b) Zur Begründetheit des Antrages

Wenn die Zuständigkeit der Wehrdienstgerichte und die Zulässigkeit des Antrags[34] gegeben sind, dann hat das Gericht darüber zu entscheiden, ob der Antragsteller tatsächlich in seinen Rechten verletzt ist. In dieser Hinsicht soll nur ein wesentlicher Gesichtspunkt hervorgehoben werden[35].

Den relativ geringen Anforderungen, die an die Zulässigkeitsvoraussetzungen eines Antrages zu stellen sind, müssen höhere Anforderungen an den Nachweis der Rechtsverletzung gegenübergestellt werden. Nachdem nun einmal der Gerichtsweg in sehr weitgehender Weise eröffnet wurde, bietet sich bei der Frage nach der Begründetheit ein Ansatz zu einer sinnvollen Beschränkung richterlicher Einwirkung auf die Entscheidungsfreiheit der vollziehenden Gewalt. Dem kommt die Tatsache entgegen, daß für Maßnahmen innerhalb eines besonderen Gewaltverhältnisses ein weiter Ermessensbereich besteht[36]. Man wird

---

Vgl. im übrigen auch *Lerche* DVBl. 54/628 f. und dessen schon oben angeführten Gedanken in GR IV/1 S. 516 f.

[33] Vgl. dazu auch *Dürig* in Maunz-Dürig Rdnr. 25 zu Art. 19 Abs. IV GG (S. 17 a. E.).

[34] Zu den Zulässigkeitsvoraussetzungen gehören auch die Form- und Fristvorschriften, die jedoch wenig Bemerkenswertes enthalten (vgl. § 17 Abs. IV WBO). Beachtlich ist allerdings, daß die WDS sich auch zur Prüfung berufen fühlen, ob Beschwerde und weitere Beschwerde ordnungsgemäß eingelegt wurden. Gelangen sie mit oder auch *entgegen* den bis dahin angerufenen militärinternen Dienststellen zu der Auffassung, daß z. B. schon die Erstbeschwerde nicht fristgerecht eingelegt wurde, so lehnen sie den Antrag auf gerichtliche Entscheidung ab. Vgl. BDHE (WDS) 5/227; 6/169 (172).

[35] Ausführlich zum materiellen Beschwerderecht in der Rechtsprechung der Wehrdienstsenate jüngst *Barth* NZWehrR 65/97 ff.

[36] Vgl. *Dürig* in Maunz-Dürig Rdnr. 26 zu Art. 19 Abs. IV GG mit Nachweisen aus der Rechtsprechung in Fußn. 1.

Lerche in der Feststellung folgen können, daß hier — anders als in der Regel im übrigen Verwaltungsrecht — die Vermutung auf weitem Feld *für* das Ermessen spricht[37].

Nun ist zwar nach § 17 Abs. III Satz 2 WBO auch Überschreitung und Mißbrauch dienstlicher Befugnisse als eine Rechtsverletzung anzusehen. Doch das besagt — für sich gesehen — noch nicht viel. Ebenso wie in § 114 VwGO[38] wird hier lediglich ein Gedanke festgehalten, der in Lehre und Rechtsprechung ohnehin seit langem gesichert ist. Die eigentliche Problematik beginnt erst mit der richterlichen Feststellung im konkreten Einzelfall, wo die Grenzen des Ermessens zu setzen sind und wann sie überschritten werden.

In dieser entscheidenden Frage nun hat sich die Wehrdienstgerichtsbarkeit bisher in richterlicher Selbstbeschränkung begrüßenswerte Zurückhaltung auferlegt. Mehrere veröffentlichte Entscheidungen weisen darauf hin. Insgesamt und nicht nur für das Personalwesen gilt danach, was der frühere Präsident des I. Wehrdienstsenates feststellt, daß sich nämlich die (personalsachbearbeitenden) Dienststellen der Bundeswehr „über eine Beschränkung ihrer Entscheidungsfreiheit oder eine Überziehung des Rechtsstaates nicht wohl beklagen" können[39].

So wurde anerkannt, daß über die Verwendung von Berufssoldaten der Vorgesetzte nach Maßgabe der dienstlichen Bedürfnisse aufgrund seines Ermessens verfügen könne[40]. Dabei liegt jedenfalls dann kein Ermessensfehlgebrauch vor, wenn unter mehreren gerechten Lösungen nicht die „zweckmäßigste", „vernünftigste" oder „gerechteste" gewählt wurde[41]. Bezeichnend ist, daß im Ergebnis von den wohl recht zahlreichen Beschwerden gegen die dienstliche Verwendung nur eine einzige voll und eine andere teilweise erfolgreich war[42].

Auch zum Befehlsermessen wurde wiederholt Stellung genommen. Erst ein Befehl, der eine so große Gefahr für Leib oder Leben von

---

[37] DVBl. 54/629. Ob sich hierin aber speziell das militärische Gewaltverhältnis von anderen besonderen Gewaltverhältnissen wesentlich unterscheidet, scheint doch etwas zweifelhaft.
[38] Daß sich § 17 Abs. III WBO und § 114 VwGO inhaltlich entsprechen, heben auch BDHE (WDS) 5/226 und 6/165 (167) hervor.
[39] *Barth* NZWehrR 65/99.
[40] BDH (WDS) NZWehrR 62/164 = BDHE 6/165; BDHE (WDS) 5/225 = DÖV 61/232 sowie die unveröffentlichten Entscheidungen mit Az. II WB 22/64 und Az. I WB 3/65.
[41] BDH (WDS) NZWehrR 62/164 = BDHE 6/165 (168) unter Berufung auf BVerfGE 4/144 (155). Die letztgenannte Entscheidung ist allerdings zum gesetzgeberischen Ermessen ergangen, dessen Identität mit dem Ermessen einer Behörde der vollziehenden Gewalt jedenfalls im Grundsatz zweifelhaft erscheinen muß.
[42] Nach *Barth* NZWehrR 65/98 und S. 99.

Untergebenen herbeiführt, daß diese Gefahr in keinem Verhältnis zu dem dienstlichen Zweck des Befehls steht, soll rechtswidrig sein[43]. In den Erläuterungen zu diesem Satz wird noch betont, daß bei der Beurteilung des Sachverhalts auch die ausbildungsüblichen Gefahren im Wehrdienst zu berücksichtigen sind. — Nach einer anderen Entscheidung kann dem Soldaten befohlen werden, auch außerhalb des Dienstes bei Motorradfahrten einen Schutzhelm zu tragen. Der Grundsatz der Verhältnismäßigkeit stehe in Anbetracht der Gesunderhaltungspflicht aus § 17 Abs. IV SG dem nicht entgegen[44].

II. Verfahren und Besetzung der Wehrdienstgerichte

Insgesamt gesehen hat sich die Rechtsprechungstätigkeit der Wehrdienstgerichte bisher kaum einer Kritik ausgesetzt gesehen. Doch wurde in anderer Hinsicht Kritik geübt, die ihrem Anlaß nach wesentlich gewichtiger zu nehmen ist als etwaige gelegentliche Zweifel an der Richtigkeit einzelner Entscheidungen. Von verschiedener Seite werden Zweifel an der Gerichtsqualität der Spruchkörper in Bezug auf ihre Besetzung und ihr Verfahren geäußert[45, 46].

Zum besseren Verständnis dieser Kritik sollen zunächst Besetzung und Verfahren der Wehrdienstgerichte in einem Überblick dargestellt werden.

Die Errichtung von Wehrdienstgerichten beruht auf der Ermächtigung in Art. 96a Abs. IV GG[47]. Von der Ermächtigung hat der Gesetzgeber in der Wehrdisziplinarordnung Gebrauch gemacht und dort in den §§ 50 bis 58 nähere Bestimmungen über die Besetzung der Gerichte getroffen[48]. Diese Bestimmungen gelten sowohl für Disziplinar- als auch für Beschwerdesachen (§ 50 WDO). Für das Beschwerdeverfah-

---

[43] BDH (WDS) NZWehrR 59/98 = BDHE 4/181 = DÖV 59/26 = DVBl. 58/761 = NJW 58/1463 mit Hinweisen auf frühere Rechtsprechung und Literatur. Die Wiedergabe bei *Scherer* S. 64 ist nicht ganz korrekt.
[44] BDH (WDS) NZWehrR 61/85 = BDHE 5/231 = DÖV 61/309; der Befehl ist nur insoweit rechtswidrig, als er die Pflicht zur Beschaffung eines privaten Schutzhelmes auferlegt.
[45] *Obermayer* DVBl. 57/266 ff.; *Salzmann* S. 122 ff.; ferner *Martens* S. 145 Fußn. 38. Dagegen *Lerche* GR IV/1 S. 521 mit Fußn. 260.
[46] *Ule* GRSold S. 126 ff. und VVDStRL 15/174 f.; *Lerche* GR IV/1 S. 521 f.
[47] Früher Art. 96 Abs. III GG. Änderung durch Gesetz vom 6. 3. 1961 (BGBl. I/141).
[48] Zur Errichtung der einzelnen Gerichte vgl. § 51 WDO mit der „VO über die Errichtung von Truppendienstgerichten" vom 29. 4. 57 (BGBl. I/401) und mehreren Änderungs-VO; deren letzte vom 5. 12. 63 (BGBl. I/866). § 58 WDO mit der „VO über den Sitz der Wehrdienstsenate vom 30. 8. 57 (BGBl. I/1330).

ren enthält die Wehrbeschwerdeordnung jedoch einige von der Wehrdisziplinarordnung abweichende Sonderregelungen.

Die Gerichtsbarkeit ist in Truppendienstgerichte mit Truppendienstkammern als Untergerichte und zwei Wehrdienstsenate bei dem Bundesdisziplinarhof als Obergericht gegliedert. Wie sogleich zu zeigen sein wird, haben die Wehrdienstsenate aber nicht die Funktion einer zweiten Instanz.

Die Truppendienstkammer entscheidet in der Besetzung mit einem Berufsrichter und zwei militärischen Beisitzern (§§ 53, 55 WDO)[49]. Die Beisitzer werden ähnlich den Schöffen nach §§ 28 ff. GVG ausgelost (§ 54 WDO), müssen jedoch Soldaten sein. Dabei muß der eine Beisitzer der Dienstgradgruppe des Beschwerdeführers angehören und der andere im Dienstgrad über ihm stehen, mindestens aber Stabsoffizier sein (§ 55 Abs. II WDO i. V. mit § 18 Abs. I WBO). Das Verfahren ist nichtkontradiktorisch, der Sachverhalt von Amts wegen aufzuklären[50]. Entschieden wird durch Beschluß ohne mündliche Verhandlung; wenn mündliche Verhandlung allerdings für erforderlich gehalten wird, kann sie anberaumt werden (§ 18 Abs. II WBO). Da die WBO keine Bestimmungen über die Öffentlichkeit des Verfahrens enthält, muß aus der Vorschrift über das schriftliche Beschlußverfahren[51] und ferner aus § 85 WDO[52] auf die Nichtöffentlichkeit (auch) in allen Beschwerdesachen geschlossen werden.

Die Entscheidung des Truppendienstgerichts ist endgültig, es sind also keine Rechtsmittel gegeben (§ 18 Abs. II Satz 5 WBO)[53]. Rechtsfragen von grundsätzlicher Bedeutung können jedoch dem Wehrdienstsenat zur Entscheidung vorgelegt werden, wenn die Vorlage dem Truppendienstgericht für die Fortbildung des Rechts oder die Sicherung einer einheitlichen Rechtsprechung erforderlich scheint (§ 18 Abs. IV WBO). Der Antragsteller hat auf die Vorlage keinerlei Einfluß; ob die

---

[49] Bei besonderer Bedeutung des Falles oder wegen des Umfanges der Sache *kann* nach § 56 WDO ein weiteres richterliches Mitglied herangezogen werden.
[50] Wenn *Frahm* S. 134 von „Beweisanträgen der Parteien" spricht, so dürfte das ein Versehen sein. Dazu, daß es im Verfahren nach der WBO keine Parteien (und im übrigen auch keine echten Beweisanträge) gibt, vgl. schon oben im 5. Kapitel S. 56 und auch im 1. Kapitel S. 15.
[51] *Ule* GRSold S. 126: „Daß dem Beschlußverfahren die Öffentlichkeit mangelt, liegt in der Natur des Verfahrens."
[52] Vgl. *Salzmann* S. 141 f.
[53] Auch dann, wenn dem Beschwerdeführer im Verfahren vor dem TrDGer das rechtliche Gehör versagt und damit eine grundsätzliche Verfahrensvorschrift verletzt wurde! BDH (WDS) NZWehrR 64/169. Eine in diesem Fall eingelegte Verfassungsbeschwerde hatte jedoch Erfolg — BVerfGE 17/191 = NZWehrR 64/71. Vgl. ferner BDH (WDS) NZWehrR 64/32.

Vorlage erfolgt, hängt allein von der Auffassung des Gerichts ab[54]. Macht das Truppendienstgericht von der Möglichkeit Gebrauch, so verbleibt die Zuständigkeit zur Entscheidung in der Sache selbst bei diesem Gericht. Der angerufene Wehrdienstsenat kann sich nur zu einzelnen Rechtsfragen äußern, die im übrigen für die Beurteilung eines bei dem vorlegenden Gericht anhängigen bestimmten Einzelfalls entscheidungserheblich sein müssen. Insoweit ist aber die dargelegte Ansicht des Wehrdienstsenates für das Truppendienstgericht dann bindend[55].

Während die Wehrdienstsenate in dem eben erwähnten Vorlageverfahren nur gleichsam mittelbar auf dem Umweg über die Truppendienstgerichte zuständig werden, ist in anderen Fällen ihre unmittelbare Kompetenz begründet. Nach § 21 WBO ist der Antrag auf gerichtliche Entscheidung über Maßnahmen des Bundesministers der Verteidigung bei den Wehrdienstsenaten zu stellen. Das gleiche gilt dann, wenn der Minister in seiner Eigenschaft als militärischer Vorgesetzter über eine erste oder eine weitere Beschwerde entschieden hat. Sowohl gegen die Entscheidung über eine Erstbeschwerde als auch gegen den Erlaß einer Maßnahme braucht vor dem Antrag auf gerichtliche Entscheidung keine Beschwerde beim Minister mehr eingelegt zu werden (§ 21 Ziff. 1 WBO)[56].

Der Wehrdienstsenat wird in der Besetzung mit drei Berufsrichtern und zwei militärischen Beisitzern tätig. Für das Vorlageverfahren ist das in § 18 Abs. IV Satz 2 WBO ausdrücklich normiert, für das Antragsverfahren ergibt es sich aus der Verweisung in § 21 letzter Satz in Verbindung mit § 18 Abs. I WBO[57]. Die Auswahl der militärischen Beisitzer und ihr Dienstgrad bestimmt sich ähnlich beziehungsweise in gleicher Art wie bei dem Verfahren vor der Truppendienstkammer[58]. Auch das Verfahren ist dasselbe, das heißt es ist nicht-kontradiktorisch, ein Offizialverfahren, grundsätzlich ohne mündliche Verhandlung und nicht-öffentlich.

---

[54] Das von *Barth* NZWehrR 65/98 verwandte Wort, der Wehrdienstsenat entscheide nach § 18 Abs. IV WBO „gleichsam als Revisionsinstanz", scheint daher wenig glücklich.

[55] Zur Auslegung des § 18 Abs. IV WBO durch die Wehrdienstsenate vgl. insbesondere BDHE 4/181; 4/185; 6/169 = NZWehrR 64/117. In der letztgenannten Entscheidung wird deutlich, wie das Vorlageverfahren eine gewisse Ähnlichkeit mit dem Verfahren nach Art. 100 GG hat. — Vgl. ferner auch *Frahm* S. 138.

[56] Vgl. dazu oben im 7. Kapitel S. 91.

[57] *Frahm* S. 153.

[58] § 58 Abs. V WDO, § 21 WBO i. V. mit § 18 WBO.

Für den Tenor von Entscheidungen sowohl der Truppendienstkammer als auch des Wehrdienstsenates endlich gilt ähnliches wie bei den militärinternen Beschwerdeentscheidungen[59].

III. Gerichtsqualität der Wehrdienstgerichte

1. Kritik an der Besetzung und eigene Stellungnahme

Salzmann und *Obermayer* leiten nun ihre schon angedeutete Kritik aus dem Grundsatz der Gewaltentrennung in deren weitestem Sinne her[60]. Beide gelangen zu dem Ergebnis, die Heranziehung von militärischen Beisitzern führe dazu, daß den Truppendienstkammern die Gerichtsqualität im Verfassungssinne abzusprechen sei. Bei den Wehrdienstsenaten dagegen soll sie gegeben sein.

Doch zunächst zu den von der Kritik im einzelnen geäußerten Bedenken. Sie richten sich einmal dagegen, daß eine Einflußnahme der Vorgesetzten auf die richterliche Tätigkeit der militärischen Beisitzer nicht hinreichend ausgeschlossen sei. Damit sei die persönliche Unabhängigkeit[61] und auch das mit ihr in engem Zusammenhang stehende[62] Recht des Rechtsschutz-Suchenden auf den gesetzlichen Richter nicht gewährleistet[63]. Zum anderen wird die sachliche Unabhängigkeit der Beisitzer angezweifelt. In diesem Zusammenhang bedient sich die Kritik der treffenden Formulierung, es fehle an „subjektiver Gewaltentrennung"[64].

Die persönliche Unabhängigkeit wird den Richtern durch Art. 97 Abs. II GG garantiert. Wenn dort nur von Berufsrichtern die Rede ist, so bedeutet dies nicht, daß bei Laienrichtern auf die Forderung nach persönlicher Unabhängigkeit ganz verzichtet werden könnte. Ein gewisses Maß an persönlicher Unabhängigkeit, die sich niemals vollständig von der sachlichen trennen läßt, muß als Voraussetzung für jede

---
[59] § 19 WBO, § 21 WBO i. V. mit § 19 WBO. Siehe dazu oben im 7. Kapitel S. 78 ff.
[60] Belege oben Fußn. 45.
[61] Unterscheidung dem allgemeinen Sprachgebrauch entsprechend: sachliche Unabhängigkeit gleich Weisungsfreiheit wie z. B. in Art. 97 Abs. I GG; persönliche Unabhängigkeit dagegen gleich Unabsetzbarkeit und Unversetzbarkeit wie in Art. 97 Abs. II GG.
[62] Vgl. dazu *Bettermann* GR III/2 S. 560 mit Nachweisen und S. 543.
[63] *Obermayer* DVBl. 57/266 f.; *Salzmann* S. 122 ff.
[64] *Obermayer* ebenda S. 267 f.; *Salzmann* S. 124 f. Dazu, daß die richterliche Neutralität kein Charakteristikum der Rechtsprechung *neben* der sachlichen und persönlichen Unabhängigkeit ist, sondern daß letztere ihr nur zu dienen bestimmt sind, vgl. *Bettermann* GR III/2 S. 638.

richterliche Tätigkeit angesehen werden[65]. Die Einhaltung des Mindestmaßes fehlt nun nach der im wesentlichen übereinstimmenden Ansicht von *Obermayer* und *Salzmann* in bezug auf die militärischen Beisitzer, da

— nach § 54 Abs. I Satz 5 WDO ein Beisitzer in der die Reihenfolge der Berufung zu den einzelnen Sitzungen bestimmenden Jahresliste übergangen werden kann, wenn die Ausübung eines bestimmten militärischen Dienstes gerade durch diesen Soldaten besonders wichtig und er daher verhindert ist;

— nach § 57 Abs. II Ziff. 2 WDO mit der Versetzung des Beisitzers zu einer Dienststelle außerhalb des Gerichtsbezirks sein Amt erlischt;

— nach § 57 Abs. II Ziff. 3 WDO das Beisitzeramt auch dann erlischt, wenn der Soldat den Dienstgrad einer anderen Dienstgradgruppe[66] erhält.

Somit ständen einem nicht loyalen Vorgesetzten „durchaus Mittel zur Verfügung, den Inhalt einer Entscheidung der Truppendienstkammer in der Weise zu beeinflussen, daß er einem ihm nicht genehmen Beisitzer von der Ausübung seines Richteramtes freistellt"[67].

Diese Bedenken sind sicher nicht ganz ungerechtfertigt; doch dürften sie kaum ausreichen, um aus ihnen auf mangelnde Gerichtsqualität der Truppendienstkammern schließen zu können. Denn gegen die denkbaren Versuche von Vorgesetzten, auf die Besetzung dieser Gerichte Einfluß auszuüben, sind insgesamt ausreichend erscheinende Sicherungen vorhanden[68].

So darf von der Reihenfolge der Jahresliste nur unter Zustimmung des Kammervorsitzenden abgewichen werden. Dieser hat also über die „besondere Wichtigkeit" der Teilnahme eines Beisitzers an einem militärischen Vorhaben zu entscheiden, die allein zu einer Abweichung berechtigt (§ 54 Abs. I Satz 5 WDO). Bei Versetzungen erlischt das Beisitzeramt erst nach Ablauf eines Monats und zu diesem Zeitpunkt auch nur dann, wenn der Beisitzer dem Erlöschen nicht widerspricht (§ 57 Abs. II Satz 2 WDO).

Bei Beförderungen[69] in eine neue Dienstgradgruppe fehlt zwar eine entsprechende Bestimmung, und in Anbetracht der nicht ganz unbe-

---

[65] So etwa auch *Bettermann* GR III/2 S. 603.
[66] Zu diesem Begriff siehe *Baden-v. Mitzlaff* S. 275.
[67] So *Salzmann* S. 123.
[68] Von *Obermayer* werden die Sicherungen übersehen, von *Salzmann* für nicht ausreichend befunden. Zum notwendigen Inhalt der Sicherungen vgl. *Bettermann* GR III/2 S. 603.
[69] Bei Degradierungen kommt nicht § 57 Abs. II Satz 1 Ziff. 3, sondern Ziff. 1 in Betracht — vgl. § 43 WDO.

kannten Praxis des „Hinwegbeförderns" scheint das etwas bedenklich. Motiv für den Mangel dürfte das Bestreben nach der Besetzung der Kammer mit stets einem gleichrangigen Beisitzer sein[70] und damit im Grunde ein Schutz für den Beschuldigten im Disziplinarverfahren oder hier für den Beschwerdeführer. Die Kehrseite der Regelung, nämlich die nun denkbar werdende Einflußnahme der vollziehenden Gewalt auf die Zusammensetzung des Gerichts, wird vom Gesetzgeber übersehen worden sein[71].

Doch gelangt man in diesem Fall zu einem vertretbaren Ergebnis, wenn man § 57 Abs. II Satz 2 WDO für entsprechend anwendbar anerkennt[72, 73]. Auch dürfte der mittelbare Schutz über den Strafrichter nach § 37 WStG[74] und ferner die Möglichkeit zur Verfassungsbeschwerde nach § 90 BVerfGG i. V. mit Art. 101 GG nicht gänzlich ohne Bedeutung sein[75, 76].

Den zweiten Ansatzpunkt zur Kritik sehen *Obermayer* und *Salzmann* bei dem Fehlen der von ihnen so genannten „subjektiven Gewaltentrennung"[77]. Da die beiden Beisitzer Soldaten seien, fehle es ihnen an der notwendigen inneren Distanz zur vollziehenden Gewalt, um ein Richteramt ausüben zu können. Salzmann weist in diesem Zu-

---

[70] Vgl. § 55 Abs. II WDO i. V. mit § 18 Abs. I WBO.
[71] Zudem bliebe das an sich billigenswerte Motiv des Gesetzgebers de facto auch dann berücksichtigt, wenn der Beförderte noch in seinem Beisitzeramt verbliebe. Denn er hat regelmäßig eine beträchtliche Zeit in dem niedrigeren Dienstgrad verbracht, die ihm gewiß noch nicht aus der Erinnerung entschwunden sein wird.
[72] Andernfalls müßte man allerdings mit BVerfGE 14/56 (71 f.) die Nichtigkeit des § 57 Abs. II Satz 1 Ziff. 3 WDO annehmen.
[73] § 44 Abs. II DRiG greift hier nicht ein — vgl. *Schmidt-Räntsch* Rdnr. 10 zu § 44 DRiG.
[74] *Salzmann* S. 124 meint, § 37 WStG käme hier nicht in Betracht, da er unmittelbare Beeinflussung voraussetze. Das überzeugt nach dem Wortlaut dieses Paragraphen nicht! Vgl. auch *Dreher-Lackner-Schwalm* Rdnr. 6, 7 zu § 37 WStG.
[75] Entsprechende Gesichtspunkte treten in BayVGHE NF 7/II/21 (35 ff.) stark in den Vordergrund. Die dort entwickelten Gedanken müssen auch für den ebenfalls nicht ganz unbedenklichen § 57 Abs. I WDO Geltung beanspruchen. Denn auch dort ist der Exekutive nur eine gering abgesicherte Möglichkeit zur Einwirkung auf die Gerichtsbesetzung gegeben: ihr steht die Entscheidung über die Einleitung eines Disziplinarverfahrens wie über die vorläufige Dienstentbindung zu.
[76] Unbedenklich jedenfalls in Hinsicht auf eine etwaige Verfassungswidrigkeit scheint die Besetzung der Truppendienstkammern auch *Lerche* GR IV/1 S. 521 mit Fußn. 260 und *Bettermann* GR III/2 S. 604, S. 639; nicht ganz eindeutig ist die Stellungnahme von *Ule* in GRSold S. 123 ff. — Auch aus BVerfGE 4/331 (343 ff.) dürften sich keine so weit gehenden Folgerungen herleiten lassen. Vgl. dazu ferner die recht vorsichtigen Formulierungen in dem wesentlich krasseren Falle BVerfGE 6/55 (62 f.).
[77] *Obermayer* DVBl. 57/267 f.; *Salzmann* S. 124 f.

sammenhang auf einen Beschluß des OVG Münster hin[78], nach dem Soldaten nicht ehrenamtliche Mitglieder eines allgemeinen Verwaltungsgerichts sein können; denn sie ständen in einem besonderen Abhängigkeitsverhältnis zum Staat, und jede Einflußnahme von staatlicher Seite auf die Rechtsprechung der Verwaltungsgerichte müsse verhindert werden.

Auch diese Bedenken können jedenfalls in ihrem vollen Umfang nicht als berechtigt anerkannt werden. Bereits aus der Ermächtigungsnorm des Art. 96a Abs. IV GG, die eine Errichtung von Bundesdienstgerichten für Dienststrafverfahren gegen Soldaten und für Verfahren über Beschwerden von Soldaten erst ermöglichte, läßt sich auf die Zulässigkeit einer Heranziehung von Soldaten als Beisitzern schließen. Die Errichtung von derartigen Sonderverwaltungsgerichten wäre nur wenig sinnvoll, wenn an ihrer Spruchtätigkeit nicht auch Soldaten als Sachkenner der zu beurteilenden Materie beteiligt werden könnten.

Das wollen allerdings wohl auch *Obermayer* und *Salzmann* anerkennen, da sie die Wehrdienstsenate im Gegensatz zu den Truppendienstkammern als Gerichte betrachten, weil bei ersteren nämlich die Berufsrichter Stimmenmehrheit hätten. Jedoch kann einer derartigen Argumentation nicht gefolgt werden[79]. Gewiß ist zwar grundsätzlich eine graduelle Abstufung von Bedenken ihrem Gewicht nach möglich, aber nicht hier und nicht in dieser Weise. Ist man der Ansicht, daß die Besetzung eines Kollegiums nicht ausreicht, um es als Gericht zu qualifizieren, weil einigen der Mitglieder die Richterqualität im weitesten Sinne fehlt, dann muß diese Ansicht auf alle Spruchkörper ausgedehnt werden, in denen auch nur ein Mitglied den gestellten Anforderungen nicht genügt. Hier läßt sich nicht mit Mehrheit oder Minderheit argumentieren[80]. Das zeigt sich schon daran, daß sonst eine Richterablehnung wegen Befangenheit nur in den Fällen rechtens sein könnte, in denen die befangenen Richter die Mehrheit des Kollegiums stellen[81, 82].

---

[78] In DÖV 57/214 = DVBl. 57/324. Die Frage ist für die allgemeine Verwaltungsgerichtsbarkeit jetzt durch § 22 Ziff. 4 VwGO im Sinne des Beschlusses gesetzlich geregelt.

[79] Die weiteren Erwägungen der Kritik, daß im Falle der Zulässigkeit einer Revision auch den Truppendienstkammern Gerichtsqualität eigen sein könnte, da es auf den Rechtsweg als ganzen ankomme, sind bereits mit BVerfGE 10/200 (218) abzulehnen.

[80] Insoweit erweist sich auch die Berufung Salzmanns auf den soeben erwähnten Beschluß des OVG Münster als verfehlt. Denn dort wie auch in § 22 Ziff. 4 VwGO werden Berufssoldaten als Laienrichter generell ausgeschlossen.

[81] Die jüngst in BVerfGE 18/241 (256) entwickelten Grundsätze dürften allerdings zu einigen Bedenken Anlaß geben, wenn man sie auch im Wehrrecht vorbehaltlos anzuwenden hätte. Doch wird man hier von Fall zu Fall entscheiden müssen, ob das Verhältnis des einzelnen Richters in Bezug auf die zu beurteilende Materie gegebenenfalls „zu nahe" und daher ein Ausschluß

Im übrigen darf auch nicht das individualschonende Element übersehen werden, das durch die Heranziehung von militärischen Beisitzern in das Verfahren hineingetragen wird[83]. Insbesondere der dem Beschwerdeführer ranggleiche „berufene Kenner des soldatischen Lebens"[84] wird sich aus seiner eigenen Sicht heraus in die Lage des Antragstellers hineinversetzen können. Das aber wird sich regelmäßig nur zugunsten des letzteren auswirken. Beachtenswert ist in diesem Zusammenhang noch die Diskussion um die Einrichtung besonderer Wehrstrafgerichte bereits in Friedenszeiten[85]. Auch dort ist einer der gewichtigsten Gründe der Befürworter, aus mangelnder Sachkenntnis heraus spreche der Zivilrichter und seine Schöffen nicht selten verhältnismäßig hart erscheinende Urteile aus.

Endlich mag noch hervorgehoben werden, daß es sich bei der Entscheidung der Wehrdienstgerichte in Beschwerdesachen zwar nicht um die Ausübung von Disziplinargerichtsbarkeit im engeren Sinne handelt, wohl aber um Rechtsprechung in Angelegenheiten, die mit dieser in naher Verbindung stehen. Das wird besonders auch durch die Bestimmung des § 19 Abs. II WBO deutlich, auf die schon in anderen Zusammenhängen eingegangen wurde.

2. Kritik an dem Verfahren und eigene Stellungnahme

Die weiteren gegen die Wehrdienstgerichtsbarkeit vorgebrachten Bedenken richten sich gegen das von ihr zu beachtende Verfahren. Sie sind schon deswegen von nur geringerer Bedeutung, weil sie mehr rechtspolitischer als verfassungsrechtlicher Natur sind[86].

Verschiedentlich wird angegriffen[87], daß die Verhandlung im Grundsatz schriftlich und nicht-öffentlich ist[88]. Besonders *Ule*[89] weist auf die

---

wegen Befangenheit gerechtfertigt ist. Dazu aber vgl. insbesondere BDHE 6/47 und ferner BDH (WDS) NZWehrR 65/79.

[82] Zum ganzen vgl. auch *Lerche* GR IV/1 S. 521 mit Fußn. 260, der zu Recht unter Berufung auf *Bettermann* GR III/2 S. 640 f. feststellt, es komme nicht auf eine Mehrheit von Berufsrichtern, sondern nur darauf an, daß sich der Vorsitz in der Hand eines Berufsrichters befinde.

[83] Vgl. auch *Lerche* GR IV/1 S. 520 f. mit Fußn. 259.

[84] Amtliche Begründung zum EWDO in Drucksache BT 2. WP Nr. 2181 S. 52 zu § 55.

[85] Vgl. jüngst z. B. *Schirmer* NZWehrR 65/106 mit Nachweisen und die Nachweise aus etwas älterer Zeit bei *Lerche* GR IV/1 S. 520 Fußn. 285 f. Vgl. auch R. *Müller* NZWehrR 60/12 ff. (15).

[86] Gegen den Mangel im Instanzenzug und den Ausschluß der Öffentlichkeit bestehen nach BVerfGE 4/74 (94, 95) keine Bedenken verfassungsrechtlicher Art. Ebenso *Bettermann* GR III/2 S. 809 f.

[87] *Salzmann* S. 141 f.; *Lerche* GR IV/1 S. 521 f.; *Barth* GRSold S. 148.

[88] *Barth* NZWehrR 65/97 hält es aus der Praxis heraus für Vorteilhaft, daß der Richter insoweit selbst über die Art des Verfahrens entscheidet.

große Bedeutung der Zulassung von Unbeteiligten, aber interessierten Personen hin. Man wird sich seinen Argumenten kaum verschließen können, wobei die Tatsache von besonderer Bedeutung scheint, daß die Wehrstrafgerichtsbarkeit seit 1898 ohne den generellen gesetzlichen Ausschluß der Öffentlichkeit ausgekommen ist. Was aber dort möglich ist, müßte sich auch im übrigen Wehrrecht verwirklichen lassen.

Als weiterer Mangel erscheint die generelle Beschränkung auf nur eine Instanz, die sich kaum durch eine zwingende Begründung rechtfertigen läßt[90]. Denn das zweistufige Vorverfahren vermag die Härten eines fehlenden gerichtlichen Instanzenzuges wohl etwas zu mildern, vermag sie aber nicht zu beseitigen. Vielleicht sollte man das militärinterne Verfahren auf eine Instanz beschränken, dafür dann aber Revision und Revisionszulassungsbeschwerde in die Regelungen der WBO aufnehmen[91]. Damit würde einmal eine Angleichung[92] an das Verfahren nach der VwGO erreicht und zum anderen auch die Bedenken *Ules*[93] ausgeräumt, der zu Recht hervorhebt, daß die Besetzung der Wehrdienstgerichte eine sachgemäße Entscheidung in besonders schwierigen Rechtsfragen nicht immer gewährleiste. Insoweit kann auch die allein vom guten Willen des Untergerichts abhängige Vorlagemöglichkeit nach § 18 Abs. IV WBO nicht ausreichen.

3. Ergebnis der Untersuchungen

Wie sich im Ergebnis zeigt, sind auch in Hinsicht auf die Wehrdienstgerichtsbarkeit nicht alle Regelungen „ab omni parte beatum". Ein Teil von ihnen scheint verbesserungsfähig — so bezüglich der Einführung von Mündlichkeit und Öffentlichkeit der Verhandlungen und die Zulassung von Rechtsmitteln. Ein Teil ist auch verbesserungsbedürftig — so bezüglich einer Widerspruchsmöglichkeit gegen das Erlöschen des Beisitzeramtes bei Beförderungen. Doch weder einzeln noch in ihrer Gesamtheit können die Bedenken ausreichen, um den Wehrdienstgerichten die Gerichtsqualität abzusprechen. Sie sind durchaus als echte

---

[89] In GRSold mit Nachweisen zur Entwicklung im Beamtendisziplinarrecht und im Wehrstrafrecht, GRSold S. 123 ff.
[90] Nach H. *Meyer* NZWehrR 59/23 mehrten sich bereits knappe zwei Jahre nach Inkrafttreten der WBO die Stimmen, „die jedenfalls für einen Teil der einschlägigen Fälle eine zweite gerichtliche Instanz fordern".
[91] Auch das Wehrpflichtgesetz vom 21. Juli 1956 enthielt ursprünglich nicht die Möglichkeit zur Revisionszulassungsbeschwerde. Nach heftig entbranntem Meinungsstreit (Nachweise in BVerwGE 7/66 (72 ff.)) ist durch § 192 VwGO für Streitigkeiten nach dem WPflG die Revisionszulassungsbeschwerde eingefügt worden (§ 34 Abs. III).
[92] Zum Gedanken der Angleichung an das allgemeine Verwaltungsprozeßrecht vgl. auch oben im 7. Kapitel S. 84 mit Fußn. 44.
[93] In GRSold S. 123 f.

Gerichte im Verfassungssinne anzuerkennen. Das aber scheint um so mehr hervorhebenswert, als weder im früheren deutschen noch irgendwo im ausländischen Recht den Soldaten eine ähnliche Möglichkeit gegeben wurde, über Rechtsbeeinträchtigungen durch die militärische Kommandogewalt die Entscheidung eines unabhängigen Gerichts herbeizuführen.

Neuntes Kapitel

Die Disziplinar- und die Verwaltungsbeschwerden

I. Disziplinarbeschwerden

Die bisherigen Ausführungen bezogen sich auf Beschwerden über unrichtige Behandlung von Vorgesetzten und über pflichtwidriges Verhalten von Kameraden. Will sich ein Soldat über eine gegen ihn verhängte Disziplinarstrafe beschweren, so wendet er sich im Grunde — wie schon einmal festgestellt — auch nur gegen eine vermeintlich unrichtige Behandlung durch seinen Disziplinarvorgesetzten. In diesem Fall sind jedoch einige Sonderregelungen zu beachten, die sich aus der Wehrdisziplinarordnung ergeben.

§ 30 WDO erklärt die Wehrbeschwerdeordnung auf Beschwerden gegen Disziplinarstrafen für unmittelbar anwendbar, wenn auch nach Maßgabe enumerativ bestimmter Ausnahmen. Im einzelnen entstehen dadurch nicht unbeträchtliche Lücken und Unklarheiten, auf die indessen zum Teil bereits in den bisherigen Untersuchungen eingegangen wurde. Zudem liegt über das Verhältnis von Wehrdisziplinar- und Wehrbeschwerdeordnung bereits eine ausführliche Arbeit vor[1], der kaum etwas hinzuzufügen ist. Aus diesen Gründen sollen die Regelungen der sogenannten Disziplinarbeschwerde hier nur in ihren wesentlichen Grundzügen wiedergegeben werden.

Die Disziplinarbeschwerde ist Rechtsmittel nur gegen „einfache" Disziplinarstrafen. Nach § 10 WDO sind hierunter diejenigen Strafen zu verstehen, die von Disziplinarvorgesetzten selbständig verhängt werden können. Ihr Gegenstück sind die Laufbahnstrafen nach § 43 WDO, zu deren Verhängung alleine die Wehrdienstgerichte befugt sind, und für deren Anfechtung nur die dafür in der WDO besonders vorgesehe-

---

[1] Von H. *Meyer* NZWehrR 59/18 ff. und S. 41 ff. Vgl. zur Problematik ferner auch *v. Mitzlaff* in TP 58/13 ff. und dessen Kommentierung zu § 30 WDO in *Baden-v. Mitzlaff* S. 188 ff.

nen Rechtsmittel in Betracht kommen. Gewissermaßen zwischen beiden Strafarten steht die Arreststrafe. Sie gilt zwar als einfache Disziplinarstrafe und unterliegt somit auch der Anfechtung durch Beschwerde nach § 30 WDO in Verbindung mit der WBO. Sie ist aber in Hinsicht auf Art. 104 Abs. II GG nur nach richterlicher Mitwirkung auszusprechen[2].

Trotz der nach dem Wortlaut des § 30 WDO unmittelbaren und nicht etwa entsprechenden oder sinngemäßen Anwendung der Wehrbeschwerdeordnung und den ausdrücklichen Sonderbestimmungen der Ziffern 1) bis 8) in § 30 WDO können nicht alle dort ungenannten Vorschriften der WBO gegebenenfalls herangezogen werden. Sie sind zum Teil auch aus dem Sinnzusammenhang der Disziplinarbeschwerde als einer Art Berufung mit dem geschlossenen Kreis des Dienststrafrechts als unanwendbar anzusehen. Dabei ist von nicht unwesentlicher Bedeutung, daß die WDO gegenüber der WBO lex posterior ist. Im Ergebnis sind nicht anzuwenden[3]: § 1 Abs. II, Abs. III; § 3; § 4; § 8 Abs. II; § 9; § 12 Abs. III Satz 2; § 13 Abs. I[4]; § 16 Abs. III[5]; § 17; § 18 Abs. III; § 19; § 20; § 22 WBO.

Der Beschwerdezug weicht bei der Disziplinarbeschwerde ganz erheblich von den Grundregeln der WBO ab, eine Tatsache, die nach Heinrich Meyer[6] für den juristischen Laien „unverhältnismäßig schwer zu erkennen" ist und in der Praxis „immer wieder zu Fehlern" führt.

Nach Erteilung eines Bescheides zur Erstbeschwerde ist die weitere Beschwerde sogleich an das Wehrdienstgericht[7] zu adressieren, die zweite Stufe des militärinternen Vorverfahrens entfällt (§ 30 Ziff. 6 WDO)[8]. Weil bereits über die weitere Beschwerde allein die Wehrdienstgerichte entscheiden können, ist auch kein Raum für die Sprungbeschwerde oder Wahlklage. Bei Beschwerden gegen Arreststrafen entfällt nach § 30 Ziff. 3 Satz 1 WDO das militärinterne Vorverfahren ganz, es ist unmittelbar Antrag auf Entscheidung des Wehrdienstgerichtes zu stellen. Das führt zwar zu einer erheblichen Verkürzung des ursprüng-

---

[2] Vgl. § 10 Abs. I Ziff. 6, § 15, § 28 WDO.
[3] Weitgehend in Übereinstimmung mit H. Meyer NZWehrR 59/20 und Baden-v. Mitzlaff S. 188 f. Dort auch Begründung zum Ausschluß einzelner Paragraphen, wenn dieses zweifelhaft sein könnte.
[4] Inwiefern § 13 Abs. II, Abs. III WBO „gegenstandslos" sein sollen (so Baden-v. Mitzlaff S. 189) will nicht einleuchten.
[5] Nicht Abs. II, wie H. Meyer ebenda meint. Die Untätigkeitsbeschwerde bleibt denkbar und zulässig.
[6] In NZWehrR 59/20.
[7] Nicht stets an das „Truppendienstgericht"; vgl. § 30 Ziff. 6 i. V. mit Ziff. 3 Satz 2 WDO.
[8] Vgl. hierzu auch oben im 7. Kapitel S. 85 mit Hinweisen auf die Rechtsprechung in Fußn. 46.

lich gedachten Instanzenzuges, da ja die Entscheidungen der Wehrdienstgerichte stets endgültig sind. Doch scheint diese Regelung jedenfalls in Bezug auf die Ausschaltung des Vorverfahrens sinnvoll. Denn bereits bei der Verhängung der Arreststrafe hatte ein Richter mitgewirkt.

In Abweichung von den Grundsätzen der WBO (§ 3, § 17 Abs. VI) hat die Disziplinarbeschwerde Suspensiveffekt (§ 30 Ziff. 1 WDO). Doch auch das gilt nicht generell. Aufschiebende Wirkung besteht nur dann, wenn die Beschwerde vor Vollstreckungsbeginn eingelegt wurde. Nach § 33 WDO ist dem Bestraften vor der Vollstreckung ausreichende Gelegenheit zur Beschwerde zu geben. Die weitere Beschwerde hemmt die Vollstreckung nicht mehr[9].

In einigen Bestimmungen wird die Angleichung der Disziplinarbeschwerde an die Berufung innerhalb eines gerichtlichen Verfahrens deutlich. Entscheidungen über Disziplinarbeschwerden dürfen die Strafe nicht verschärfen (§ 30 Ziff. 4 WDO). Die angefochtene Entscheidung unterliegt der gerichtlichen Nachprüfung in vollem Umfang, also im Gegensatz zum beschwerdegerichtlichen Nachprüfungsverfahren der WBO auch hinsichtlich ihrer Zweckmäßigkeit (§ 30 Ziff. 3 Satz 3, Ziff. 6 Satz 2 WDO)[10]. Im Gegensatz zur WBO trifft hier das Gericht auch die in der Sache erforderliche Entscheidung (§ 30 Ziff. 3 Satz 3, Ziff. 6 Satz 2 WDO) und kann damit auch eine neue Disziplinarstrafe verhängen (vgl. § 30 Ziff. 5 WDO).

Abschließend zur Disziplinarbeschwerde bedarf es in gewissem Sinne noch einer Korrektur früher gemachter Ausführungen[11]. In Abweichung von der herrschenden Meinung wurde die Ansicht vertreten, daß Beschwerden aufgrund von § 15 WBO nur von Soldaten, nicht aber mehr von bereits entlassenen Soldaten eingelegt werden können. Letztere sind auf die Vorschriften des allgemeinen Verwaltungsrechts angewiesen.

Für Disziplinarangelegenheiten rechtfertigt sich hiervon nun eine Ausnahme. Während alle in Betracht kommenden Sachen nicht dienststrafrechtlicher Art jedenfalls im Grundsatz auch allgemein-verwaltungsgerichtlicher Beurteilung zugänglich sind[12] — im Beamtenrecht

---

[9] Darüberhinaus bestehen noch Ausnahmeregelungen nach § 40 Abs. II WDO bei unmittelbar bevorstehender Entlassung und nach § 28 Abs. V WDO bei Bestrafung auf hoher See — jeweils für Arreststrafen.
[10] Vgl. dazu BDH (WDS) NZWehrR 60/131 und H. *Meyer* NZWehrR 59/23 sowie *Baden-v. Mitzlaff* S. 195.
[11] Siehe im 5. Kapitel S. 58, insbesondere S. 59 mit Fußn. 15.
[12] Dem vermag konsequenterweise auch die h. M. nicht zu widersprechen, die darauf abstellen will, ob der Beschwerdeführer noch während seiner Dienstzeit von dem Beschwerdeanlaß Kenntnis erhielt und damit die Antragsfrist in Lauf setzte.

8 Oetting

können in den vergleichbaren Fällen von vornherein nur die allgemeinen Verwaltungsgerichte angerufen werden —, ist es in Hinsicht auf Disziplinarstrafen anders[13]. Das Dienststrafrecht ist ein in sich geschlossenes Rechtsgebiet. Seine Anwendung auch durch allgemeine Verwaltungsgerichte für möglich zu halten, scheint ausgeschlossen, zumindest aber mit Bezug auf die Wahrung einer einheitlichen Rechtsprechung äußerst unzweckmäßig. Daher muß bei Disziplinarbeschwerden die WBO mit dem Gerichtsweg zum Wehrdienstgericht für *stets* anwendbar angesehen werden.

II. Verwaltungsbeschwerden

Als vierte und letzte der nach der WBO zu behandelnden Beschwerden wurde die Verwaltungsbeschwerde genannt. Zu ihrer Abgrenzung von der truppendienstlichen Wehrbeschwerde und dem Begriff der Verwaltungsangelegenheiten wurde bereits oben[14] Stellung genommen[15].

Ergänzend muß hinzugefügt werden, daß § 22 WBO nur insoweit Anwendung findet, als nach den Vorschriften der VwGO für die Erhebung einer Klage ein Vorverfahren erforderlich ist. Denn nichts anderes besagt der Wortlaut des § 22 Abs. I WBO, nach dem das Beschwerdeverfahren an die Stelle des Vorverfahrens tritt. Maßgebend ist insoweit § 68 Abs. I Satz 1 und Abs. II VwGO. Eine dem § 126 BRRG entsprechende Regelung, die ein Vorverfahren für *alle* verwaltungsgerichtlichen Klagen notwendig macht, fehlt im Wehrrecht. Das bedeutet allerdings nicht, daß ein vermeintlich beschwerter Soldat nicht auch sonst Beschwerde in Verwaltungsangelegenheiten einlegen *könnte*; in die entstehende Lücke tritt die Generalklausel des § 1 WBO ein. Nur muß er sich dann nach den Grundregeln der WBO richten und nicht nach den Sonderbestimmungen des § 22 WBO. Den Lauf der Klagefrist

---

[13] Zu dieser Zweigleisigkeit der Rechtsprechung der Wehrdienstgerichte vgl. insbesondere auch *Ule* VVDStRL 15/174 f.

[14] Im 3. Kapitel S. 36 und S. 42. Nach dem Erlaß in VMBl. 60/204 sind Verwaltungsangelegenheiten „insbesondere . . . Anträge und Beschwerden betreffend Dienst- und Versorgungsbezüge, Geld- und Sachbezüge nach dem Wehrsoldgesetz, Zulagen, Aufwandsentschädigungen, Beihilfen, Unterstützungen, Vorschüsse, Hausratsdarlehen, Wohnungsfürsorge, Wohnungs- und Heizkostenzuschüsse, Mietbeihilfen, Reise- und Umzugskostenvergütungen sowie Aufrechnungs- und Leistungsbescheide". Ergänzend sei auf das 3. Kapitel der Arbeit a. a. O. verwiesen.

[15] Zu Sonderfragen hinsichtlich von Truppenverwaltungsangelegenheiten vgl. den soeben erwähnten Erlaß unter Ziff. 3 sowie (ausführlich!) *Fuchs* BWV 62/357 ff. mit weiteren Nachweisen. Zur Problematik bei Entlassungen siehe oben im 5. Kapitel S. 60. („Statusbeschwerden" bzw. „-klagen").

nach § 74 Abs. I Satz 2 VwGO würde eine solche Beschwerde nicht hemmen.

Aus § 22 WBO ergeben sich folgende Abweichungen: Die Wehrbeschwerde kann bei zwei verschiedenen Stellen eingelegt werden, nämlich bei der für die Entscheidung zuständigen Stelle (§ 5 Abs. I Satz 2 WBO) sowie stets auch bei dem nächsten Disziplinarvorgesetzten (§ 5 Abs. I Satz 1 WBO). Darüber hinaus kann die Verwaltungsbeschwerde nach § 22 Abs. II WBO auch noch bei derjenigen Stelle eingelegt werden, deren Entscheidung angefochten wird. Hält diese die Beschwerde für begründet, so hilft sie ihr ab. Andernfalls ist die Beschwerde von Amts wegen an die nächsthöhere Dienststelle (§ 9 Abs. I Satz 2 WBO) weiterzuleiten, die dann wie bei der Wehrbeschwerde zu entscheiden hat. Damit wurde hier die gleiche Regelung wie für das Widerspruchsverfahren nach §§ 70 Abs. I, 72, 73 Abs. I VwGO getroffen. Der Devolutiveffekt ist gleichsam verkümmert.

Nach § 22 Abs. III WBO gilt auch in Hinsicht auf unmittelbar vom Bundesminister der Verteidigung ausgehende Hoheitsakte eine Sonderregelung. Sie können nicht wie Maßnahmen im truppendienstlichen Bereich nach § 21 WBO sofort, das heißt ohne Vorverfahren angefochten werden. Vielmehr ist zunächst eine Beschwerde einzulegen. Das entspricht § 126 Abs. III Ziff. 1 BRRG[16]. Wird der Minister aber erst aufgrund einer Beschwerde gegen den Hoheitsakt einer nachgeordneten Dienststelle tätig, so kann nach § 22 Abs. III Satz 2 WBO hiergegen unmittelbar Klage erhoben werden. Im Ergebnis ist bei Verwaltungsangelegenheiten (§ 22 Abs. I WBO) also zumindest immer einmal eine Beschwerde einzulegen, damit die gerichtliche Klage zulässig wird.

Umstritten ist die Frage, ob die verwaltungsgerichtliche Anfechtungsklage aus dem Soldatenverhältnis aufschiebende Wirkung hat[17]. Für die Verwaltungsbeschwerde selbst ist der Suspensiveffekt durch § 3 und § 16 Abs. IV in Verbindung mit § 22 Abs. I WBO ohne Zweifel ausgeschlossen. Für den Antrag auf wehrdienstgerichtliche Entscheidung gilt ebenso eindeutig nach § 17 Abs. VI Satz 1 WBO dasselbe. Für die Erhebung einer verwaltungsgerichtlichen Klage fehlt indessen eine entsprechend ausdrückliche Bestimmung. Hinzu kommt, daß § 80 Abs. I VwGO sowohl für das Vorverfahren als auch für die Anfechtungsklage gleichermaßen Suspensiveffekt gewährt, in § 80 Abs. II Ziff. 3 VwGO

---

[16] Zur insoweit vergleichenden Gegenüberstellung von WBO, VwGO und BRRG siehe oben im 7. Kapitel S. 91 Fußn. 71.
[17] Von den ausführlichen Stellungnahmen *gegen* aufschiebende Wirkung: OVG Münster in OVGE 13/55 f; *Hueber* BWV 64/151. f. *Für* aufschiebende Wirkung: LVG Köln in NZWehrR 59/116 f.; OVG Münster BWV 65/162 ff. (Beschluß vom 2. 7. 1964, Az. VI B 38/64).

jedoch Abweichungen aufgrund bundesgesetzlicher Regelung zugelassen werden.

Zum Teil wird nun gerade aus dem Schweigen des Gesetzes in Verbindung mit § 22 Abs. IV WBO und unter Hinweis auf § 80 Abs. V VwGO auf das Fehlen des Suspensiveffekts geschlossen. Denn „ohne jede Einschränkung, ohne irgendeinen Hinweis auf die Notwendigkeit einer vorherigen Verfügung der sofortigen Vollziehbarkeit nach dem Erlaß des Bescheides über die weitere Beschwerde wird die Anordnung der aufschiebenden Wirkung genannt"[18]. Dem ist jedoch mit dem OVG Münster[19] entgegenzusetzen, daß diese Vorschrift aus ihrer Zeit heraus verstanden werden muß. Vor Inkrafttreten der Verwaltungsgerichtsordnung (§ 80 Abs. V Satz 2 VwGO!) konnten die Verwaltungsgerichte erst *nach* Erhebung der Klage die Aussetzung der Vollziehung von Verwaltungsakten anordnen. Insoweit bewirkte die schon 1956 in Kraft getretene Wehrbeschwerdeordnung eine Änderung, jedoch nur insoweit, für die Zeit nach Klageerhebung bedeutet § 22 Abs. IV WBO nichts. § 80 Abs. I VwGO bleibt hinsichtlich der Klage unberührt.

Zudem muß berücksichtigt werden, daß die WBO für die Beschwerde eine eindeutige Regelung trifft. Auch dort, wo das interne Verfahren bei dem Antrag nach § 17 WBO in ein gerichtliches Verfahren übergeht, ist in § 17 Abs. VI Satz 1 WBO für das Verfahren vor dem Wehrdienstgericht der Suspensiveffekt ausdrücklich ausgeschlossen. Hätte für die Erhebung der verwaltungsgerichtlichen Klage dasselbe gelten sollen, so hätte das in § 22 Abs. IV WBO, der im übrigen dem § 17 Abs. VI WBO inhaltlich nahezu gleicht, ebenso unzweifelhaft klar zum Ausdruck gebracht werden müssen. Damit ist festzustellen, daß wohl bei der Verwaltungsbeschwerde, nicht aber bei der Klage vor dem Verwaltungsgericht die hemmende Wirkung von Gesetzes wegen fehlt. Sie kann aber durch eine Anordnung nach § 80 Abs. II Ziff. 4 VwGO besonders ausgeschlossen werden.

---

[18] So *Hueber* BWV 64/151 f.
[19] In BWV 65/164.

Dritter Abschnitt

Das Petitionsrecht

Zehntes Kapitel

Das Beschwerderecht nach Art. 17 GG

Das Grundgesetz garantiert in Art. 17 jedermann das Recht, sich mit Beschwerden an die zuständigen Stellen und an die Volksvertretung zu wenden. Im folgenden soll untersucht werden, welche Geltung diesem Grundrecht im Wehrdienstverhältnis zukommt und insbesondere, wie sich das Petitionsrecht und die Beschwerde nach der Wehrbeschwerdeordnung zueinander verhalten.

Im Rahmen der vorliegenden Arbeit sind dabei nur die sogenannten echten oder dienstlichen Petitionen[1] von Interesse. Beschwerden, die in keinerlei Zusammenhang mit der soldatischen Dienstausübung stehen, sollen daher unberücksichtigt bleiben; denn insoweit steht der Soldat heute unzweifelhaft jedem anderen Staatsbürger gleich.

I. Grundrechte und militärisches Gewaltverhältnis

1. Ausgangspunkt: Der Staatsbürger in Uniform

In historischer Sicht ist dem Soldaten die Berufung auf das Petitionsrecht wie auch auf andere Grundrechte stets nur mit Vorbehalten möglich gewesen. So bestimmte zum Beispiel Art. 39 der preußischen Verfassung von 1850, daß das in Art. 32 enthaltene Petitionsrecht auf das Heer nur insoweit Anwendung finde, „als die militärischen Gesetze und Disziplinarvorschriften nicht entgegenstehen"[2]. Die vorgegebene militärische Ordnung bewirkte also durch den „Vorrang soldatischer Disziplin vor bürgerlicher Freiheit"[3] eine praktisch erhebliche Minderung

---

[1] Die Unterscheidung zwischen echten dienstlichen Petitionen und unechten entstammt dem Beamtenrecht. Vgl. statt vieler *Dürig* in Maunz-Dürig Rdnr. 31 zu Art. 17 GG und *Plog-Wiedow* Rdnr. 6 zu § 171 BBG.

[2] Ebenso in den anderen deutschen Landesverfassungen dieser Zeit (vgl. *Eitel* S. 141) und unter der Reichsverfassung von 1871 (vgl. *Hatschek* I/252.).

[3] *Köttgen* GRSold. S. 53.

des Rechts. Ähnliches galt auch in der Weimarer Zeit unter dem generalisierenden Vorbehalt des Art. 133 Abs. II WRV in Verbindung mit dem Reichswehrgesetz vom 23. 3. 1921.

Dem traditionellen Dualismus zwischen Bürger und Soldat lag die Auffassung zu Grunde, daß die persönliche Rechtsstellung des Soldaten einer Eigendynamik der Armee unterläge. Nur dort, wo militärisch begründete Notwendigkeit nicht eingriff, konnte der Soldat dem Bürger rechtlich gleichgestellt sein. Die an die Adresse des Bürgers gerichteten Grundrechte konnten damit im allgemeinen nicht für den Soldaten Geltung beanspruchen, da sie ihre innere und unbestimmte Grenze an den Wehrgesetzen und Dienstvorschriften fanden[4].

Die „Rückkehr des zeitweilig von der verfassungsrechtlichen Bühne verbannten Soldaten"[5] nach dem zweiten Weltkrieg stand unter dem Zeichen des „Staatsbürgers in Uniform". In bewußter Abkehr von allen hergebrachten Anschauungen[6], die dem Angehörigen der bewaffneten Macht noch bis in die Zeit des Nationalsozialismus hinein eine rechtlich und gesellschaftlich betonte Exklusivität einräumten, wurde ein neues Soldatenbild entworfen. Mögen auch die diesem Leitbild zugrundeliegenden Gedanken nicht ganz so neu sein, wie es allenthalben dargestellt wird[7], so ist doch die teils mehr und teils wohl auch weniger geglückte Umsetzung dieser Gedanken in politische Wirklichkeit als bedeutsame Neuerung anzusehen. Es können allenfalls noch Vergleiche zu den Reformversuchen von Scharnhorst, Gneisenau und Boyen und — wenn auch unter völlig veränderten Vorzeichen[8] — zu denen des Nationalsozialismus gezogen werden.

Die Bestrebungen, mit allen in Betracht kommenden Statusausprägungen der Vergangenheit zu brechen, mußten notwendigerweise dazu führen, einen neuen und möglichst fest umrissenen Sonderstatus zu schaffen. Das dabei als Formel gefundene Wort vom Staatsbürger in Uniform[9] erwies sich allerdings oberflächlich betrachtet als etwas irre-

---

[4] Vgl. hierzu die Äußerungen des Abgeordneten *Mellies* in Sten. Ber. BT 2. WP 132. Sitzung vom 6. 3. 1956. S. 6847, der die Abkehr von dieser Grundanschauung hervorhebt.

[5] *Köttgen* GRSold. S. 48.

[6] In diesem Zusammenhang sei schon darauf hingewiesen, daß eine dem Art. 33 Abs. V GG entsprechende Regelung trotz der Ähnlichkeit der Verhältnisse für den Soldaten nicht eingefügt wurde. Siehe hierzu auch *Mann* DÖV 60/409 mit Fußn. 7 und *Dürig* in Maunz-Dürig Rdnr. 4 zu Art. 17 a GG.

[7] Vgl. hierzu besonders die kritischen Untersuchungen von *Karst* S. 78 ff.

[8] Vgl. *Picht* passim ab S. 165. So z. B.: Mit der Einordnung des Soldaten in die Totalität des Politischen ist der „cittadino soldato" geschaffen, der Bürger, der zugleich sein Leben lang Soldat ist (a. a. O. S. 165).

[9] Vgl. hierzu auch oben im 2. Kapitel S. 33 mit Fußn. 70.

führend — verleitet es doch auf die Rechtsstellung des Soldaten bezogen zu einer generellen gedanklichen Gleichsetzung von Bürger und Soldat. Aber auch der Soldat der Bundeswehr bleibt aus militärischer Notwendigkeit heraus noch eine „Besonderung bürgerlicher Existenz"[10]. Mit seiner Einberufung tritt er in ein besonderes Gewalt- und Pflichtverhältnis, das unzweifelhaft dem allgemeinen Gewalt- und Pflichtverhältnis des „friedlichen Bürgers" nicht entspricht.

Doch trotz eines somit nach wie vor bestehenden Sonderverhältnisses hat sich die Rechtsposition des Soldaten entscheidend verändert. Unter dem Leitbild des Staatsbürgers in Uniform wurde eine bedeutsame Akzentverschiebung vorgenommen. Denn die graduelle Frage, ob die Statusänderung vom Bürger zum Soldaten „total" sein soll oder ob die wesentlichen Merkmale des Bürgerstatus auch dem Soldaten verbleiben sollen, ist verfassungspolitisch gegen einen totalen Statuswechsel und für das Weiterwirken des Bürgerstatus im Soldatenstatus entschieden worden[11]. Beherrschender Faktor ist nicht mehr eine militärisch bedingte Eigengesetzlichkeit, die eine Berufung auf die allgemeinen staatsbürgerlichen Rechte nur in stark beschränktem und weiter beschränkbarem Umfange dort zuläßt, wo diese Eigengesetzlichkeit Lükken enthält. Im Vordergrund bleibt vielmehr die volle Staatsbürgereigenschaft des Soldaten bestehen, wenn sie auch in festen Grenzen einer Modifizierung zugänglich gemacht ist. Am klarsten wird dies in der — allerdings nur deklaratorischen — Formulierung des § 6 SG ausgesprochen: „Der Soldat hat die gleichen staatsbürgerlichen Rechte wie jeder andere Staatsbürger. Seine Rechte werden im Rahmen der Erfordernisse des militärischen Dienstes durch seine gesetzlich begründeten Pflichten beschränkt."

Der Leitgedanke der neuen Wehrkonzeption wird jedoch auch im Grundgesetz an verschiedenen Stellen deutlich, indem die Verfassung die Grundrechtsgeltung für das militärische Gewaltverhältnis hervorhebt. Der Wehrgesetzgeber hat ihm bei der Novellierung von 1956 in Art. 1 Abs. III GG dadurch Rechnung getragen, daß er das Wort „Verwaltung" durch „vollziehende Gewalt" ersetzte; mit dieser Klarstellung sollte jedem eventuellen Streit um die Gebundenheit der Armee vorgebeugt werden[12]. Besondere Bedeutung gewinnt der ebenfalls 1956 eingefügte Art. 17a GG, der die zusätzliche Einschränkbarkeit bestimmter Grundrechte im Wehrdienstverhältnis zuläßt; für einschränkbar

---

[10] *Köttgen* GRSold S. 56.
[11] Nach *Dürig* in Maunz-Dürig Rdnr. 4 zu Art. 17 a GG.
[12] Vgl. *Dürig* in Maunz-Dürig Rdnr. 4 zu Art. 17 a GG; *Willms* S. 9; *Lerche* GR IV/1 S. 456; vgl. auch die Ausführungen des Rechtsausschusses in Drucksache BT 2. WP Nr. 2150.

kann nur erklärt werden, was grundsätzlich zugestanden ist[13]. Hierauf wird im folgenden noch näher einzugehen sein. — Endlich ist auf Art. 45b GG hinzuweisen, nach dem Aufgabe des Wehrbeauftragten der Schutz der Grundrechte im Wehrdienstverhältnis ist.

Doch auch von einem Ausgangspunkt her, auf dem der Soldat dem Normalbürger gleichgestellt ist, zwingen sich aus Wesen und Zweck einer Armee ergebende Notwendigkeiten zu einer Einschränkung dieser Rechtsposition[14]. Eine gewisse Eigenart der vom Grundgesetz anerkannten Institution Wehrdienstverhältnis ist auch heute keineswegs zu leugnen. Nur liegt die Betonung bei der Rechtsstellung des Soldaten im Gegensatz zu früher jetzt auf der vollen Staatsbürgereigenschaft. Die Einschränkungen treten hinter dieser entscheidend zurück. Das ist zu berücksichtigen, wenn man die Grenzen abzustecken versucht, in denen die Verfassung für den Soldaten die Beschränkung der Grundrechtsausübung zuläßt.

2. Einschränkbarkeit von Grundrechten im Wehrdienstverhältnis unter besonderer Berücksichtigung des Art. 17 GG

Für das hier vornehmlich interessierende Petitionsrecht ist eine Beschränkungsmöglichkeit ausdrücklich in Art. 17a GG enthalten. Danach können Gesetze über den Wehrdienst bestimmen, daß für Angehörige der Streitkräfte unter anderem das Petitionsrecht eingeschränkt wird, soweit es das Recht gewährt, Bitten und Beschwerden in Gemeinschaft mit anderen vorzubringen. Von dieser Möglichkeit hat der Gesetzgeber in § 1 Abs. IV WBO Gebrauch gemacht. Gemeinschaftliche Beschwerden im Sinne der Wehrbeschwerdeordnung sind damit ausgeschlossen.

Ob darüber hinaus weitere Beschränkungen gegeben oder zulässig sind, bedarf einer näheren Untersuchung.

a) Bedeutung des Art. 17a GG

Lehre und Rechtsprechung haben für die sogenannten besonderen Gewaltverhältnisse das Bestehen von besonderen den Grundrechten immanenten Schranken anerkannt. Obgleich nicht zu leugnen ist, daß sich der Soldat und zum Beispiel der Beamte in einem zumindest sehr ähnlichen Verhältnis gegenüber dem Staat befinden und gerade bei letzterem die grundrechtsimmanenten Schranken für die Bestimmung

---

[13] Dem Sinne nach ebenso *Dürig* in Maunz-Dürig Rdnr. 7, 8 zu Art. 17 a GG; v. *Mangoldt-Klein* S. 514; *Mercker* S. 4.
[14] Zu diesen Notwendigkeiten eingehender *Mann* DÖV 60/409 f.

dieses Verhältnisses von hervorragender Bedeutung sind, muß hier doch unterschieden werden.

Während dem Beamten in Art. 33 Abs. V GG die hergebrachten Grundsätze des Berufsbeamtentums bestätigt werden, fehlt für den Soldaten eine entsprechende Verfassungsnorm. Das ist bemerkenswert, zumal in bezug auf Grundrechtsschranken im Beamtenverhältnis Art. 33 Abs. V GG eine gewisse Bedeutung sicher nicht abzusprechen ist. Andererseits wieder ist ausschließlich für Angehörige der Streitkräfte der Art. 17a GG eingefügt worden, der die Einschränkbarkeit von bestimmten Grundrechten ausdrücklich zuläßt.

Stellt man dem vergleichsweise die Weimarer Verfassung gegenüber, so zeigt sich, daß diese für Beamte und Berufssoldaten in Art. 129 Abs. I und Abs. IV in gleicher Weise die Unverletzlichkeit der wohlerworbenen Rechte zusicherte. Art. 133 Abs. II Satz 2 WRV bestimmte dann weiterhin, daß die Einschränkbarkeit von Grundrechten für Angehörige der Wehrmacht generell[15] zur Disposition des einfachen Gesetzgebers gestellt sein sollte.

Die Gegenüberstellung macht deutlich, daß das Grundgesetz nicht mehr wie die Weimarer Verfassung wohlerworbene Rechte der Berufssoldaten, sondern nur noch solche der Berufsbeamten anerkennen will. Andererseits wurde die Generalklausel des Art. 133 Abs. II Satz 2 WRV durch eine Aufzählung der im Wehrdienstverhältnis einschränkbaren Grundrechte in Art. 17a Abs. I GG ersetzt.

Insbesondere letzteres ist als bedeutsame Ausprägung der oben erwähnten Akzentverschiebung in der Stellung des Soldaten gegenüber dem Staat anzusehen. Zwar berücksichtigt die Verfassung weiterhin die Notwendigkeit einer Einschränkung von Grundrechten im militärischen Gewaltverhältnis. Sie bestimmt aber zugleich selber und ausdrücklich, bei welchen Grundrechten über die allgemeinen Gesetzesvorbehalte hinaus[16] Einschränkungen zulässig sind. Die an und für sich auch im Wehrdienstverhältnis der Grundrechtsausübung gesetzten Schranken werden in Art. 17a GG konkretisiert und in echte Gesetzesvorbehalte umgewandelt[17]. Im Gegensatz zum Beamtenverhältnis wird die Frage der Einschränkbarkeit von der Verfassung selbst abschließend und umfassend geregelt. — Für das hier in Frage stehende Peti-

---

[15] Wenn naturgemäß auch nur zum Zwecke der „Erfüllung ihrer Aufgaben und zur Erhaltung der Mannszucht"!
[16] Die allgemeinen Gesetzesvorbehalte bleiben von Art. 17 a GG unberührt. Vgl. *Mercker* S. 4; *Dürig* in Maunz-Dürig Rdnr. 11 zu Art. 17 a GG; *Salzmann* S. 102; *Martens* S. 111 f.
[17] Vgl. *Dürig* ebenda Rdnr. 20; *Salzmann* S. 102; wohl ebenso auch *Köttgen* GRSold S. 63; *Hahnenfeld* Wehrverfassungsrecht S. 48; *Martens* S. 117 ff.

tionsrecht bedeutet das den Ausschluß jeder weiteren Beschränkungsmöglichkeit über den Vorbehalt des Art. 17a GG hinaus[18].

Es werden in der Literatur allerdings auch andere Auffassungen vertreten.

Zu erwähnen ist zunächst die Ansicht von *Mann*[19], der dem Art. 17a GG als „Vorbehaltsschranke" nur deklaratorische Bedeutung beimessen will. Konstitutive Wirkung komme dem Artikel nur insoweit zu, als die an sich gegebene Einschränkungsmöglichkeit begrenzt werde. Damit kann im Ergebnis auch nach Mann das Petitionsrecht des Soldaten nicht über das Verbot von Gemeinschaftspetitionen hinaus beschränkt werden[20].

In ähnlicher Weise wie Mann beruft sich auch *Lerche*[21] auf die grundgesetzliche Legitimation des Wehrdienstverhältnisses und ein damit zugeordnetes Statusrecht. Eine restriktive Auslegung der wehrdienstlichen Grundrechtsbegrenzungen könne nicht unbesehen in jedem Fall rechtens sein. So vorsichtig sich Lerche bei seinen Ausführungen aber auch ausdrückt, so sehr ist doch im Hintergrund der Gedanke an die Lehre von den grundrechtsimmanenten Schranken im besonderen Gewaltverhältnis zu verspüren.

Mit der durch die Institutionalisierung erfolgten Anerkennung eines Statusrechts und daraus folgenden grundrechtsimmanenten Schranken[22] läßt sich indessen gegenüber den oben aufgezeigten Gesichtspunkten schlecht argumentieren. Denn allzu offensichtlich steht die Wehrkonzeption des Grundgesetzes mit ihrem neuen Soldatenbild in bewußtem Gegensatz zur Weimarer Verfassung, allzu deutlich hebt sich die enumerative Erfassung im Wehrdienstverhältnis zusätzlich einschränkbarer Grundrechte durch Art. 17a GG von der Generalklausel in Art. 133 Abs. II Satz 2 WRV ab.

---

[18] So eindeutig auch *Dürig* ebenda; *Hoffmann* S. 74; *Eitel* S. 146; *Obermayer* DVBl. 57/164. Im Ergebnis ebenso *Meyer* NZWehrR 59/46 f.; *Willms* S. 11 f.; *Salzmann* S. 98.

[19] In DÖV 60/409 ff. Von Bedeutung wird die Lehre *Manns* insbesondere auch in Hinsicht auf Art. 19 Abs. I Satz 2 GG, der nach *Mann* nicht berücksichtigt zu werden braucht. Insoweit zustimmend *Martens* S. 116 mit Fußn. 54).

[20] Eine überzeugende Widerlegung der Ansicht von *Mann* findet sich bei *Dürig* in Maunz-Dürig Rdnr. 20 zu Art. 17 a GG. Vgl. aber auch die obigen und die noch folgenden Überlegungen.

[21] In GR IV/1 S. 460 f.

[22] Nach *Pernthaler* S. 181 Fußn. 42 soll „die Institutionalisierung der Wehrpflicht (?) im Bonner Grundgesetz . . . fast einhellig als Legitimation der Grundrechtsbeschränkungen des Soldatenstandes herangezogen" werden. Trotz einiger weiterer neben den Lehren von Mann und Lerche angeführter Belege trifft das nicht zu.

Zieht man darüber hinaus noch die Gesetzesmaterialien zu Art. 17a GG heran, so wird die Ansicht von dem umfassenden und abschließenden konstitutiven Charakter dieser Norm bekräftigt[23]. Zwar soll nach einer frühen Entscheidung des Bundesverfassungsgerichts nur der in einer Gesetzesbestimmung zum Ausdruck gekommene verobjektivierte Wille des Gesetzgebers maßgeblich sein. Nach derselben Entscheidung darf jedoch auch die Entstehungsgeschichte für die Auslegung herangezogen werden, wenn sie die Richtigkeit einer Auslegung bestätigt oder Zweifel behebt, die sonst nicht auszuräumen sind[24].

Im Rechtsausschuß des Bundestages war es zunächst streitig, ob die Einführung einer besonderen Vorbehaltsnorm überhaupt notwendig sei. Die Mehrheit des Ausschusses vertrat die Ansicht, daß sich die Einschränkbarkeit bereits unmittelbar aus dem in Art. 73 Ziff. 1 GG vorgesehenen Wehrdienstverhältnis ergäbe, ähnlich wie im Beamtenverhältnis. Eine Minderheit wollte dagegen zwar für das Beamtenverhältnis im Hinblick auf Art. 33 Abs. V GG immanente Schranken anerkennen, ohne verfassungsrechtliche Festlegung nicht aber auch für das Wehrdienstverhältnis. Man einigte sich auf eine Klarstellung, die in Art. 17a GG ihren Ausdruck gefunden hat[25]. In den Parlamentsdebatten wurde zu dieser Frage unter anderem gesagt:

„Beide Ausschüsse (sc. der federführende Rechtsausschuß und der Verteidigungsausschuß) waren der übereinstimmenden Meinung, daß der deutsche Soldat, soweit es die Natur eines militärischen Verbandes zuläßt, im Besitz seiner bürgerlichen Rechte bleiben soll. Dem Soldaten sollen Grundrechte wie die Gleichheit vor dem Gesetz ... erhalten bleiben. Andere Grundrechte vertragen sich nach der übereinstimmenden Auffassung aller Mitglieder nicht oder wenigstens nicht in vollem Umfange mit dem Dienst in einem militärischen Verband. Es war deshalb notwendig, durch einen neu eingefügten Art. 17a GG den Gesetzgeber zu ermächtigen, ... bestimmte Grundrechte ... einzuschränken[26]."

Während im übrigen noch die Initiativanträge eine Generalklausel wie die Weimarer Verfassung vorsahen, folgte der Rechtsausschuß dem Vorschlag des Verteidigungsausschusses und führte die einschränkbaren Grundrechte einzeln auf[27].

---

[23] Es darf hier noch einmal in Erinnerung gerufen werden, daß die allgemeinen Gesetzesvorbehalte über Art. 17 a GG hinaus Beschränkungen zulassen.
[24] BVerfGE 1/299 Leitsatz 2.
[25] So übereinstimmend *Mercker* S. 3; *Roemer* JZ 56/193; *Eitel* S. 145; *Dürig* in Maunz-Dürig Rdnr. 18 zu Art. 17 a GG; ferner *Willms* S. 11.
[26] Schriftlicher Bericht des Rechtsausschusses in Drucksache BT 2. WP Nr. 2150 S. 1.
[27] Vgl. ebenda S. 2. Vgl. auch Abgeordnete *Dr. Schwarzhaupt* in Sten. Ber. BT 2. WP 132. Sitzung vom 6. 3. 1956 S. 6819 B/C.

Klar und überzeugend sind auch die Worte des Abgeordneten *Mellies*[28]: „Wir konnten und werden niemals anerkennen, daß die im Bonner Grundgesetz verbürgten Grundrechte ihre innere und unbestimmte Grenze an den Wehrgesetzen finden. Die Verfassung gilt nicht im Rahmen der Wehrgesetze, sondern ein jedes Wehrgesetz muß seine Grenzen an den Vorschriften der Verfassung finden. Daher dürfen die Grundrechte nur in dem unbedingt notwendigen Maße eingeschränkt werden, wie es die Verfassungsurkunde selber ausdrücklich bei einzelnen Grundrechten vorschreibt."

Angesichts dieser eindeutigen Aussagen dürfte jeder Zweifel an dem Charakter des Art. 17a GG ausgeschlossen sein. Es handelt sich hier um einen (konstitutiven) Gesetzesvorbehalt, der jede über ihn oder die allgemeinen Gesetzesvorbehalte hinausgehende Grundrechtseinschränkung verfassungswidrig werden läßt[29].

b) Gleichbehandlung von Berufssoldaten und Wehrpflichtigen

Endlich ist noch auf die Ansicht einiger Autoren einzugehen, die für den Wehrpflichtigen in Art. 17a GG zwar eine erschöpfende Regelung sehen wollen, für den freiwilligen Soldaten in dieser Hinsicht aber offenbare Zweifel hegen[30]. Für die Berufssoldaten und Soldaten auf Zeit werden dann gegebenenfalls die aus dem Beamtenrecht bekannten Argumente von der freiwilligen Unterwerfung unter grundrechtsimmanente Sonderschranken angeführt.

Indessen kann einer solchen Unterscheidung zwischen Berufssoldaten und Wehrpflichtigen schon in ihrem Ansatz nicht zugestimmt werden[31].

---

[28] In Sten. Ber. BT 2. WP 132. Sitzung vom 6. 3. 1956 S. 6847 C. Vgl. auch ebenda S. 6846 C.

[29] Es sei in diesem Zusammenhang auch noch auf § 6 SG hingewiesen, dessen beiden Sätzen nach der klaren Grundgesetzkonzeption aber nur deklaratorische Bedeutung zukommen kann (So auch *Eitel* S. 146 und *Jaeger* in Festschrift für Apelt S. 127, dessen Bezeichnung als „Magna Charta" aber gerade deswegen etwas unglücklich sein dürfte). Diese Norm wurde nur demonstrativ den im nachfolgenden aufgeführten Rechten und Pflichten des Soldaten vorangestellt, um den Standort des Soldaten in einem demokratischen Staat nach der Prägung des Grundgesetzes besonders zu verdeutlichen (*Jaeger* ebenda und *Brandstetter* Anm. 1 zu § 6 SG).

[30] Der Ansatz zu einer solchen Unterscheidung findet sich bei *Mercker* S. 4; *Eitel* S. 145 f.; *Meyer* NZWehrR 59/46 f.; *Mann* DÖV 60/410.

[31] Zur Rechtslage in Österreich, die der deutschen früher wie heute ähnlich ist, vgl. insoweit *Pernthaler* S. 176 und S. 182. Pernthaler wendet sich gegen die vom österreichischen Verfassungsgerichtshof in ständiger Rechtsprechung vertretene Theorie zur Grundrechtsbeschränkung bei Angehörigen des öffentlichen Dienstes, nach dem einem „volenti non fit iniuria". Sie sei schon im Prinzip äußerst bedenklich und sei jedenfalls in Hinsicht auf Wehrpflichtige ungeeignet. Denn „zumindest in diesem Bereich vermag die Gleichstellung des militärischen Gewaltverhältnisses mit dem besonderen Status des öffent-

In der grundsätzlichen Stellung der uniformierten Staatsbürger ihrem Staat gegenüber sind diese einheitlich zu behandeln. Differenzieren läßt sich allein dort, wo sich unmittelbar aus dem Unterschied zwischen Lebensberuf und nur vorübergehender Wehrverpflichtung Anlaß zur Annahme verschiedenartiger Sachverhalte bietet. Das ist zum Beispiel der Fall bei den Sach- und Geldbezügen, nicht aber bei der Frage nach der Zulässigkeit von Grundrechtseinschränkungen. — Auch *Köttgen*[32] will einer „formaljuristischen Differenzierung" nur „periphere Bedeutung" zusprechen und lehnt in der Substanzfrage die Annahme zweier soldatischer Typen ab.

Es ist hier davon auszugehen, daß für eine Armee die Ausnahmesituation Krieg auch auf die Beurteilung der Rechtslage in Friedenszeiten zurückwirkt. Wenn auch kein denkender und verantwortungsbewußter Mensch heute einen Krieg wünschen kann, so ist doch nicht zu verkennen, daß die Bundeswehr für den Eventualfall eines solchen Krieges, das heißt für den Fall einer Verteidigung „des Rechts und der Freiheit des deutschen Volkes" (§ 7, § 9 SG) gegen einen potentiellen Angriff militärischer Kräfte geschaffen wurde.

Ausfluß dieser unter dem Vorbehalt eines Angriffs stehenden Zweckbestimmung „Krieg" ist die Funktion der Abschreckung in dem völkerrechtlichen Beziehungsverhältnis „Frieden". So sehr diese zweite Funktion aber aus politischen Gründen auch in den Vordergrund gestellt wird, sie ist doch nur von sekundärer Natur gegenüber einer wirksamen und überzeugenden Abwehr im Verteidigungsfall. Die Funktion der Abwehr wird unglaubwürdig, wenn dahinter nicht die Fähigkeit und der Wille der Politiker erkennbar bleibt, die von ihnen geschaffene Armee notfalls als ultima ratio einzusetzen[33].

Während nun das Wesen des Beamtentums nahezu ausschließlich an der Friedensordnung orientiert ist, beruht die Aussonderung von Wehrpflichtigen wie Berufssoldaten aus dem allgemeinen bürgerlichen Gewaltverhältnis allein auf der eventuellen Notwendigkeit der Verteidigung der Bundesrepublik mit Waffengewalt[34]. Sowohl Wehrpflich-

---

lichen Bediensteten die viel weiter reichenden Beschränkungen der staatsbürgerlichen Freiheit des Soldaten theoretisch nicht zu legitimieren".

[32] In GRSold S. 83 (Diskussionsbeitrag).
[33] Daher geht auch die Aussage des vielverwandten Schlagwortes fehl, der Soldat habe heute nur noch die Aufgabe, einen Krieg zu verhindern. Das ist die Aufgabe des Politikers, der sich einer Armee allenfalls als Mittel bedienen kann. In letzter Konsequenz besagt das Wort übrigens, daß der Soldat bei Ausbruch eines Krieges „nach Hause" gehen kann, weil seine Aufgabe nun nicht mehr zu erfüllen ist. Könnte er das wirklich, so wäre die ganze These von der Abschreckung hinfällig. — Vgl. hierzu *Karst* S. 16, S. 94 f.
[34] Vgl. zu dieser Gegenüberstellung auch *Karst* S. 77.

tiger als auch Berufssoldat haben im Verteidigungsfall den ihnen als Staatsbürgern in gleicher Weise gestellten Auftrag unter Einsatz ihres Lebens zu erfüllen und sich im Frieden auf diesen Auftrag vorzubereiten. Es kann daher nicht rechtens sein, wenn man zwischen Berufssoldaten und Wehrpflichtigen differenzierend nach Gründen sucht, die eine an sich unzweifelhaft notwendige Einschränkbarkeit der von diesen Staatsbürgern zu verteidigenden Freiheiten und Rechte tragen sollen. Beide, der aufgrund freiwilliger Verpflichtung und der aufgrund gesetzlicher Verpflichtung Dienende, müssen aus den gleichen Gründen und nur in dem grundsätzlich gleichen Umfange Beschränkungen ihrer Rechte hinnehmen.

Auch die Gesetze weisen auf die Richtigkeit dieser Ansicht hin. Im Grundgesetz lassen sich nirgends Anhaltspunkte dafür finden, daß Unterscheidungen zulässig sind[35, 36]. Bei der Verfassungsänderung von 1956, bei der der hier entscheidende Art. 17a GG eingefügt wurde, ging man vielmehr von der Notwendigkeit einer Gleichbehandlung von Wehrpflichtigen und Berufssoldaten bezüglich der Grundrechtseinschränkungen aus[37].

Es erscheint daher nur folgerichtig, daß auch das Soldatengesetz in seinem ersten Abschnitt wehrpflichtigen und freiwillig dienenden Soldaten unterschiedslos dieselben Rechte gewährt und dieselben Pflichten auferlegt. Dieses einmal im Bundestag als Magna Charta Militaris bezeichnete Gesetz[38] enthält Sonderbestimmungen nur hinsichtlich der Begründung und Beendigung des Dienstverhältnisses von Berufssoldaten und Soldaten auf Zeit sowie hinsichtlich einiger weiterer, nicht den Kern der Frage berührenden Regelungen.

Damit ist festzustellen, daß die hergebrachten Konsequenzen aus einer Unterscheidung zwischen freiwilligem und unfreiwilligem Eintritt in ein besonderes Gewaltverhältnis sich nicht für das militärische Gewaltverhältnis ziehen lassen. Für die Grundrechtsgeltung ist hier der Begründungsakt generell und allein insofern von Bedeutung, als jeder Soldat in gleicher Weise bei der Ausübung der Grundrechte Beschränkungen hinnehmen muß. Ob dieser Begründungsakt auf freiwil-

---

[35] Teilweise beruht das schon darauf, daß auf Wunsch der Opposition die Frage nach dem „Ob" einer allgemeinen Wehrpflicht zur Disposition des einfachen Gesetzgebers gestellt werden sollte.
[36] Vgl. auch *Martens* S. 113.
[37] Vgl. Abgeordnete *Dr. Schwarzhaupt* als Berichterstatterin in Sten. Ber. BT 2. WP 132. Sitzung vom 6. 3. 1956 S. 6819 C. Auch sonst wird bei den Wehrdebatten mit Bezug auf die Grundrechte stets nur von „Soldaten" ohne jede nähere Unterscheidung gesprochen.
[38] Abgeordneter *Dr. Mende* in Sten. Ber. BT 2. WP 132. Sitzung vom 6. 3. 1956 S. 6828 D. Siehe aber auch oben S. 124 Fußn. 29.

liger Meldung oder gesetzlicher Wehrdienstverpflichtung beruht, ist für die Grundrechtsausübung des Soldaten dagegen rechtlich irrelevant[39]. Die Beschränkung oder Beschränkungsmöglichkeit knüpft nicht an die Art und Weise der Statusbegründung, sondern nur an den neutralen Begründungsakt selber an.

Nach allem ergibt sich, daß besondere Grundrechtsbeschränkungen im Wehrdienstverhältnis nur in den durch Gesetzesvorbehalt bestimmten Grenzen zulässig sind. Das gilt gleichermaßen für Wehrpflichtige, Soldaten auf Zeit und Berufssoldaten. Da durch Art. 17a GG für das Petitionsrecht von Soldaten nur das Verbot von Gemeinschaftspetitionen zugelassen wird, ist jede darüber hinausgehende Beschränkung verfassungswidrig.

II. Petitionen an die Volksvertretung

Zunächst steht damit dem Soldaten unbeschränkt der Weg offen, sich mit Beschwerden an die Volksvertretung zu wenden. Unter Volksvertretung kann hier nur der Bundestag verstanden werden; denn das Verteidigungswesen gehört zu der ausschließlichen Kompetenz des Bundes. Eine Petition an ein Landesparlament wäre daher, soweit sie den dienstlichen Bereich betrifft, wenig sinnvoll[40].

Dieses parlamentarische Petitionsrecht steht dem Soldaten im vollen Umfange des Art. 17 GG zu. Von einer Einschränkungsmöglichkeit im Sinne des Art. 17a GG hat der Gesetzgeber bisher keinen Gebrauch gemacht.

Zwar wird auch die Ansicht vertreten[41], daß durch § 1 Abs. IV WBO Gemeinschaftspetitionen generell und damit auch dem Parlament gegenüber ausgeschlossen seien. Dem kann jedoch nicht zugestimmt werden. Denn trifft nach ihrem Wortlaut diese Bestimmung auch alle gemeinsamen Beschwerden, so wird eine solche Auslegung ihrem Wesen doch nicht gerecht. Die gesamte Wehrbeschwerdeordnung behandelt ausschließlich Beschwerden innerhalb der Bundeswehr und der Bundeswehrverwaltung sowie das beschwerdegerichtliche Verfahren. Aus diesem geschlossenen Kreis kann nicht eine einzelne Norm herausgenommen und ihr generelle Bedeutung zugesprochen werden, ohne daß sich für eine solche Handhabung eine überzeugende Begründung

---

[39] Neben der schon oben angeführten Meinung von *Köttgen* in GRSold S. 83 im Ergebnis ebenso *Martens* S. 112 f.; *v. Senger und Etterlin* WK 59/299; *Hahnenfeld* Wehrverfassungsrecht S. 46.
[40] Vgl. *Dürig* in Maunz-Dürig Rdnr. 63 zu Art. 17 GG.
[41] *Runte* S. 96 f. und wie dieser im Ergebnis auch *Hahnenfeld* (SG) S. 77.

finden ließe[42]. Es ist ferner auch kein Anhaltspunkt dafür gegeben, daß man aus der in etwa gleichen Regelung in § 1 Abs. IV WBO und in § 7 WbG einen allgemeinen Rechtsgrundsatz folgern könnte, Gemeinschaftspetitionen seien durchweg ausgeschlossen[43].

In diesem Zusammenhang gewinnt es auch an Bedeutung, daß das Recht zur Beschwerde an die Volksvertretung und das Recht zu Beschwerden nach der Wehrbeschwerdeordnung von sehr verschiedener Rechtsnatur sind. Ohne daß hier auf eine Unterscheidung in förmliche und formlose Rechtsmittel und Rechtsbehelfe eingegangen zu werden braucht, zeigt sich diese Tatsache schon in den verschiedenen Möglichkeiten der Wirksamkeit. Die Instanzen der Exekutive können angefochtene Maßnahmen selbst aufheben, ersetzen oder abändern. Das beschwerdegerichtliche Verfahren führt bereits aus dem engeren militärischen Bereich heraus; jedoch können die Instanzen der Jurisdiktion immer noch Hoheitsakte der vollziehenden Gewalt aufheben und im übrigen dieser bindende Verpflichtungen zum Handeln im konkreten Einzelfall auferlegen.

Dem mit einer Beschwerde angerufenen Parlament dagegen stehen keine unmittelbaren Abhilfemöglichkeiten zum Beispiel in Form eines Rechts auf Erteilung von Weisungen an die Instanzen der Exekutive zu[44]. Hier setzt die Sperrfunktion der Gewaltenteilung ein, deren faktische Durchbrechung durch neue Machtverteilungsverhältnisse an dem gedachten Grundprinzip insofern noch nichts geändert hat[45]. Primär kann der Bundestag lediglich von der auch in § 113 seiner Geschäftsordnung angedeuteten Möglichkeit Gebrauch machen, der Bundesregierung ihrem Gewicht nach graduell abgestufte Empfehlungen zu erteilen. Nur nebenbei — da an sich selbstverständlich — sei hier erwähnt, daß eine an die Volksvertretung gerichtete Eingabe niemals die Beschwerde nach der WBO zu ersetzen vermag, soweit diese Zulässigkeitsvoraussetzung für ein Beschreiten des Gerichtsweges ist.

---

[42] Im Ergebnis ebenso *Hoffmann* S. 75 und *Lerche* GR IV/1 S. 525 f.

[43] So auch *Lerche* GR IV/1 S. 525. *Lerches* Ansicht, das Fehlen eines gesetzlichen Ausschlusses von Gemeinschaftsbeschwerden an das Parlament sei in dem Grund zu finden, daß die motivierende Befürchtung einer Disziplinargefährdung schon wegen der größeren Distanz zum Parlament nur geschwächt wirksam sei, vermag wegen der in § 7 WbG getroffenen Regelung nicht ganz zu überzeugen. Der Grund dürfte eher in einem Übersehen dieser Frage durch den Gesetzgeber zu suchen sein.

[44] Vgl. speziell für das Verhältnis Parlament — Regierung: *Nawiasky* in Festschrift für Apelt S. 137 ff. (S. 141, 143 f., 146) und *Hoffmann* insbesondere S. 54 mit zahlreichen weiteren Nachweisen.

[45] Zu dem Vorgang der Umgruppierung der Machtverhältnisse siehe W. *Weber* in Festschrift für Carl Schmitt S. 253 ff, insbesondere zur Wehrverfassung S. 267 f.

Der Soldat braucht bei dienstlichen Petitionen an das Parlament nicht zuvor den Dienstweg erschöpft zu haben. Im Beamtenrecht ist diese Frage zwar nicht ganz unumstritten[46]. Zur Begründung der Zulässigkeit einer Petition an das Parlament erst nach Erschöpfung des Dienstweges wird hier gegebenenfalls der freiwillige Eintritt in das besondere Gewaltverhältnis und eine damit erfolgte Anerkennung der hiermit verbundenen immanenten Grundrechtsbeschränkungen herangezogen. Eine solche Begründung kann aber nach der oben versuchten Darstellung für das militärische Gewaltverhältnis nicht verwandt werden. Bei diesem sind die ursprünglich gewiß vorhandenen immanenten Schranken durch die (besonderen) Gesetzesvorbehalte konsumiert worden, und auch eine Unterscheidung zwischen Wehrpflichtigem und Berufssoldaten ist nicht möglich[47]. Der Soldat kann sich also jederzeit, unmittelbar ohne Einhaltung des Dienstweges und in Gemeinschaft mit anderen mit einer Beschwerde an den Bundestag wenden[48].

III. Petitionen an die „zuständigen Stellen"

1. Zum Verhältnis von Dienstaufsichtsbeschwerde und Beschwerde nach der WBO

Über das parlamentarische Petitionsrecht hinaus garantiert Art. 17 GG auch das Recht, sich mit Beschwerden an die zuständigen Stellen zu wenden.

In der Literatur herrscht wenig Klarheit darüber, welche Beschwerden unter diese Garantie fallen sollen. Einer damit notwendigen Differenzierung wird zweckmäßigerweise eine Trennung in förmliche Rechtsmittel und formlose Rechtsbehelfe zugrunde gelegt. — Unzweifelhaft sind zunächst alle gerichtlichen Klagen und alle förmlichen Rechtsmittel innerhalb eines gerichtlichen Verfahrens auszuschließen[49].

---

[46] Vgl. z. B.: Für eine Zulässigkeit ohne Erschöpfung des Dienstweges sind: *Fischbach* Fußn. 4 zu § 171 BBG; *Plog-Wiedow* Rdnr. 2 zu § 171 BBG; *Hefele-Schmidt* Anm. 1 zu Art. 182 BayBG; *Hoffmann* S. 73; *Neubauer* ZBR 58/304; *Dürig* Rdnr. 31 unter f), dd) zu Art. 17 GG.
Für die Zulässigkeit erst nach Erschöpfung des Dienstweges sind: *v. Münch* ZBR 58/304; *Mattern* GR II/635 und ausdehnend auch für Soldaten in DÖV 59/843.
[47] Letzteres wird hier besonders deutlich. Es ist nicht gut denkbar, daß von zwei Unteroffizieren einer Einheit sich der eine direkt an das Parlament wenden darf, weil er Wehrpflichtiger ist, der andere aber den Dienstweg zunächst einhalten muß, weil er sich freiwillig verpflichtet hat.
[48] Ebenso *Eitel* S. 150; *Mercker* S. 8; Abgeordneter *Strosche* als Berichterstatter des Petitionsausschusses in Sten. Ber. BT 2. WP 114. Sitzung vom 1. 12. 1955 S. 6129 C.
[49] Unumstritten! Vgl. statt vieler *Dürig* in Maunz-Dürig Rdnr. 18 zu Art. 17 GG.

Schwieriger ist die Lage bei den förmlichen Rechtsmitteln des Verwaltungsrechts. Sie werden bisweilen schon als Beschwerden im Sinne des Art. 17 GG angesehen[50]. Gegenüber dieser Auffassung ist jedoch festzustellen, daß die förmlichen Rechtsmittel des Verwaltungsverfahrens an Fristen gebunden sind und eine persönliche Beschwer erfordern. Sie haben ferner Suspensiveffekt und verpflichten die angerufene Stelle zu einer materiellen Verbescheidung. Endlich sind sie als verfahrensrechtliche Vorschaltmittel in engstem Zusammenhang mit dem Verwaltungsprozeßrecht zu sehen. In allen diesen Punkten weichen sie ganz erheblich von dem schlichten Petitionsrecht nach Art. 17 GG ab. Sie können daher im allgemeinen nicht mehr als unter dessen Garantie fallend angesehen werden[51].

Den förmlichen Rechtsmitteln stehen die formlosen Rechtsbehelfe gegenüber. Von letzteren kann auch neben den förmlichen Rechtsmitteln des Verwaltungsprozeßrechts Gebrauch gemacht werden. Die formlosen Rechtsbehelfe haben im allgemeinen keine gesetzliche Regelung gefunden[52] und unterliegen höchstens der einen Einschränkung, daß bei ihrem Einlegen der Dienstweg zu beachten ist. Zu ihnen zählen Gegenvorstellung und Dienstaufsichtsbeschwerde einschließlich der Aufsichtsbeschwerde. Nach allgemeiner Ansicht[53] stehen diese formlosen Rechtsbehelfe unter dem Schutz des Art. 17 GG. Sie sind also als Petitionen anzusehen und damit für jedermann zulässig.

Es ergibt sich nun die Frage, inwieweit auch der Soldat von dem Recht zur Dienstaufsichtsbeschwerde[54] Gebrauch machen kann. Hierbei ist die Wehrbeschwerdeordnung zu berücksichtigen, in der dem Soldaten bereits ein besonderes Beschwerderecht eingeräumt wurde.

---

[50] In neuester Zeit z. B. von *Hoffmann* S. 45 mit Nachweisen aus älterer Zeit in Fußn. 21. Wohl auch *v. Mangoldt-Klein* S. 510 und jedenfalls in der ersten Auflage dieses Kommentars S. 112.

[51] Im Ergebnis ebenso *Dürig* in Maunz-Dürig Rdnr. 19 zu Art. 17 GG; *Eitel* S. 65; *Mattern* S. 635, der insoweit von dem Petitionsrecht als einem Recht sui generis spricht; dem Sinne nach auch *Blomeyer-Bartenstein/Närger* S. 12 ff.

[52] Vgl. aber z. B. § 171 BBG. *Hefele-Schmidt* in Anm. 5 zu dem entsprechenden Art. 182 BayBG wollen als formlose Beschwerden grundsätzlich nicht anerkennen, was gesetzliche Regelung gefunden hat. In Anm. 2 a.a.O. sehen sie jedoch das Beschwerderecht des Beamten ebenfalls Ausfluß des Petitionsrechts an.

[53] Z. B. BayVGH in VGH n. F. 11/II/187; *Blomeyer-Bartenstein/Närger* S. 12; *Eitel* S. 67; *Meyer* NZWehrR 59/46 f.; *Neubauer* BayVBl. 59/87; *Plog-Wiedow* Rdnr. 1, 2, 5 zu § 171 BBG; *Dürig* in Maunz-Dürig Rdnr. 20 zu Art. 17 GG; *v. Mangoldt-Klein* S. 510.

[54] Der Begriff wird nachfolgend im weitesten Sinne gebraucht. Er umfaßt: a) die Aufsichtsbeschwerde, mit der Akte der vollziehenden Gewalt angegriffen werden, und b) die Dienstaufsichtsbeschwerde i. e. S., die sich gegen das dienstliche Verhalten eines Beamten richtet. Vgl. hierzu *Blomeyer-Bartenstein/Närger* S. 16.

Die Intention des Gesetzgebers ging unzweifelhaft dahin, mit der Einheitsbeschwerde der WBO — die an sich als förmliche Beschwerde ausgestaltet ist — auch die Dienstaufsichtsbeschwerde zu erfassen[55]. Es sollten alle nur denkbaren Beschwerdearten innerhalb der exekutivischen Hierarchie zusammengefaßt werden, um auch dem einfachen Soldaten ein leicht begreifbares Beschwerderecht in die Hand zu geben. Das Gesetz selbst läßt das Vorhandensein eines Beziehungsverhältnisses zwischen der Wehrbeschwerde und dem Petitionsrecht gegenüber „zuständigen Stellen" nach Art. 17 GG deutlich werden, indem es mit § 1 Abs. IV WBO von dem Vorbehalt des Art. 17 a Abs. I GG Gebrauch macht[56]. Aus diesem Grunde mag die eigentlich erstaunliche Einmütigkeit der Kommentare zur WBO zu verstehen sein, nach deren Aussage über die Einheitsbeschwerde hinaus keine Dienstaufsichtsbeschwerde mehr möglich ist[57], eine Ansicht, die auch im sonstigen Schrifttum zum Wehrrecht[58] bisweilen mehr oder minder deutlich vertreten wird.

Blickt man vergleichsweise auf die Regelungen der BO 36 zurück, so ist festzustellen, daß diese auch neben der eigentlichen Wehrbeschwerde die Dienstaufsichtsbeschwerde zuließ. Und zwar nicht nur, wie Frahm annimmt[59], in den Fällen der Nr. 4 c BO 36 bei vermeintlich unrichtiger Abfindung mit Besoldung, Bekleidung, Verpflegung usw., da hiergegen eine Wehrbeschwerde nicht möglich war, sondern grundsätzlich in allen denkbaren Fällen. Denn „eine dienstliche Geltendmachung von vermeintlichem Unrecht läßt sich ... überhaupt nicht ausschließen", wie der führende Kommentar zur BO 36 anmerkte[60]. Die Zulässigkeit der Dienstaufsichtsbeschwerde neben der Wehrbeschwerde wurde im übrigen ohne Berücksichtigung des verfassungsmäßigen Petitionsrecht unmittelbar aus dem allgemeinen Verwaltungsrecht hergeleitet[61].

Stand aber dem Soldaten schon vor 1945 das Recht zur Dienstaufsichtsbeschwerde über das Recht zur förmlichen Beschwerde hinaus zu,

---

[55] Vgl. Abgeordneter *Merten* in Sten. Ber. BT 2. WP 181. Sitzung vom 14. 12. 1956 S. 10092 A (schriftlicher Bericht des Ausschusses für Vtdg zum EWBO). Weitere Nachweise aus den Gesetzesmaterialien zur WBO bei H. *Meyer* NZ-WehrR 59/45 in Fußn. 21. Vgl. hierzu auch oben im 3. Kapitel S. 37 f.
[56] § 1 Abs. IV WBO erhielt allerdings seinen jetzigen Wortlaut erst auf die Stellungnahme des Bundesrates hin. Drucksache BT 2. WP Nr. 2359 S. 8 und S. 18!
[57] *Frahm* S. 34; *Schreiber* Anm. 9 zu § WBO; *Brandstetter* Einführung 8 zur WBO.
[58] *Barth* GRSold S. 97 ff.; *Obermayer* DVBl. 57/264; „*J. S.*" NZWehrR 59/117.
[59] *Frahm* S. 34.
[60] *Dietz* (1941) S. 132, vgl. auch ebenda S. 63.
[61] *Dietz* (1941) S. 63. Für die Jetztzeit ähnlich noch Mattern GR II/635 und *Blomeyer-Bartenstein/Närger* S. 12 sowie häufiger das Schrifttum zum allgemeinen Verwaltungsrecht.

dann ist nicht ganz einzusehen, warum die im Schrifttum durchaus überwiegende Meinung insoweit heute dem Soldaten weniger zugestehen will; zumal, da vor 1945 ein nahezu ebenso umfangreiches Wehrbeschwerderecht zur Verfügung gestellt wurde wie nach der WBO von 1956. Allenfalls könnte der überwiegenden Meinung dann zugestimmt werden, wenn die Beschwerde nach der WBO ein ebenso weitgehendes Recht wie die Dienstaufsichtsbeschwerde einräumen und dadurch Art. 17 GG genügen würde. Ein näherer Vergleich der Wehrbeschwerde mit dem von der Verfassung garantierten Beschwerderecht zeigt jedoch, daß das nicht der Fall ist.

So ist Zulässigkeitsvoraussetzung der Wehrbeschwerde, daß der Beschwerdeführer selbst beschwert zu sein glaubt (§ 1 Abs. I WBO). Gegen dienstliche Beurteilungen ist eine Beschwerde überhaupt nicht zulässig (§ 1 Abs. III WBO). Die Wehrbeschwerde darf frühestens nach Ablauf einer Nacht und nur innerhalb einer zweiwöchigen Frist eingelegt werden (§ 6 Abs. I WBO). Der Dienstweg ist weitgehend einzuhalten (§§ 5, 9, 11, 16 Abs. III, 20 WBO), wobei die Vorgesetzten zwischen nächsthöherem Disziplinarvorgesetzten (§ 16 Abs. III WBO) und dem Bundesminister der Verteidigung gar nicht mit dem Beschwerdegegenstand befaßt werden können, eine Folge der sogenannten Sprungbeschwerde. Hinzu kommt hierbei noch die Regelung der „Wahlklage", die eine Anrufung jeder höheren militärischen Instanz ausschließt, sofern der Gerichtsweg zulässigerweise beschritten wurde (§ 20 WBO)[62].

Betrachtet man diese Gesichtspunkte im einzelnen, so ergibt sich: Nach Art. 17 GG ist eine persönliche Beschwer nicht erforderlich. Der Petent kann sich auch über das anderen vermeintlich zuteil gewordene Unrecht beschweren[63]. Weiterhin ist der Ausschluß von dienstlichen Beurteilungen als Beschwerdegegenstand mit Art. 17 GG allenfalls in der schon oben beschriebenen Weise[64] in Einklang zu bringen: Beschwerden gegen die Handhabung des Beurteilungswesens innerhalb des technischen Beurteilungsspielraumes können als unzulässig ausgeschlossen werden. Auch die Einrichtung der Wahlklage stößt *hier* an verfassungsrechtliche Grenzen. Sie kann nicht dazu führen, daß dem Rechtssuchenden — und mag er ein noch so eigensinniger Querulant sein — der Weg zu den Spitzen der Exekutive abgeschnitten wird, bevor er auch nur einen Versuch unternehmen konnte, sie anzurufen[65].

---

[62] Die Aufzählung ist nicht erschöpfend ! Doch wurden alle wesentlichen Normen erfaßt.
[63] Allgemein anerkannt. Vgl. z. B. *Hamann* Anm. B 4 zu Art. 17 GG; *Dürig* in Maunz-Dürig Rdnr. 21 zu Art. 17 GG; *Eitel* S. 148; H. *Meyer* NZWehrR 59/48.
[64] Siehe oben im 4. Kapitel S. 54 f.
[65] Zur Wahlklage vgl. im übrigen oben Kapitel 7 S. 88 ff.

Ebenso ist die Fristbestimmung mit dem verfassungsmäßigen Petitionsrecht nicht vereinbar. Zwar bemüht sich die WBO in § 12 Abs. III Satz 2, den Verfassungsanforderungen noch gerecht zu werden, indem im Rahmen der Dienstaufsicht auch einer nicht fristgerecht eingelegten Beschwerde nachzugehen und erforderlichenfalls für Abhilfe zu sorgen ist[66]. Doch reicht das allein noch nicht aus. Denn nach § 12 Abs. III Satz 1 WBO ist die Beschwerde bei Fristversäumnis als unzulässig zurückzuweisen. Das Petitionsrecht dagegen gibt dem Beschwerdeführer einen Anspruch auf Verbescheidung. Mindesterfordernis ist eine Mitteilung, wie die angegangene Stelle die Beschwerde zu behandeln gedenkt[67]. Ein Bescheid darüber, welche Maßnahmen tatsächlich getroffen wurden, dürfte aber Art. 17 GG noch eher gerecht werden[68]. Im Ergebnis genügt also die WBO auch insofern dem Art. 17 GG nicht[69].

Endlich bleibt noch die Frage zu klären, ob dem Soldaten auch unter Berücksichtigung des Art. 17 GG in gewisser Weise die Einhaltung des Dienstweges vorgeschrieben werden kann[70]. Eine solche Regelung ist bei der beamtenrechtlichen Beschwerde zu finden. Sie wird dort allgemein — wie schon in anderem Zusammenhang hervorgehoben — aus der freiwilligen Begründung des Statusverhältnisses gerechtfertigt[71], eine Möglichkeit, die sich wegen der Notwendigkeit einer Gleichbehandlung von Wehrpflichtigen und Berufssoldaten und insbesondere der Unzulässigkeit von über Art. 17 a GG hinausreichenden Beschränkungen für das Wehrrecht verbietet.

Im Grundsatz ist der heute weitverbreiteten Ansicht zuzustimmen, daß sich aus Art. 17 GG keine Pflicht zur Einhaltung des Instanzenzuges herleiten läßt[72]. Unter „zuständiger Stelle" ist danach jede (Behörden-)Instanz zu verstehen, die zu einer Entscheidung über den Beschwerdegegenstand befugt ist. Die Zuständigkeit ergibt sich damit aus dem Organisationsrecht[73], nach dem die jeweils übergeordnete Dienst-

---

[66] *Meyer* NZWehrR 59/47 und ihm folgend *Eitel* S. 148 sprechen hier von einer „Ausklammerung des dienstaufsichtsrechtlichen Teils" der Beschwerde.
[67] So *Wernicke* in BK Anm. II 3 b zu Art. 17 GG und unter Berufung darauf BVerfGE 2/225 (230) sowie v. *Mangoldt-Klein* S. 508.
[68] So *Dürig* in Maunz-Dürig Rdnr. 8 zu Art. 17 GG mit Hinweis auf die dieser Forderung entsprechende Parlamentspraxis.
[69] Ebenso H. *Meyer* NZWehrR 59/47. Unzutreffend erstaunlicherweise *Eitel* S. 148 unter Berufung auf H. *Meyer* a.a.O.
[70] Vgl. §§ 5, 11, 16, 20 WBO sowie auch § 2 WBO und § 7 WbG.
[71] Siehe oben S. 129. Zur Einhaltung des Dienstweges in diesem Fall vgl. z. B. *Mattern* GR II/632 f.; *Plog-Wiedow* Rdnr. 2 zu § 171 BBG; *Dürig* in Maunz-Dürig Rdnr. 31 zu Art. 17 GG unter 7, f.
[72] Vgl. z. B. *Dürig* ebenda Rdnr. 67; *Wernicke* BK Anm. II 3 a zu Art. 17 GG; *Mattern* GR II/632; *Runte* S. 70 Fußn. 1; ferner *Blomeyer-Bartenstein/Närger* S. 54 f.; BVerfGE 2/225 (229).
[73] *Hamann* Anm. B 5 und *Dürig* in Maunz-Dürig Rdnr. 63, 67 zu Art. 17 GG.

stelle als entscheidungsbefugt und damit als zuständig im Sinne des Art. 17 GG auch in solchen Angelegenheiten anzusehen ist, die schon durch nachrangige Dienststellen an sich erledigt werden könnten.

Das bedeutet aber nun nicht, daß dem Gesetzgeber eine ausdrückliche und ausschließliche Zuständigkeitsbestimmung versagt wäre. Es kann nicht mit Art. 17 GG unvereinbar sein, daß bestimmte „Stellen" innerhalb der exekutivischen Hierarchie[74] für zuständig erklärt werden, Petitionen entgegenzunehmen und über sie zu entscheiden, womit sich zugleich ergibt, daß alle anderen Stellen unzuständig sind[75]. Eine solche Zuständigkeitsregelung kann in Form der beamtenrechtlichen Regelungen erfolgen[76]. Bei Beschwerden ist dann der Dienstweg einzuhalten, und jede höhere Dienststelle wird erst nach Befassung mit dem Beschwerdegegenstand durch die vorhergehende Dienststelle zuständig. Unbedenklich scheint aber auch eine Regelung in der Art der WBO, die etwas komplizierter, aber im Prinzip ebenso vorschreibt, wer über eine Beschwerde zu entscheiden hat und wo diese eingelegt werden muß oder eingelegt werden kann. Betrachtet man die Bedeutung des Wortes „zuständig" in Art. 17 GG unter diesem Gesichtspunkt, so erscheint es auch zulässig, daß nach der WBO einige Dienststellen mit dem Beschwerdegegenstand unter Umständen überhaupt nicht befaßt werden können, da sie durch die Sprungbeschwerde zum Bundesminister der Verteidigung übergangen werden. Allerdings dürfte es wesentlich auf das Maß der Regelung ankommen. Das Maß würde dann überschritten werden, wenn man durch die Zuständigkeitserklärungen nicht den Weg bis zur höchsten dienstaufsichtsführenden Stelle eröffnen würde oder in einem hierarchisch stark durchgegliederten Organismus — wie dem militärischen — nur eine einzige Instanz als zuständig bestimmen würde.

Hinsichtlich der besonderen Regelung der WBO, bei welchen Stellen die Beschwerde einzulegen ist, wird also den Anforderungen des Art. 17 GG genügt[77].

---

[74] Auch in der Parlamentspraxis befaßt sich primär nicht das Plenum mit einer Petition, sondern nur der Petitionsausschuß. Nach BayVGH in VGH n. F. 10/II/20 (25 ff.) = DÖV 57/719 soll es auch nicht verfassungswidrig sein, wenn das Parlament in seiner Geschäftsordnung dem Petitionsausschuß sogar die Entscheidungsbefugnis über die weitere Behandlung der Petition und damit die alleinige Zuständigkeit überträgt.
[75] Vgl. BVerfGE 2/225 (229), wo offenbar eine Bestimmung der Zuständigkeit (hier: Einhaltung des Instanzenzuges) für zulässig gehalten wird. So auch ausdrücklich *Obermayer* DVBl. 57/264 und *Hefele-Schmidt* Anm. 3 zu Art. 182 BayBG; ferner *Blomeyer-Bartenstein/Närger* S. 54 Fußn. 2.
[76] Vgl. *Hefele-Schmidt* ebenda. Es bedarf also im Beamtenrecht nicht unbedingt einer Rechtfertigung aus dem Beamtenstatus!
[77] Für das Wehrrecht im Ergebnis ebenso *Obermayer* DVBl. 57/264; *Hahnenfeld* (SG) S. 77 A. A. wohl H. *Meyer* NZWehrR 59/48.

Im Ergebnis zeigt sich, daß die WBO zumindest in vierfacher Hinsicht Art. 17 GG nicht gerecht wird. Sie läßt nur das Geltendmachen persönlichen Betroffenseins zu; dieses ist an Fristen gebunden; Beschwerden gegen Beurteilungen sind ausgeschlossen; neben dem Beschreiten des Gerichtsweges kommt eine Beschwerde an den Bundesminister der Verteidigung nicht in Betracht.

Es soll allerdings auch nicht übersehen werden, daß die WBO andererseits weitergehende Rechte als Art. 17 GG einräumt. So kann der Beschwerdeführer nach § 6 Abs. II WBO seine Beschwerde auch mündlich einlegen. Er hat nach § 12 Abs. I WBO Anspruch auf einen begründeten und mit einer Rechtsmittelbelehrung versehenen Beschwerdebescheid und unter Umständen die Möglichkeit, im Anschluß an die weitere Beschwerde den Gerichtsweg zu beschreiten[78]. Man kann auch hier das bekannte Bild zweier sich überschneidender Kreise verwenden. Wollte die WBO jedoch dem Grundgesetz genügen, so müßte sie ein Beschwerderecht im vollen Umfange des Art. 17 einräumen[79].

Da das nicht der Fall ist, muß über die Beschwerde der WBO hinaus noch eine Dienstaufsichtsbeschwerde zulässig sein[80].

2. Folgerungen aus der festgestellten Gesetzeslücke

Daß dem Gesetzgeber die nahtlose Einfügung der Dienstaufsichtsbeschwerde in die Einheitsbeschwerde der WBO nicht ganz gelang, scheint nicht verwunderlich. Notwendigerweise ist die Beschwerde der WBO eine förmliche Beschwerde. Notwendigerweise deswegen, weil sie als Vorverfahren auch auf das Beschreiten des Gerichtsweges hinzielen sollte. Insofern ist es aber erforderlich, eine Begrenzung in Form von Fristbestimmungen und eine Reduzierung auf Fälle persönlicher Beschwer vorzunehmen.

Wollte der Gesetzgeber dem Wesen der Dienstaufsichtsbeschwerde und damit Art. 17 GG gerecht werden, sie aber dennoch in der zulässigen Weise beschränken, so müßte er sie zweckmäßigerweise aus der Einheitsbeschwerde herauslösen und sie als besondere form- und frist-

---

[78] Es sei noch einmal darauf hingewiesen, daß im allgemeinen Verwaltungsrecht Dienstaufsichtsbeschwerde und Vorverfahren streng zu trennen sind. Das Einlegen einer Dienstaufsichtsbeschwerde ersetzt niemals das Vorverfahren; sie kann aber auch neben dem Widerspruch eingelegt werden.

[79] Eine Kompensation der Teile, in denen die WBO weiter geht als Art. 17 GG mit denen, die den Anforderungen nicht genügen, scheint rechtlich nicht möglich. Zu einem solchen Gedanken setzt aber *Hoffmann* S. 45 an.

[80] Entgegen den oben in Fußn. 57 und 58 zitierten ebenso im Ergebnis H. *Meyer* NZWehrR 59/47 ff. und im Anschluß an diesen *Lerche* GR IV/1 S. 510 mit Fußn. 212 sowie *Eitel* S. 148.

lose Beschwerde neben die Einheitsbeschwerde stellen. Als Beschränkung bliebe das Verbot von Gemeinschaftsbeschwerden zulässig. Auch der Instanzenzug könnte verkürzt werden, wie es durch die Sprungbeschwerde bereits geschehen ist. Endlich könnten die gesamten Vorschriften über das Einlegen der Beschwerde bestehen bleiben, soweit sie den Adressaten bestimmen. Die Vorschriften über die Erteilung des Bescheides könnten dagegen entfallen, da der Beschwerdeführer nur Anspruch auf eine formlose und unbegründete Mitteilung hat, wie die angerufene Instanz die Beschwerde erledigt.

Das Verhältnis zwischen der ausgeklammerten Dienstaufsichtsbeschwerde und der ordentlichen Wehrbeschwerde wäre derart zu gestalten, daß erstere nur subsidiär in Betracht käme, und zwar dann, wenn eine förmliche Beschwerde als unzulässig zurückzuweisen wäre. Es müßte schon im Gesetz die verschiedene Rechtsnatur dieser beiden Beschwerden verdeutlicht werden, insbesondere, daß die Dienstaufsichtsbeschwerde nicht zum anschließenden Beschreiten des Gerichtsweges berechtigt und der Soldat schon deswegen in seinem eigenen Interesse handelt, wenn er von der ordentlichen Beschwerde Gebrauch macht.

Solange eine derartige Ausklammerung nicht Gesetz geworden ist, bleibt eine Dienstaufsichtsbeschwerde neben der förmlichen Beschwerde unmittelbar aus Art. 17 GG zulässig, soweit die förmliche Beschwerde dessen Garantien nicht genügt. Auf diese formlose Dienstaufsichtsbeschwerde können jedoch diejenigen Regelungen der WBO unmittelbar angewandt werden, die mit der Verfassungsnorm nicht in Kollision geraten. Das entspricht einmal dem Willen des Gesetzgebers, der in seine Einheitsbeschwerde ursprünglich die Dienstaufsichtsbeschwerde einbeziehen wollte[81]. Zum anderen scheint es auch zweckmäßig, da eventuelle Unklarheiten auf ein Mindestmaß beschränkt bleiben.

Bei unmittelbarer Heranziehung der WBO ergibt sich zunächst der Ausschluß von gemeinschaftlich vorgetragenen Beschwerden. Denn entgegen der Beschwerde an das Parlament ist die formlose Dienstaufsichtsbeschwerde von der förmlichen Beschwerde der WBO durchaus nicht so verschiedener Rechtsnatur, daß sich eine Heranziehung des § 1 Abs. IV WBO verböte.

Weiterhin muß auch die bloße Dienstaufsichtsbeschwerde schriftlich oder zu Protokoll (§ 6 Abs. II WBO) eingereicht werden. Adressat ist der nächste Disziplinarvorgesetzte des Beschwerdeführers oder die sonst nach §§ 5, 9, 11 WBO zuständige Stelle. Der entscheidende Vorgesetzte hat nach § 10 WBO den Sachverhalt zu klären und dem Be-

---

[81] Nachweise oben Fußn. 55.

schwerdeführer einen Beschwerdebescheid zu erteilen. Der Bescheid muß zumindest darüber Auskunft geben, wie die angerufene Instanz die Beschwerde zu behandeln gedenkt. Eine Pflicht zur Begründung nach § 12 Abs. I Satz 2 WBO besteht dagegen nicht, da sich ein dahingehender Anspruch aus Art. 17 GG nicht herleiten läßt. Insoweit ist auch *H. Meyer* zu folgen, als hier eine „Belohnung" des Beschwerdeführers nicht notwendig erscheint[82]. — Auch gegen die Anwendung der §§ 13 und 14 WBO bestehen keine Bedenken.

Nach § 16 WBO ist die weitere Beschwerde zuzulassen. Sie richtet sich gegen eine etwaige Zurückweisung der ersten Beschwerde wegen Unzulässigkeit oder Unbegründetheit. Die weitere Beschwerde bewirkt eine — gegebenenfalls erneute — sachliche Überprüfung des Beschwerdegegenstandes sowie die Pflicht der angerufenen Stelle zur einfachen Bescheidung des Beschwerdeführers.

Gegen den Entscheid über die weitere Beschwerde ist eine Anrufung des Truppendienstgerichts nur in einem Fall denkbar. Wird über die weitere Beschwerde nicht innerhalb eines Monats entschieden, so kann der Beschwerdeführer mittels eines gerichtlichen Antrages die Verpflichtung der zunächst angerufenen militärinternen Instanz zur Verbescheidung herbeiführen[83].

Dagegen bleibt die Anrufung des Bundesministers der Verteidigung in Form der Sprungbeschwerde grundsätzlich möglich, zumal der Gesetzgeber gerade bei ihr an Beschwerden mit dem Charakter einer reinen Dienstaufsichtsbeschwerde gedacht hat[84]. Ebenso wie bei der Erstbeschwerde und bei der weiteren Beschwerde ist die Fristbestimmung nicht als zwingende Zulässigkeitsvoraussetzung anzusehen.

Im Ergebnis ist festzustellen, daß die Wehrbeschwerde ihrem Charakter nach eine förmliche Beschwerde ist. Förmliche Beschwerden fallen an sich nicht unter den Schutz des Art. 17 GG. In der Wehrbeschwerde soll aber nach dem Willen des Gesetzgebers aufgrund von Bemühungen um eine Vereinheitlichung des militärischen Beschwerderechts auch die ursprüngliche formlose Dienstaufsichtsbeschwerde aufgehen. Letztere wird durch Art. 17 GG in ihrem Bestand auch für den Soldaten garantiert. Soweit dem Gesetzgeber die Anpassung der Wehrbeschwerde an die Verfassungsanforderungen nicht gelang, ist eine besondere Dienstaufsichtsbeschwerde zulässig. Auf diese sind die Vorschriften der WBO teilweise anzuwenden.

---

[82] In NZWehrR 59/50. Im übrigen vgl. oben Fußn. 67, 68.
[83] Siehe dazu *Dürig* in Maunz-Dürig Rdnr. 80 zu Art. 17 GG.
[84] Vgl. amtliche Begründung zum EWBO in Drucksache BT 2. WP Nr. 2359 S. 16 (zu § 21 des Entwurfs). Vgl. auch H. *Meyer* NZWehrR 59/45.

Elftes Kapitel

Das Beschwerderecht nach § 7 WbG

I. Stellung und Aufgaben des Wehrbeauftragten

Die bisher behandelten Beschwerdemöglichkeiten nach der Wehrbeschwerdeordnung und nach dem verfassungsmäßigen Petitionsrecht sind im Grundsatz bereits seit langer Zeit fester Bestandteil unserer Rechtsordnung. Anders verhält es sich mit dem Recht des Soldaten, sich nach § 7 WbG „einzeln ohne Einhaltung des Dienstweges an den Wehrbeauftragten zu wenden". Hiermit wurde eine gänzlich neue und zusätzliche Möglichkeit zur Beschwerde geschaffen.

Die dem deutschen Recht bis zur Einfügung des Art. 45 b GG in das Grundgesetz durch die Verfassungsnovelle von 1956 unbekannte Institution eines solchen Wehrbeauftragten beruht auf skandinavischem, hauptsächlich auf schwedischem Vorbild. Allerdings stellt sie auch keine reine Kopie dieser Vorbilder dar, sondern weist durchaus eigene Züge auf[1]. — Die neue Institution hat wiederholt und in besonderem Maße das Interesse von Wissenschaft und Öffentlichkeit auf sich gezogen.

Sieht man hier von den personell bedingten Krisen ab, so muß zunächst der Streit um Notwendigkeit und Existenzberechtigung des Wehrbeauftragten erwähnt werden. Zwar ist zuzugeben, daß das gesetzgeberische Werk und die Berufung des nunmehr bereits dritten Wehrbeauftragten in gewisser Weise vollendete Tatsachen geschaffen haben. Es kann auch nicht geleugnet werden, daß die Institution inzwischen in der Öffentlichkeit weitverbreitete Anerkennung gefunden hat[2], zumindest insoweit, als sich von ihr die mehr personell begründeten Krisen um die ersten beiden Amtsträger trennen lassen.

Aber damit ist über die abstrakte Notwendigkeit eines Wehrbeauftragten kaum etwas ausgesagt. Auch ein an und für sich überflüssiges Organ kann „funktionieren".

Die Wehrgesetzgebung wurde seinerzeit von der unbedingten Absicht bestimmt, den Grundrechtsschutz im militärischen Gewaltverhältnis zu gewährleisten und — damit auch zusammenhängend — die par-

---

[1] *Maurer* S. 8 f. unter Berufung auf den von *Hahn* in ArchöR 84 (1959)/421 ff. und S. 451 ff. angestellten Vergleich zwischen deutschem und schwedischem WBA.
[2] Wobei allerdings der Kredit, den Kontrollinstanzen allgemein in der öffentlichen Meinung genießen, auch dem WBA in großem Maße zugute gekommen sein dürfte (*Maurer* S. 53).

lamentarische Kontrolle zu intensivieren[3]. Das ist im Ansatz unzweifelhaft begrüßenswert; doch scheint mit der Forderung nach einem Wehrbeauftragten ein Übermaß an Mitteln geschaffen worden zu sein, die Schutz und Kontrolle verwirklichen helfen sollen[4]. Im Anschluß an die Kritik *Dürigs*[5] ist festzustellen, daß eine Verfassung, die die Wehrverfassung als ihren integrierenden Bestandteil betrachtet, eine Armee nicht so „summiert mißtrauisch" behandeln dürfte, wie es tatsächlich geschehen ist.

Von den neben dem Wehrbeauftragten bestehenden Kontrollen seien hier nur folgende als die wesentlichsten erwähnt: das ordentliche Beschwerderecht des Soldaten, das in ein Verfahren vor der unabhängigen Gerichtsbarkeit ausmündet, die besondere Untersuchungskompetenz des Verteidigungsausschusses und endlich die parlamentarische Verantwortlichkeit des Bundesministers der Verteidigung in dessen Eigenschaft als Inhaber der obersten Befehlsgewalt[6]. Von dem militärinternen Beschwerderecht abgesehen sind diese Kontrollmöglichkeiten im deutschen Wehrrecht neu. Ihre Häufung wird besonders dann plastisch sichtbar, wenn man sie mit dem ausländischen Recht vergleicht, auf dessen Vorbild sie zurückgehen. So lehnt sich die Sonderstellung des Verteidigungsausschusses an das amerikanische Recht an, dem jedoch der Wehrbeauftragte fremd ist. Das schwedische Recht wiederum, das als Beispiel für die Schaffung des Wehrbeauftragten gedient hat, kennt nicht die Besonderheit des Verteidigungsausschusses. Schließlich besteht in beiden Rechtskreisen kein nach Art der WBO durchgebildetes Beschwerderecht mit der Möglichkeit einer Anrufung gerichtlichen Schutzes[7].

Folgt man weiterhin Dürig, so müssen sich mit der Feststellung, daß die Effektivität einer Kontrolle sicher nicht von der Quantität der Kontrollinstanzen abhängig ist, die Bedenken gegen die Notwendigkeit eines Wehrbeauftragten erhöhen.

Dennoch soll dem Wehrbeauftragten die Existenzberechtigung hier nicht abgesprochen werden. Einmal dürfte eine Kontrolle tatsächlich effektiver sein, wenn sie von einer Einzelperson und nicht von einem größeren und damit schwerfälligeren Gremium ausgeübt wird[8]. Zum

---

[3] Zur gesetzgeberischen Motivation siehe aber auch die interessanten Folgerungen W. *Webers* in Festschrift für Carl Schmitt S. 267 f.
[4] Daß die Schaffung dieses besonderen Kontrollorgans gar „unerläßlich" sein soll (so *Willms* S. 109), will jedenfalls nicht recht einleuchten, zumal gerade die weiteren Ausführungen von *Willms* hierbei erhebliche Tatsachen übergehen.
[5] In Maunz-Dürig Rdnr. 4 zu Art. 45 b GG.
[6] Zu diesen und weiteren Sicherungen vgl. *Maurer* S. 9 und auch *Dürig* ebenda.
[7] Vgl. hierzu *Maurer* und *Dürig* ebenda.
[8] Darauf legt *Maurer* S. 13 f. besonderen Wert (vgl. auch a.a.O. S. 50 ff.).

anderen ist es eine bekannte Tatsache — auf sie wird im nächsten Kapitel noch näher einzugehen sein —, daß der einfache Soldat dem ordentlichen Beschwerderecht gegenüber starke Hemmungen empfindet. Er bringt der militärischen Hierarchie, über die allein der Weg zu den Gerichten führt, Mißtrauen entgegen, das kaum mit durchschlagendem Erfolg ausgeräumt werden kann. Andererseits wieder macht er auch von seinem parlamentarischen Beschwerderecht i. e. S. nur sehr selten Gebrauch. Hier kann der Wehrbeauftragte also eine Lücke füllen, die anders kaum zu schließen wäre. Die relativ hohe Zahl der an den Wehrbeauftragten gerichteten Eingaben von Soldaten weist auf ein psychologisch bedingtes Bedürfnis nach einer derartigen Rechtsschutzinstanz hin.

Damit läßt sich im Ergebnis feststellen, daß die Einführung eines Wehrbeauftragten zwar keineswegs „notwendig" gewesen ist. Auch ohne ihn sind Grundrechtsschutz und parlamentarische Kontrolle in Bezug auf die Bundeswehr in einem Umfang gewährleistet, der weit über früher vorhandene Sicherungen hinausreicht und durchaus auch als modernen Anforderungen genügend erscheint. Der neuen Institution kann aber, wenn man insbesondere die vorerwähnten psychologischen Momente berücksichtigen will, eine Existenzberechtigung auch wieder nicht gänzlich abgesprochen werden.

Besonderes Interesse wurde auch der Frage nach der verfassungsrechtlichen Einordnung der neugeschaffenen Institution entgegengebracht, obgleich sich hier in den letzten Jahren eine herrschende Meinung herausgebildet hat.

Nach einer Anschauung[9] soll dem Wehrbeauftragten eine Doppelstellung zukommen. Wenn er auch als „Hilfsorgan des Bundestages bei der Ausübung der parlamentarischen Kontrolle" unzweifelhaft dem Bereich der Legislative angehöre, so sei er doch hinsichtlich seiner Aufgabe „Schutz der Grundrechte" selbständiges Verfassungsorgan. Da er als Hüter der Grundrechte aber auch nicht der Exekutive angehöre, stehe er insoweit als neutrales Organ zwischen den herkömmlichen Gewalten.

Demgegenüber sieht die herrschende Lehre[10] in der Institution des Wehrbeauftragten ausschließlich ein Hilfsorgan der Legislative. Sie

---
[9] *Ule* GRSold S. 119 ff. und in JZ 57/423; ebenso *Groß* DVBl. 57/344; *Maunz* Lehrbuch S. 159; *v. Mangoldt-Klein* S. 959; *Hamann* S. 288.
[10] Erstmalig wohl *Köttgen* GRSold S. 137 (Diskussionsbeitrag); *Schäfer* NJW 56/531; *Kipp* DÖV 57/515; *Kuhne* S. 70; *Willms* S. 102 ff.; *Runte* S. 102; *Lerche* GR IV/1 S. 528; *Mattern* DÖV 59/842; *Dürig* in Maunz-Dürig Rdnr. 5 ff. zu Art. 45 b GG; *Barth* GRSold S. 106; *Jaeger* Festschrift für W. Apelt S. 133; vgl. auch Abgeordneter *Dr. Kliesing* in Sten. Ber. BT 2. WP 204. Sitzung vom 11. 4. 1957 S. 11603.

weist nach, daß auch der Schutz der Grundrechte Inhalt des parlamentarischen Kontrollrechts ist. Zwar wurde in Art. 45 b GG der Schutz der Grundrechte als die bedeutsamste Aufgabe des Wehrbeauftragten hervorgehoben. Aber daraus läßt sich ebensowenig wie aus den Bestimmungen des Gesetzes über den Wehrbeauftragten schließen, daß hiermit eine Ausklammerung aus dem parlamentarischen Bereich unter Zuweisung einer Sonderfunktion und damit einer Sonderstellung erfolgt ist. Auch hinsichtlich des Schutzes der Grundrechte übt der Wehrbeauftragte parlamentarische Kontrollbefugnisse aus. Er ist damit insgesamt als Hilfsorgan des Bundestages anzusehen und ausschließlich dem parlamentarischen Bereich zuzuordnen. Dieser Ansicht ist vorbehaltlos zuzustimmen[11, 12].

Spricht Art. 45 b GG nur von dem schon erwähnten Schutz der Grundrechte und dem Wehrbeauftragten als Hilfsorgan bei der Ausübung der parlamentarischen Kontrolle, so gibt das zu Art. 45 b GG ergangene Gesetz näheren Aufschluß über die Art der Amtsausübung.

Nach § 2 Abs. I WbG wird der Wehrbeauftragte auf Weisung des Bundestages oder des Verteidigungsausschusses zur Prüfung bestimmter Vorgänge tätig. Er kann aber auch nach eigenem pflichtgemäßen Ermessen dann tätig werden, wenn ihm bei Truppenbesuchen, durch Mitteilung von Mitgliedern des Bundestages, durch Beschwerden von Soldaten oder auf andere Weise Umstände bekannt werden, die auf eine Verletzung der Grundrechte im militärischen Gewaltverhältnis oder der Grundsätze der inneren Führung[13] schließen lassen (§ 2 Abs. II WbG). In der Praxis hat sich das Weisungsrecht bisher als nur von relativ geringer Bedeutung erwiesen. Von ihm wurde in den ersten

---

[11] Zur eingehenden Begründung vgl. *Dürig* in Maunz-Dürig Rdnr. 5 bis 8 zu Art. 45 b GG und insbesondere die Dissertation von *Dieter Kuhne*.
[12] Neue Gesichtspunkte hierzu werden jüngst von *Maurer* vorgetragen. *Maurer* geht davon aus, daß organisatorische Stellung und funktionelle Einordnung scharf zu trennen seien (S. 20 f.). Organisatorisch sei der WBA eigenständig und nicht „Organ" des Bundestages (insbesondere S. 28 ff.). Funktionell dagegen sei er in den Bereich der parlamentarischen Kontrolle eingegliedert (insbesondere S. 44 f.), wenn auch seine Kompetenzen die Tendenz zur funktionellen Verselbständigung in sich bergen (S. 47 ff.). Die Doppeltheorie wird ausdrücklich abgelehnt (S. 45 f).
Die scharfe und ausführlich belegte Trennung zwischen organisatorischer Stellung und funktioneller Einordnung ist eine erhebliche Bereicherung der herrschenden Lehre. Doch darf nicht übersehen werden, daß der Funktion entscheidende Bedeutung zukommt und daß sie Rückwirkungen auch auf die organisatorische Stellung und damit auf die Gesamteinordnung des WBA ausübt.
[13] Zu den „Grundsätzen der inneren Führung", die interessanterweise in Art. 45 b GG nicht erwähnt werden, vgl. die teilweise Kritik von *Hahn* in DVBl. 60/415. *Hahn* erachtet dort eine Klärung des vielschichtigen Begriffs, der sittliche, politische, sozialpsychologische und pädagogische Elemente enthält, für dringlich.

fünf Jahren der Tätigkeit von Wehrbeauftragten zweimal Gebrauch gemacht. Demgegenüber stehen etwa 23 000 Eingaben usw. im gleichen Zeitraum, die ein Tätigwerden nach § 2 Abs. II WbG bewirken sollten und zum großen Teil auch bewirkt haben.

An den vorerwähnten 23 000 Eingaben usw. haben den weitaus größten Anteil Beschwerden von Soldaten, die auf § 7 WbG beruhen. Diese Beschwerden sind also zumindest quantitativ als das wichtigste Informationsmittel des Wehrbeauftragten anzusehen.

II. Beschwerden an den Wehrbeauftragten

Bei näherer Betrachtung erweist sich das in § 7 WbG eingeräumte außerordentliche Beschwerderecht als nahezu[14] unbeschränkt. Allein Gemeinschaftsbeschwerden sind auch hier unzulässig, der Soldat muß sich einzeln an den Wehrbeauftragten wenden. Außerdem muß erkennbar sein, wer sich beschweren will. Denn nach § 8 WbG werden anonyme Eingaben nicht bearbeitet.

Weitere Einschränkungen enthält das Beschwerderecht nach § 7 WbG nicht[15]. Das bedeutet, daß sich der Soldat auch dann an den Wehrbeauftragten wenden kann, wenn er weder eine Verletzung von Grundrechten noch eine solche der Grundsätze über die innere Führung geltend machen will. In der Praxis scheinen derartige Beschwerden sogar nicht einmal selten zu sein[16], obgleich die „Grundsätze über die innere Führung" an sich schon eine sehr weite Auslegung der Zuständigkeit ermöglichen. In diesen Fällen, die überhaupt keinen unmittelbaren Zusammenhang mit dem von ihm zu schützenden Bereich mehr erkennen lassen, leitet der Wehrbeauftragte die Eingaben an die jeweils für die Erledigung zuständigen Stellen zur Bearbeitung in deren eigener Verantwortung weiter. Er läßt sich über die Art der Erledigung berichten. Sodann prüft er, ob diese den Grundsätzen über die innere Führung entsprach[17].

Positiv ausgedrückt ist damit kein Fall denkbar, in dem sich ein Soldat nicht an den Wehrbeauftragten wenden könnte, um diesem unrechtmäßige, aber auch unzweckmäßige[18] Maßnahmen zur Kenntnis zu brin-

---

[14] Ein wenig zu weit geht jedoch der *WBA-Jahresbericht* 1960 S. 9, nach dem § 7 WbG keine Einschränkungen sachlicher oder sonstiger Art zulassen soll.
[15] Auf das Gebot zur Sachlichkeit und ähnliche immanente Gesichtspunkte wird noch im nächsten Kapitel einzugehen sein.
[16] Vgl. *WBA-Jahresbericht* 1960 S. 9.
[17] Vgl. *WBA-Jahresbericht* 1960 S. 9/10.
[18] Vgl. z. B. *WBA-Jahresbericht* 1960 S. 8.

gen. Das kann in Angelegenheiten dienstlicher oder persönlicher[19] Art geschehen, in eigener wie auch in fremder[20] Sache, durch schriftliche oder auch durch mündliche[21] Beschwerde ohne jede Gebundenheit an eine Frist.

Damit geht das Beschwerderecht nach § 7 WbG wesentlich weiter als das nach der Wehrbeschwerdeordnung. Es geht aber auch noch weiter als das Petitionsrecht nach Art. 17 GG, da keine Schriftform verlangt wird.

Die Wirksamkeit der von Soldaten an den Wehrbeauftragten gerichteten Eingaben wird allerdings in zweifacher Hinsicht begrenzt. Einmal vermögen sie nicht die ordentliche Wehrbeschwerde nach der WBO zu ersetzen, soweit diese zwingende Zulässigkeitsvoraussetzung für die Beschreitung des Gerichtsweges ist. Versäumt der Beschwerdeführer also die Fristen der WBO und legt er nur Beschwerde beim Wehrbeauftragten ein, so geht er damit der Möglichkeit verlustig, sein Recht im Wege gerichtlicher Klage geltend zu machen[22].

Zum anderen hat der Wehrbeauftragte auch keine eigene und unmittelbare Abhilfekompetenz. Wird von ihm nach Überprüfung einer Eingabe[23] deren Begründetheit festgestellt, so hat er lediglich folgende Initiativbefugnisse:

Er kann nach § 3 Ziff. 2 WbG „den zuständigen Stellen Gelegenheit zur Regelung einer Angelegenheit geben" oder nach § 3 Ziff. 3 WbG „einen Vorgang der für die Einleitung eines Straf- oder Disziplinarverfahrens zuständigen Stelle zuleiten". Weiterhin kann er nach § 2 Abs. II Satz 2 WbG den Bundestag oder den Verteidigungsausschuß über den Jahresbericht hinaus durch einen Einzelbericht von dem Ergebnis seiner Nachprüfungen unterrichten.

Damit sind die Möglichkeiten des Wehrbeauftragten, Grundrechte und innere Führung über die bloße Feststellung nach Wertung des Sachverhalts hinaus zu schützen, bereits erschöpft. Ein Weisungsrecht gegenüber der Staatsanwaltschaft[24] oder die Befugnis — wie sie dem

---

[19] Die Jahresberichte weisen eine erhebliche Anzahl von Eingaben aus, die sich mit Wohnungsproblemen, dem Schulbesuch der Kinder und ähnlichem befassen.

[20] Im *WBA-Jahresbericht* 1963 werden z. B. 36 Beschwerden in fremder Sache angeführt.

[21] Diese werden vornehmlich bei den Truppenbesuchen vorgetragen.

[22] Vgl. aber BDHE (WDS) 5/227, wo recht weitgehende Ausnahmen zugelassen werden sollen. Dazu bereits oben im 5. Kapitel S. 67 Fußn. 52.

[23] Zur Überprüfung eines Sachverhalts wurden dem Wehrbeauftragten jedoch weitgehende Rechte eingeräumt. Siehe § 3 Ziff. 1, 4, 6, § 4 WbG.

[24] Ein solches Weisungsrecht sah noch der SPD-Entwurf in § 4 Abs. IV Satz 2 vor (Drucksache BT 2. WP Nr. 2441).

schwedischen Wehrbeauftragten zusteht — selbst Anklage zu erheben, steht ihm nicht zu. Ebenso fehlt ihm eine Möglichkeit, direkt militärischen Vorgesetzten oder Verwaltungsstellen Weisungen zu erteilen[25] oder sich in das ordentliche Beschwerdeverfahren nach der WBO anders als mit bloßen Empfehlungen einzuschalten[26].

Allerdings darf andererseits nicht unberücksichtigt bleiben, daß den Anregungen und Hinweisen des Wehrbeauftragten stets ein nicht unbedeutendes Gewicht zukommt[27]. In der Praxis haben sich nach Auskunft der Jahresberichte bisher jedenfalls keine nennenswerten Schwierigkeiten ergeben. Es wird vielmehr betont, daß die Zusammenarbeit mit der Bundeswehr erfreulich gut sei. Dem muß entnommen werden, daß sich der Wehrbeauftragte mit seinen Feststellungen und den darauf fußenden Rechtsanschauungen offenbar gegenüber der Truppe, der Bundeswehrverwaltung und auch gegenüber dem Bundesministerium der Verteidigung durchzusetzen vermag. Die verfassungsrechtliche Stellung mit dem im unmittelbaren Hintergrund stehenden Bundestag verleiht der Institution bisher hinreichende Autorität[28].

Kann sich der Wehrbeauftragte im übrigen bei der zunächst von ihm angerufenen Stelle ausnahmsweise nicht durchsetzen, so pflegt er sich an die nächsthöhere Stelle oder an den Bundesminister der Verteidigung zu wenden[29]. Die daraufhin im Dienstaufsichtswege erfolgende Regelung hat noch keinen erkennbaren Anlaß zu Beanstandungen gegeben.

Daß der Wehrbeauftragte darauf beschränkt ist, zur Abhilfe Empfehlungen statt Weisungen zu erteilen, vermag kaum zu überraschen, wenn man mit der zutreffenden und herrschenden Ansicht davon ausgeht, daß er ausschließlich dem Bereich der Legislative angehört. Verwehrt die Sperrfunktion des Gewaltentrennungsprinzips dem Parlament selbst direkte Eingriffe in den Bereich der vollziehenden Gewalt, so haben die gleichen Schranken auch für den Wehrbeauftragten der Volksvertretung Geltungsanspruch. Werden der Bundestag oder sein

---

[25] Vgl. insbesondere *Kipp* DÖV 57/515 und ferner *v. Mangoldt-Klein* S. 963.

[26] Zum Fehlen eines Weisungsrechts siehe die kritischen Bemerkungen von *Ule* in JZ 57/427, denen *v. Mangoldt-Klein* S. 963 beitreten wollen.

[27] Die Behauptung von *Groß* DVBl. 57/344, daß sie „einem Weisungsrecht im Ergebnis schon recht nahe kommen", dürfte jedoch zu weit gehen. Die Möglichkeit von Konflikten bleibt bestehen, und darauf kommt es hier alleine an. Einer ähnlichen Formulierung wie *Groß* bedient sich *Maurer* S. 36, der dann aber das Fehlen eines wirklichen Weisungsrechts betont und auch hervorhebt, daß die Anregungskompetenz des WBA nicht zum „Ersatz eines Weisungsrechts" werden soll und darf.

[28] So auch *Dürig* in Maunz-Dürig Rdnr. 19 zu Art. 45 b GG.

[29] Ein solches Vorgehen wird hin und wieder in den WBA-Jahresberichten erwähnt. Vgl. auch *Hahn* DVBl. 60/417.

Wehrbeauftragter als Beschwerdeinstanz angerufen, so sind ihre Möglichkeiten, Abhilfe zu schaffen, in gleicher Weise den durch die Gewaltentrennung gesetzten Grenzen unterworfen und in gewisser Hinsicht gleichermaßen unvollkommen.

III. Verhältnis von § 7 WbG zu Art. 17 GG und zur WBO

Die soeben gezogene Parallele gibt Anlaß zu der Frage, wie sich das Recht aus § 7 WbG und das aus Art. 17 GG zueinander verhalten. In den Stellungnahmen von Literatur[30] und Rechtsprechung[31] wird das Gebrauchmachen von dem Recht, sich mit Eingaben an den Wehrbeauftragten zu wenden, als Ausübung des Petitionsrechts angesehen. Dem ist im Grundsatz zuzustimmen. Allerdings ist zu berücksichtigen, daß es sich hier um eine besondere Ausprägung des Petitionsrechts handelt und § 7 WbG jedenfalls nicht bloß deklaratorischer Natur ist.

Geht man mit der herrschenden Meinung davon aus, daß der Wehrbeauftragte ganz dem parlamentarischen Bereich angehört, dann wäre es dogmatisch folgerichtig gewesen, Eingaben an den Wehrbeauftragten als solche an die Volksvertretung zu behandeln. Dementsprechend sah auch der von Dr. Jaeger und Genossen seinerzeit eingebrachte Entwurf vor, daß Eingaben an den Wehrbeauftragten als Petitionen an den Bundestag gelten und dort ohne Bearbeitung vorgelegt werden sollten[32]. Dieser sollte sie dann nach Ermessen selber behandeln oder auch zur näheren Überprüfung an den Wehrbeauftragten zurückverweisen können[33]. Der Entwurf wollte die neue Institution also unzweifelhaft nicht als selbständige Petitionsinstanz ausgestaltet. Rechtliche Bedenken hätten hiergegen kaum bestehen können.

---

[30] *Runte* S. 69; *Willms* S. 118; *Eitel* S. 149 f.; *Hoffmann* S. 74; *Möller* BWV 64/150; *Frahm* S. 16, S. 35; *Dürig* in Maunz-Dürig Rdnr. 20 zu Art. 45 b GG.
[31] BDHE (WDS) 6/145 unter Berufung auf *Dürig* ebenda; vgl. auch BDH (WDS) 5/228 f. — Nach *Maurer* S. 33 können die Eingaben der Soldaten „etwa mit Petitionen verglichen werden".
[32] Drucksache BT 2. WP Nr. 2529.
[33] Die hier wesentlichen Teile des Entwurfs lauten: § 3. Der Wehrbeauftragte hat insbesondere folgende Aufgaben: Ziff. 4: Die Nachprüfung der an den Bundestag, seine Ausschüsse und Fraktionen sowie an einzelne Abgeordnete gerichteten Beschwerden bezüglich der Bundeswehr, die ihm zur Bearbeitung zugewiesen werden.
§ 5. Abs. I: Der Deutsche Bundestag, seine Ausschüsse und Fraktionen sowie die Abgeordneten können alle an sie gerichteten Beschwerden bezüglich der Bundeswehr an den Wehrbeauftragten abgeben. Dieser macht von der Art. der Erledigung Mitteilung. Abs. II: Beschwerden, die dem Wehrbeauftragten unmittelbar zugehen, gelten als Beschwerden an den Deutschen Bundestag und sind diesem ohne Bearbeitung vorzulegen. Absatz I gilt entsprechend.

Die endgültige Fassung des Ausführungsgesetzes zu Art. 45 b GG folgt indessen mit ihrem § 7 dem Entwurf der SPD-Fraktion[34]. Wahrscheinlich allein aus Zweckmäßigkeitserwägungen heraus wurde der Wehrbeauftragte mit einer eigenen Zuständigkeit ausgestattet, Eingaben entgegenzunehmen und zu bearbeiten.

Das ist dogmatisch interessant, weil hiermit im parlamentarischen Bereich eine zusätzliche Petitionsinstanz eingerichtet wurde, die zwar mit einem Beauftragten der Volksvertretung, nicht aber mit einem Abgeordneten besetzt ist[35]. Bedenken können allerdings auch gegen diese Regelung nicht vorgebracht werden. Denn die neugeschaffene Instanz ist eben nur eine zusätzliche, eine echte Delegation liegt nicht vor. Die Möglichkeit, sich unmittelbar an die Volksvertretung zu wenden, bleibt weiterhin in vollem Umfange bestehen[36]. Zudem steht die eigene Zuständigkeit des Wehrbeauftragten als Petitionsinstanz unter dem Vorbehalt, daß der Bundestag durch seinen Verteidigungsausschuß sich nicht selber mit dem Gegenstand der Petition befassen will. In diesem Fall muß nämlich das Untersuchungsrecht des Verteidigungsausschusses als das eines echten parlamentarischen Organs dem des beauftragten „Hilfsorgans" vorgehen[37].

Weiterhin ist zu beachten, daß § 7 WbG das ursprüngliche Petitionsrecht noch insofern erweitert, als nun auch mündliche Beschwerden unter gesetzlichen Schutz fallen. Zwar ist dem deutschen Verfassungsrecht ein Recht auf das Vorbringen von mündlichen Petitionen nicht unbekannt[38]. Aber unter den Schutz des Art. 17 GG fallen nur schriftliche Eingaben.

Aufgrund dieser Feststellungen ist § 7 WbG konstitutiver Charakter zuzusprechen. Zugleich mit der Delegation parlamentarischer Unter-

---

[34] § 4 Abs. III in Drucksache BT 2. WP Nr. 2441.
[35] Eine wenn auch nur entfernte Ähnlichkeit ist hier mit der Behandlung von Petitionen nach der Geschäftsordnung des bayerischen Landtages festzustellen. Nach dieser empfängt, bearbeitet und entscheidet der Petitionsausschuß die an den Landtag gerichteten Petitionen an dessen Stelle kraft ähnlich delegierter Zuständigkeit. Die übrigen Geschäftsordnungen der deutschen Parlamente behalten wenigstens die Entscheidung dem Plenum vor. Zur bayerischen Regelung vgl. BayVGH in VGH n. F. 10/II/20 ff. und *Nawiasky* in Festschrift für W. Apelt S. 137 ff.
[36] *Mercker* S.8; *Eitel* S. 150; *Dürig* in Maunz-Dürig Rdnr. 20 zu Art. 45 b GG; ebenso auch schon vor Einbringen der Entwürfe zum WbG der schriftliche Bericht des Rechtsausschusses in Drucksache BT 2. WP Nr. 2150.
[37] Ausführlich und überzeugend hierzu *Dürig* in Maunz-Dürig Rdnr. 10, 11 zu Art. 45 b GG. Siehe auch unten!
[38] Grundrechtsschutz auch für mündliche Petitionen besteht bzw. bestand nach Art. 16 der hessischen Verfassung und Art. 13 der baden-württembergischen Verfassung von 1946.

suchungszuständigkeiten wird auf den Wehrbeauftragten auch die Eigenschaft als Petitionsinstanz auf parlamentarischer Ebene übertragen[39]. Dabei wird nicht nur die Petitionsinstanz „Volksvertretung" um einen mit eigener Zuständigkeit versehenen Adressaten erweitert, sondern auch das Petitionsrecht selbst auf das Vorbringen mündlicher Petitionen ausgedehnt.

Da es sich hier nun allein um eine Erweiterung des ohnehin dem Parlament gegenüber bestehenden Petitionsrechtes handelt, die in etwaiger Entsprechung zu dem Dr. Jaeger-Entwurf ohne Bedenken jederzeit auch wieder gänzlich entzogen werden könnte, darf die Beschränkung auf Einzelbeschwerden in § 7 WbG nicht als echte Grundrechtsbeschränkung im Sinne des Art. 19 Abs. I Satz 2 GG[40] betrachtet werden[41]. Eine Erweiterung kann begrifflich nicht zugleich eine Einschränkung sein. Im übrigen läßt sich aber gerade auch aus der Nichtbeachtung des Art. 19 Abs. I Satz 2 GG auf den bewußt erweiternden und damit konstitutiven Charakter des § 7 WbG schließen. Denn die nur ein halbes Jahr zuvor verabschiedete Wehrbeschwerdeordnung enthält in § 1 Abs. IV eine Art. 19 Abs. I Satz 2 GG genügende Klausel.

Zu echten Kompetenzkonflikten zwischen Bundestag und Wehrbeauftragten kann es hinsichtlich der Bearbeitung von Beschwerden nicht kommen, wie hier noch anzumerken ist. Es wurde bereits angedeutet, daß das Untersuchungsrecht des Verteidigungsausschusses als Organ des Bundestages[42] dem des bloßen Hilfsorgans Wehrbeauftragter vorgeht. Letzterer ist zwar andauernd mit der Wahrnehmung parlamentarischer Kontrollbefugnisse beauftragt. Damit hat der Wehrbeauftragte aber nur ein Recht erlangt, an Stelle des Bundestages beziehungsweise seines Verteidigungsausschusses tätig zu werden, nicht aber darauf, neben diesem und damit gewissermaßen gegen ihn Untersuchungen anzustellen. Der weniger qualifizierte Beauftragte muß zurücktreten,

---

[39] Das geschah überwiegend, um rein objektiv die Informationsmöglichkeiten des Wehrbeauftragten zu mehren. Bemerkenswert ist insoweit, wie § 2 Abs. II WbG bei den Veranlassungen zu einem Tätigwerden die Soldatenbeschwerden zwischen Mitteilungen von Abgeordneten und „auf andere Weise bekannt gewordene Umstände" stellt. So im Ergebnis auch *Maurer* S. 33 f.
[40] Wenn man nicht ohnehin *v. Mangoldt-Klein* S. 547 ff. folgen will, die trotz des entgegenstehenden Wortlauts mit überzeugenden Gründen Art. 19 Abs. I Satz 2 GG nur als Sollvorschrift ansehen!
[41] A. A. *Hoffmann* S. 75 und im Grundsatz auch *Runte* S. 71, die die Beschränkung auf Einzelpetitionen wegen Verstoßes gegen die angeführte Verfassungsnorm als nichtig ansehen wollen. Das widerspricht indessen auch der vom Wehrbeauftragten geübten Praxis, der Sammelbeschwerden nicht bearbeitet.
[42] Dem Plenum ist auf dem Gebiet des Verteidigungswesens das Untersuchungsrecht durch Art. 45 a Abs. III GG entzogen. Dafür hat der Verteidigungsausschuß nach Art. 45 a Abs. II GG ein eigenes Untersuchungsrecht.

wenn der Auftraggeber ausnahmsweise selber von irgendwelcher Seite behauptete Mißstände überprüfen will[43].

Somit können zwar von dem Beschwerdeführer unabhängig voneinander Eingaben, die sich auf denselben Beschwerdegegenstand beziehen, gleichzeitig an den Wehrbeauftragten und an das Parlament gerichtet werden. Ein Tätigwerden des Wehrbeauftragten kommt in diesem Fall aber nur dann in Betracht, wenn der Ausschuß für Verteidigung nicht selbst von seinem Untersuchungsrecht Gebrauch machen will; es ist also subsidiär. Der Ausschuß für Verteidigung kann im übrigen auch jederzeit von dem Wehrbeauftragten begonnene Untersuchungen durch eigenes Tätigwerden an sich ziehen, ohne selbst in dem betreffenden Fall unmittelbar mit der den Anlaß bildenden Petition angerufen worden zu sein.

Demgegenüber sind das Beschwerderecht nach der WBO und das Recht, sich an den Wehrbeauftragten zu wenden, voneinander vollkommen unabhängig. Beschwerden an den Wehrbeauftragten und die nach der WBO zuständigen Stellen können über denselben Beschwerdegegenstand nicht nur gleichzeitig und unabhängig voneinander eingelegt, sondern auch unabhängig voneinander entschieden werden. Der ordentliche Beschwerdeweg innerhalb des exekutivischen Bereichs unter Einschluß der Möglichkeit, den Gerichtsweg zu beschreiten, und der außerordentliche Weg zum Parlament oder dessen Beauftragten laufen ohne Berührungspunkte nebeneinander her.

Obgleich — soweit ersichtlich — hierbei noch keine praktisch erheblichen Schwierigkeiten bekannt geworden sind, ist nicht zu übersehen, daß die Gefahr zu voneinander abweichenden Entscheidungen und damit zu einer „Erschütterung (insbesondere) der Vorgesetztenautorität"[44] theoretisch nicht unbeträchtlich ist. Es muß als bedauerlich bezeichnet werden, daß sich der Gesetzgeber nicht wenigstens hier um eine Abgrenzung des Beziehungsverhältnisses zwischen den verschiedenen Beschwerdemöglichkeiten bemüht hat.

Wird gleichzeitig ordentliche Beschwerde nach der WBO und Beschwerde nach § 7 WbG eingelegt, so erfahren die verschiedenen Instanzen hiervon spätestens bei den Untersuchungen des Wehrbeauftragten[45]. Dieser geht dann nach dem bisher geübten Verfahren in der

---

[43] Ausführlich *Dürig* in Maunz-Dürig Rdnr. 9, 10, 11, zu Art. 45 b GG. A. A. *Martens* S. 179; *Hahnenfeld* Wehrverfassungsrecht S. 116.
[44] So *Rittau* (SG) Anm. XX zu § 6 SG.
[45] Häufig enthält aber die Eingabe an den Wehrbeauftragten wohl schon einen Hinweis auf die zugleich nach der WBO eingelegte Beschwerde. Vgl. z. B. *WBA-Jahresbericht* 1959 S. 22 (Nr. 19), wo sogar ausdrücklich um Unterstützung der ordentlichen Beschwerde gebeten wird. Siehe auch ebenda S. 20 (Nr. 7).

Weise vor, daß er die nach der WBO für die Entscheidung zuständige Stelle von der bei ihm eingegangenen Beschwerde in Kenntnis setzt und sich mittels einer Durchschrift von dem im ordentlichen Verfahren erteilten Bescheid unterrichten läßt[46].

Hält der Wehrbeauftragte die Entscheidung für gerechtfertigt, so ist die Angelegenheit damit für ihn erledigt. Unerfreuliche Konsequenzen können sich aber dann ergeben, wenn er die Entscheidung für unrichtig hält, der Beschwerdeführer jedoch von einer weiteren ordentlichen Beschwerde absehen will. Wendet sich der Wehrbeauftragte nun nach pflichtgemäßem Ermessen an die nächsthöhere Dienststelle, so erfolgt damit eine Durchbrechung des Beschwerdeverfahrens nach der WBO.

Es wird hier jeweils eines sehr sorgfältigen Abwägens auf Seiten des Wehrbeauftragten bedürfen, welche Maßnahmen noch als zweckmäßig anzusehen sind. Die einem der parlamentarischen Sphäre angehörigen Organ eingeräumte Möglichkeit, mit nachhaltigen Empfehlungen in ein Beschwerdeverfahren innerhalb der Instanzen der Exekutive einzugreifen, scheint jedenfalls ohne genaue Kompetenzabgrenzung keine glückliche Lösung. Sie kann nur mit einem erheblichen Maß an Fingerspitzengefühl sinnvoll gehandhabt werden[47].

Zwar kann es zu etwa vergleichbaren Schwierigkeiten auch bei der Handhabung des ursprünglichen parlamentarischen Petitionsrechtes in Verbindung mit dem Untersuchungsrecht der Volksvertretung kommen. Doch darf hier nicht übersehen werden, daß schon rein quantitativ den dienstlichen Petitionen an das Parlament unvergleichlich viel geringere Bedeutung zukommt als denen an den Wehrbeauftragten. Zudem verkehrt das Parlament selbst unmittelbar nur mit den Spitzen der exekutivischen Hierarchie.

---

[46] Vgl. *WBA-Jahresbericht* 1959 S. 26.
[47] *Maurer* S. 33 Fußn. 85: „Wenn eine Angelegenheit durch das ordentliche Wehrbeschwerdeverfahren erledigt wird oder werden kann, sollte sich der WBA zurückhalten". Er muß es jedoch nicht — was Maurer in Frage stellt — da sich hierfür auf Grund der völligen Trennung beider Beschwerdezüge keinerlei Anhaltspunkt findet.

Vierter Abschnitt

Das Beschwerderecht in der Praxis, der Schutz des Beschwerderechts sowie Hinweis auf ausländische Wehrbeschwerderegelungen

Zwölftes Kapitel

Das Beschwerderecht in der Praxis und sein Schutz

Die Untersuchungen zum Beschwerderecht wären unvollständig, sofern nicht auch seine Ausübung und Handhabung im militärischen Alltag jedenfalls unter einem Gesichtspunkt berücksichtigt würden. Denn die Gewährung eines Rechts hat zumindest dann ihren Sinn verfehlt, wenn die Berechtigten trotz gegebenen Anlasses die Anwendung des Rechts scheuen. Zwar kann — das Ergebnis vorwegnehmend — ohne Zögern gesagt werden, daß die Soldaten der Bundeswehr von ihrem Beschwerderecht zum Teil durchaus Gebrauch machen. Doch eben nur zum Teil! Es ist nicht zu leugnen, daß heute wie früher Soldaten von dem Einlegen einer Beschwerde absehen, obgleich sie an sich wirklich hinreichende Gründe zu Beschwerden hätten[1].

Es sei in diesem Zusammenhang nur an den „Fall Nagold" erinnert. Die Ausbildung der jungen Rekruten in der Kompanie 6/9 hatte sich offenbar in nicht unerheblichem Maße mehr nach dem unrühmlichen Vorbild eines 08/15-Romans als nach den Richtlinien der Dienstvorschriften vollzogen[2]. In den nachfolgenden Strafprozessen mußte zur Kenntnis genommen werden, daß innerhalb einer einzigen Kompanie nicht weniger als elf Ausbilder in Ausübung ihres Dienstes straffällig geworden waren. Dennoch hatten die betroffenen Rekruten mit gleich-

---

[1] Die nachfolgenden Ausführungen haben weitgehend auch für das Vorbringen von Meldungen, Strafanzeigen und Gegenvorstellungen Geltung. Wie nämlich zur Abhilfe und zur Verhängung von Sühnemaßnahmen befugte Stellen auf zugefügtes Unrecht aufmerksam gemacht werden, ist hier nicht von Bedeutung.

[2] Diese treffende Formulierung entstammt einem Rundfunkkommentar von *Hans Heine* (NDR 1. Programm, 23. 12. 1964).

sam stoischem Gleichmut hingenommen, was auch immer ihnen zugemutet worden war, ohne von ihrem Beschwerderecht Gebrauch zu machen[3].

I. Probleme des Beschwerderechts

Erscheinungen der eben erwähnten Art sind nun zwar selten so auffallend wie bei den Nagolder Ereignissen, treten aber dennoch häufiger auf. Der erste Jahresbericht des Wehrbeauftragten v. Grolmann spricht in diesem Zusammenhang von einer „althergebrachten Problematik des Beschwerderechts"[4]. Wiederholt wurden auch von höchster Stelle Vorgesetzte wie Untergebene auf Wesen und Bedeutung des Beschwerderechts zusätzlich zu der allgemein vorgeschriebenen Unterrichtung hingewiesen, um dieser „althergebrachten Problematik" zu begegnen. Es sei nur an den Erlaß des Ministers v. Hassel vom 31. 1. 1964 erinnert, der die Folgerungen aus den Nagolder Vorfällen zieht und auch auf das Beschwerderecht eingeht[5]. Ein anderer Erlaß, der aus dem Jahre 1940 datiert und schon deswegen besonderes Interesse verdient, soll hier auszugsweise wörtlich wiedergegeben werden[6]. Er scheint — von nur geringem politischen Beiwerk befreit — auch heute noch in mehrfacher Hinsicht beispielhaft.

Der Erlaß geht zunächst auf die Erziehung „von oben nach unten" ein und weist dabei mit Nachdruck erneut[7] auf die „überragende Bedeutung des beispielhaften persönlichen und dienstlichen Verhaltens aller Vorgesetzten" hin. Doch genüge nicht diese Erziehung von oben nach unten. Ebenso wichtig sei die Erziehung im Kameradenkreise, ohne daß jedoch „auch nur im geringsten dem Spitzelsystem das Wort" geredet werden solle.

---

[3] Erst nach dem Tod des Rekruten Trimborn wurde eine Eingabe bei dem Wehrbeauftragten eingereicht. Gerade dieser Todesfall war jedoch auf Umstände zurückzuführen, die nicht zu Lasten der Vorgesetzten gingen.

[4] WBA-Jahresbericht 1959 S. 26. Vgl. im übrigen auch die Ausführungen der früheren hohen Offiziere *Sorge* in GRSold S. 143 (Diskussionsbeitrag) und *Schroeder* WK 56/88.

[5] Der Erlaß ist nicht veröffentlicht. Kurze Auszüge aus dem immerhin fünfundzwanzigseitigen Schriftstück finden sich bei *Stuckmann* S. 136 f. und in der WBO-IFÜ S. 3. Letztere ist übrigens in der Schriftenreihe Innere Führung 1964 bereits in vierter, veränderter Auflage erschienen!

[6] Erlaß des Oberbefehlshabers des Heeres *v. Brauchitsch* vom 27. 2. 1940 (Abt. z. B. V. OQu IV PA (2) I a/Nr. 1340/40); S. 15 f. in dem als „geheim" ausgezeichneten „Sammelheft zu OKH Nr. 300/40 g PA (2) I a vom 25. 10. 1940" — Verteiler bis zu den Bataillonen und selbständigen Kompanien. — Text auszugsweise auch bei *Dietz* (1941) S. 58.

[7] Vgl. dazu die weiteren Erlasse in dem ebengenannten Sammelheft, die alle für das Gebiet der Erziehung, Handhabung der Disziplinargewalt, Strafrechtspflege und Strafvollstreckung ergangen sind.

Der Erlaß fährt dann fort: „Noch besser als die Kameraden pflegen oft die Untergebenen ihren Vorgesetzten zu kennen. Es ist durchaus möglich, daß dem Vorgesetzten und den Kameraden Vorgänge entgehen, die der Abstellung bedürfen. Dazu soll die Beschwerde oder die Meldung dienen. In der Einheit, die gut und straff geführt wird, werden Beschwerden eine Ausnahme bilden, weil sich keine Veranlassung ergibt. Das hat dazu geführt, daß die Beschwerde sehr unbeliebt ist. Der beteiligte Vorgesetzte, in erster Linie der Kompanie- usw. Chef, fürchtet zu Recht, daß häufige Beschwerden ihm und seiner Führung zur Last gelegt werden, der Beschwerdeführer hat vor den Folgen seiner Beschwerde mehr Angst, als er Erleichterung durch die Abstellung eines Mißstandes empfindet. ... Die Scheu vor der Beschwerde wird nie ganz zu überwinden sein. Wohl aber wird der ... Soldat durch Erziehung zu der Erkenntnis zu bringen sein, daß er nicht nur sich, sondern der Gemeinschaft dient, wenn er Mißstände durch Beschwerde oder Meldung aufdeckt. Dazu ist allerdings erforderlich, daß ein Soldat, der sich zu Recht beschwert, wegen seines ‚Mutes in allen Dienstobliegenheiten' belobt wird und der Disziplinarvorgesetzte ganz besonders seine schützende Hand über ihn hält ...

Aufgabe der Kommandeure ist es, die Vorgesetzten *aller* Dienstgrade über Sinn und Bedeutung eines sachgemäß gehandhabten Beschwerderechts zu belehren und vor allem auch auf weitherzige — nicht buchstabenmäßige — Auslegung der Bestimmungen der Beschwerdeordnung Ziff. 5 (Fußn. 3—4)[8] hinzuweisen.

Es muß unter allen Umständen erreicht werden, daß jeder Angehörige des Heeres die unerschütterliche Gewißheit in sich trägt, daß ihm bei zugefügtem Unrecht und beim Vorbringen von Mißständen von seinen Vorgesetzten *unbedingt* Recht zuteil wird ..."

1. Abneigung von Vorgesetzten gegen Beschwerden

Bei der Frage nach den Motiven, die einen Soldaten von dem Einlegen einer Beschwerde Abstand nehmen lassen können, ist von einer Zweiteilung auszugehen. Die Motive sind einmal aus der Sphäre des Vorgesetzten herzuleiten und üben dann einen mittelbaren Einfluß auf den Untergebenen aus. Doch kann zum anderen auch das enge Verhältnis zwischen Vorgesetztem und Untergebenem ohne jede Bedeutung für das Nichteinlegen einer an sich begründeten Beschwerde sein.

---

[8] Ziff. 5 BO 36 entsprach etwa § 2 WBO, betonte aber die Möglichkeit eines Zur-Verantwortung-Ziehens wegen strafbarer Handlungen i. S. der Strafgesetze oder wegen Disziplinarübertretungen beim Einbringen einer Beschwerde.

Wie schon der eben wiedergegebene Erlaß ausführt, weisen jedenfalls für begründet befundene Beschwerden auf mangelnde Führungsqualitäten des Vorgesetzten hin[9]. Denn es ist ihm offenbar nicht gelungen, vorbeugend seine Unterführer zu ordnungsgemäßem Verhalten anzuleiten, und ebenso ist ihm der Vorwurf zu machen, daß er seiner umfassenden Dienstaufsichtspflicht nicht genügt hat. Richtet sich eine begründete Beschwerde gegen das Verhalten des Einheitsführers selbst, so sind negative Schlüsse auf seine Geeignetheit noch naheliegender.

Es ist daher menschlich zu verstehen, wenn Vorgesetzte über Beschwerden vielfach kaum erfreut sind. Sie müssen eventuell ihrer nächsten Beurteilung mit unguten Erwartungen entgegensehen[10]. Dennoch sollten sie ihren Unwillen über Beschwerden ihren Untergebenen gegenüber auch unter Berücksichtigung dieses Gesichtspunktes in eigenem Interesse nicht zum Ausdruck bringen. Wie den höheren Vorgesetzten wird auch ihnen deutlich gemacht, wo Mißstände einer dringenden Behebung bedürfen. Eine rechtzeitige Beschwerde vermag damit etwaige spätere Häufungen von Beschwerden oder ärgere Konsequenzen zu verhindern. Wiederum ist der Fall Nagold ein gutes Beispiel. Während die Kompanie 6/9 unter der Führung ihres letzten Chefs bis zu der Eingabe an den Wehrbeauftragten nach dem Tode des Rekruten Trimborn und den darauf folgenden intensiven Nachforschungen als die beste der Brigade galt, wurde sie praktisch über Nacht „zu einer Schande für das ganze Korps" — und im übrigen aufgelöst[11].

Zu einer Abneigung gegen Beschwerden führt auch die Tatsache, daß das Innehaben militärischer Befehlsbefugnisse zuweilen die Statuierung einer Art von Unfehlbarkeitsdogma bewirken kann. Beschwerden werden in diesem Rahmen als Auflehnung gegen die Disziplin gesehen[12], sie gelten allenfalls als „ausnahmsweises Recht des

---

[9] Weiter noch geht ein bei *Dietz* (1941) S. 57 wiedergegebener Kriegsschulleitfaden aus früherer Zeit. Danach sprechen begründete Beschwerden „nicht für die inneren Zustände einer Truppe; begründete Beschwerden gegen Vorgesetzte beweisen mindestens die Verletzung der Untergebenen durch die Vorgesetzten; Beschwerden der Mannschaft über ihre Kameraden eine unzulängliche Kameradschaft; unbegründete Beschwerden eine mangelhafte Erziehung der Untergebenen. Der Schuldige rüttelt an der Disziplin".
[10] Vgl. dazu auch die allerdings nur kurze Bemerkung von R. *Müller* in WWR 62/576 a. E.
[11] Anstelle der zahlreichen Zeitungsberichte vgl. hierzu die Angaben bei *Stuckmann* S. 116 f. und S. 128 f.
[12] Nur daraus ist es zu erklären, daß sowohl nach früherem deutschen als auch vielfach noch nach geltendem ausländischen Recht für unbegründet befundenes Beschweren strafbar war bzw. ist. Vgl. z. B. Ziff. 126 des italienischen Regolamento Di Disciplina Per L'Esercito von 1949: „Eine Beschwerde, die sich als unbegründet erweist, stellt einen Disziplinarverstoß dar; daher unterliegt derjenige, der sie einreicht, der Bestrafung. Ein Soldat, der sich

Untergebenen, gegen die Autorität des Vorgesetzten zu handeln"[13]. Doch wendet sich die Beschwerde nicht wirklich gegen die Autorität des Vorgesetzten, sondern gegen vermeintlich erlittenes Unrecht oder sonstige Mängel im Dienstbetrieb. Das Duldenmüssen von Maßnahmen, die auch im Rahmen der Wehrgesetze und militärischer Notwendigkeit unrichtig erscheinen, kann nicht Bestandteil der Disziplin sein[14]. Vorgesetztenautorität verleiht nicht das Recht zu falscher Behandlung der Untergebenen. Sie kann auch nicht von vorneherein unrichtiges Handeln ausschließen. — Unberührt davon bleibt naturgemäß die primäre Gehorsamspflicht, denn das Beschwerderecht ist auch wieder nicht ein Recht zum Ungehorsam[15].

2. Schutzvorschriften und Grenzen des Beschwerderechts

Etwaigen aus einer Abneigung der Vorgesetzten gegen Beschwerden entspringenden Folgen versuchte der Gesetzgeber nun dadurch zu begegnen, daß er besondere Vorschriften zum Schutz des Beschwerdeführers normierte.

An erster Stelle ist hier § 35 WStG zu nennen[16]. Danach macht sich ein Vorgesetzter strafbar[17], der einen Untergebenen durch Befehle, Versprechungen, Geschenke oder sonst auf pflichtwidrige Weise davon abhält, Eingaben, Meldungen oder Beschwerden bei den Parlamenten des Bundes oder der Länder, bei dem Wehrbeauftragten, bei einer Dienststelle oder bei einem Vorgesetzten anzubringen. Strafbar ist auch die Unterdrückung von Erklärungen durch Vorgesetzte, zu deren Prüfung oder Weitergabe dieser dienstlich verpflichtet war. Mit „Erklärungen" sind dabei die Eingaben, Meldungen oder Beschwerden im Sinne des zuvor Gesagten gemeint[18]. Der Unterschied zwischen beiden Bestimmungen besteht darin, daß hier bereits die Beschwerde usw. eingelegt worden war, während im ersten Fall ihre Abgabe erst bevorsteht. Stets ist im übrigen auch der Versuch des Vergehens unter Strafe ge-

---

durch häufiges Einreichen von Beschwerden aus geringfügigen Gründen von spitzfindigem und der Disziplin trotzendem Wesen erweist, muß bestraft werden". (Text nach *DDS* S. 471 und *Langer* WK 56/403).

[13] *Dietz* (1911) S. 6; ebenso *Beck* ArchMilR 3/108.

[14] Dem Sinne nach so denn auch zu Recht *Dietz* (1941) S. 55; vgl. ferner auch *Frahm* S. 40 f.

[15] Insoweit zur Gehorsamspflicht vgl. § 3 WBO und § 11 SG.

[16] Zur historischen Entwicklung in diesem Zusammenhang vgl. R. *Müller* WWR 62/578 f.

[17] Zum Vorgesetztenbegriff in § 35 WStG siehe auch § 36 WStG.

[18] *Rittau* (WStG) S. 91.

stellt. Dadurch wird die besondere Bedeutung unterstrichen, die der Gesetzgeber dem Schutz des Beschwerderechts beimißt[19].

Steht in § 35 WStG der objektive Schutz des Beschwerderechts im Vordergrund, so wird durch § 2 WBO die Person des Beschwerdeführers vor etwaigen mit dem Einlegen einer Beschwerde in Kausalzusammenhang stehenden Benachteiligungen geschützt. Weder Verstöße gegen die Fristbestimmungen noch solche gegen die Vorschriften über den Beschwerdeweg noch die Tatsache, daß eine Beschwerde vorläufig oder endgültig als unbegründet zurückgewiesen wird, dürfen eine Benachteiligung oder Maßregelung des Beschwerdeführers zur Folge haben. Für begründete Beschwerden hat selbstverständlich — in Ergänzung des gesetzlichen Wortlauts — dasselbe zu gelten[20]. Ein Verstoß gegen dieses Verbot wird regelmäßig als Disziplinarverstoß zu ahnden sein.

Die Auslegung des § 2 WBO kann bisweilen einige Schwierigkeiten bereiten. Sie ist daher auch wiederholt Gegenstand höchstrichterlicher Entscheidungen gewesen. „Ein Freibrief für zugleich mit der Beschwerde begangene Straftaten"[21] wird durch die Vorschrift sicher nicht ausgestellt. Sie ist vielmehr so zu verstehen, daß nur die Tatsache der Beschwerdeeinlegung als solche dem Beschwerdeführer nicht zum Nachteil gereichen darf — was später in der § 2 WBO inhaltlich entsprechenden Bestimmung des § 7 Satz 2 WbG wesentlich treffender formuliert wurde[22].

Ergibt sich jedoch, daß im Zusammenhang mit der Beschwerde strafrechtliche Tatbestände[23] verwirklicht wurden oder ein Verstoß gegen besondere dienstrechtliche Pflichten festzustellen ist[24], so wird der Beschwerdeführer vor etwaigen Konsequenzen nicht geschützt. Er darf zwar „seine Sache mit Nachdruck vertreten und dabei auch freimütige und offene Kritik an Maßnahmen von Vorgesetzten und übergeordneten Dienststellen üben". Er darf aber zum Beispiel die Achtung, die er diesen Stellen schuldet (§ 17 Abs. I SG) nicht verletzen[25]. Allerdings

---

[19] Zu Einzelfragen bezüglich des § 35 WStG muß auf die Kommentierung bei *Rittau* S. 89 ff. verwiesen werden und ferner auf die dort noch nicht berücksichtigte Entscheidung in BGHStE 19/31.
[20] *Lerche* GR IV/1 S. 509; vgl. auch *Salzmann* S. 139.
[21] R. *Müller* WWR 62/579. Siehe dort auch zur historischen Entwicklung der Vorschrift.
[22] Siehe dazu *Barth* NZWehrR 65/102 f. mit Berufung auf die Rechtsprechung des BDH (WDS).
[23] In Betracht kommen insbesondere §§ 20, f., 24, 27, 28 und vor allem § 42 WStG sowie §§ 164, 185 ff. StGB.
[24] Hier ist etwa an §§ 11, 13, 17 Abs. I SG zu denken.
[25] So BDH (WDS) NZWehrR 62/26 = DÖV 63/923.

wird hierbei meist eine „weitherzige" Beurteilung angebracht sein[26], um den Schutz des Beschwerderechts in möglichst großem Umfang zu gewährleisten. Im Einzelfall muß insbesondere auch die mit dem Bildungsstand des Beschwerdeführers verbundene Einsichtsfähigkeit berücksichtigt werden[27].

Es kann fernerhin Vorgesetzten auch nicht verwehrt sein, „wegen der naturgemäß gegebenen Störung der dienstlichen Leistungen und Zusammenarbeit" jedenfalls für die Dauer eines anhängigen Rechtsstreites Maßnahmen zu treffen, die zu einer vorübergehenden Minderung der Interessen des Antragstellers führen. Denn „das Benachteiligungsverbot des § 2 WBO schließt einstweilige Anordnungen der Dienstvorgesetzten nach pflichtgemäßem Ermessen für Sicherstellung des ordnungsgemäßen Dienstablaufs im Hinblick auf ein anhängiges Beschwerdeverfahren nicht aus"[28]. — Bezüglich des Inhalts dienstlicher Beurteilungen wird die Ansicht Barths[29] zutreffend sein, nach der der Beurteilende in summarischer Bewertung doch wohl „einen querulatorischen Geist eine ‚Michael Kohlhaasnatur' nennen" darf. Auch hier würde die Schutzfunktion des § 2 WBO noch nicht verletzt.

Der gleiche Schutz, der dem Beschwerdeführer durch § 2 WBO im Zusammenhang mit der förmlichen Beschwerde gewährt wird, steht ihm nach § 7 Satz 2 WbG auch bei Eingaben an den Wehrbeauftragten zu. Für das Petitionsrecht nach Art. 17 GG fehlt zwar ein entsprechendes Verbot, doch werden hier dieselben Grundgedanken als der Rechtsgewährung immanent angesehen[30].

II. Motive für das Nichteinlegen von Beschwerden trotz berechtigten Anlasses

Obgleich nun der Beschwerdeführer nach den soeben angeführten Vorschriften geschützt ist, weiß er, daß derjenige, über den er sich mit oder ohne Erfolg beschweren will, hierüber in jedem Fall nur wenig erfreut sein wird. Zu Recht dürfte er bisweilen darüber hinaus ver-

---

[26] Siehe dazu schon den oben wiedergegebenen Erlaß aus dem Jahre 1940. Das Wort „weitherzige Auslegung" wird auch in BDH (WDS) NZWehrR 65/20 = BDHE 6/145 verwandt.
[27] Vgl. dazu BDH (WDS) ebenda und Barth NZWehrR 65/103.
[28] So jüngst BDH (WDS) in einem Beschluß mit Az. WB 3/65 (unveröffentlicht).
[29] In NZWehrR 65/103 f.
[30] Vgl. z. B. v. Mangoldt-Klein Anm. III, 3 zu Art. 17 GG; Dürig in Maunz-Dürig Rdnr. 48 zu Art. 17 GG; BVerfGE 2/225 (229). Der Streit darum, ob und ggf. wie § 193 StGB dabei zu berücksichtigen ist, kann hier unbeachtet bleiben. Nach Lerche GR IV/1 S. 526 Fußn. 277 wird „auch für das parlamentarische Petitionsrecht ... disziplinarrechtlich der Grundgedanke der §§ 7 Satz 2 WbG, 2 WBO Geltung beanspruchen".

muten, daß auch die gegebenenfalls anzurufende Instanz aus den oben schon erwähnten Gründen in einer gewissen Kurzsichtigkeit nicht gerne eine Beschwerde entgegennehmen mag. Er wird daher erhebliche Nachteile als Folge seiner Beschwerde fürchten[31].

Denn trotz der Schutzvorschriften ist die Furcht vor Nachteilen nicht ganz unbegründet. Bereits der ausführlich zitierte Erlaß aus dem Jahre 1940 weist in den Worten darauf hin, nach denen „der Disziplinarvorgesetzte ganz besonders seine schützende Hand" über denjenigen zu halten hat, der sich zu Recht beschwert. Wie jeder Soldat weiß, unterliegt jedenfalls ein schlechter Vorgesetzter nur allzu leicht der Versuchung, dem Beschwerdeführer gegenüber Vergeltung zu üben. Die Eigenart des militärischen Dienstes bietet ihm dazu Handhaben, die nicht stets als das erkannt werden, was sie im konkreten Fall sind: als Schikane.

Die latente Möglichkeit, eine solche Diensterschwerung in Kauf nehmen zu müssen, wird vor Einlegen einer Beschwerde wohl fast von jedem Soldaten zumindest unterbewußt in Betracht gezogen[32]. Bei Berufssoldaten und Soldaten auf Zeit kommt noch ein weiteres Moment hinzu. Einer nicht selten zu findenden Auffassung zufolge heißt es: „Ein guter Soldat beschwert sich nicht." Um Nachteile auf dem Berufsweg zu vermeiden, wird daher auch von berechtigten Beschwerden abgesehen[33].

---

[31] Nicht allzu viel Licht in das Dunkel der Mutmaßungen dürften die Ergebnisse der „Stern-Untersuchung" bringen. Da es sich hierbei jedoch um das einzige erreichbare statistische Material handelt, soll darauf zurückgegriffen werden.
Von je 100 ausgeschiedenen Bundeswehrsoldaten haben sich danach 67 niemals beschwert (Nach Ansicht des Verfassers dürften allenfalls 5 % der Soldaten jemals von ihrem förmlichen Beschwerderecht oder dem parlamentarischen Petitionsrecht i. w. S. Gebrauch gemacht haben!). Von diesen 67 gaben als Gründe an:
    Sie hätten keinen Anlaß gehabt .... 71 %
    Sie glaubten, eine Beschwerde sei zwecklos .. 19 %
    Sie befürchteten unangenehme Folgen ...... 8 %
    Keine Angabe .... 2 %
Die Angabe der 19 %, eine Beschwerde sei „zwecklos", dürfte in unmittelbarem Zusammenhang mit einer untergründigen Furcht vor den Folgen stehen. So ergibt sich denn auch an anderer Stelle derselben Untersuchung folgendes Bild:
Frage: Glauben Sie, daß man bei der Bundeswehr ruhig seinen Mund aufmachen kann, wenn man glaubt, berechtigten Anlaß zu Beschwerden zu haben, oder kann das schlechte Folgen für den Betreffenden haben? Antwort:
    Kann Mund aufmachen .... 50 %
    Kann schlechte Folgen haben .... 36 %
    Je nachdem .... 14 %
[32] Beispiele aus der Praxis finden sich hierzu bei *Stuckmann* S. 17 f., S. 24, S. 137. Vgl. auch *WBA-Jahresbericht* 1960 S. 8, S. 20, *WBA-Jahresbericht* 1963 S. 8 sowie die „Stern-Untersuchung".

Sicher wird zwar gerade der gute Soldat die nun einmal zum soldatischen Leben gehörenden Härten auf sich nehmen und nicht jede Lappalie zum Gegenstand einer Beschwerde machen[34]. Häufen sich aber die Fälle objektiv unrichtiger Maßnahmen oder sind diese besonders gravierender Art, so wird es gerade den guten Soldaten auszeichnen, wenn er von seinem Beschwerderecht Gebrauch macht[35]. Denn regelmäßig beweist er damit, daß er einerseits Charakterfestigkeit besitzt und sich andererseits auch mitverantwortlich fühlt. Beides sind Eigenschaften, die nicht erst seit der Statuierung eines „Staatsbürgers in Uniform" zu den soldatischen Tugenden zählen.

Ein weiterer Grund, der Anlaß zum Verzicht auf die Beschwerde sein kann, ist ein falscher Begriff von Korpsgeist und Kameradschaft[36]. Insbesondere Soldaten von Sondertruppen neigen aufgrund eines Elitebewußtseins zu der Auffassung, die Hinnahme von falscher Behandlung auch sogar in der Form von Mißhandlungen gehöre zu den besonderen Anforderungen ihres Dienstes. Eine Beschwerde gilt in dieser Vorstellungswelt als ein Verstoß gegen die Kameradschaft, und der Soldat scheut es, als unkameradschaftlich zu gelten. Wie ein Jahresbericht des Wehrbeauftragten zu Recht hervorhebt, wird der Kameradschaftsbegriff hier unzweifelhaft mißverstanden.

Die drei bisher angeführten Gründe für einen Verzicht auf die Beschwerde lassen ein gemeinsames Motiv erkennen: die Furcht vor etwaigen Folgen, in der ein bedauerlicher Mangel an Zivilcourage zum Ausdruck kommt. Nicht zu Unrecht stellte der Gerichtsvorsitzende anläßlich des Fehlens jeglicher Beschwerden in der Nagolder Kompanie die rhetorische Frage: „Was seid ihr bloß für Kerle?" und äußerte den Zeugen gegenüber: „Ihr seid mir schöne Staatsbürger in Uniform[37]!"

Unter diesem Gesichtspunkt wird die eigentliche Problematik des Beschwerderechts erkennbar. Eine absolute Sicherung gegen etwaige nachfolgende Beeinträchtigungen des Beschwerdeführers ist nicht möglich. Vorgesetzte mit schlechten Führungsqualitäten werden immer Mittel und Wege finden, ihnen mißliebige Soldaten schlechter als an-

---

[33] Vgl. *WBA-Jahresbericht* 1960 S. 20 und die Beispiele bei *Stuckmann* S. 24, S. 68. Vgl. auch *Dietz* (1941) S. 56.

[34] Vgl. hierzu auch den bei *Schirmer* in der Zeitschrift „Kampftruppen" 65/14 wiedergegebenen Divisionsbefehl aus dem Jahre 1937.

[35] Er kann natürlich ebensogut oder zunächst zu der formlosen „Meldung" greifen. Das hebt besonders *Fuchs* NZWehrR 64/67 hervor.

[36] „Nagold-Erlaß" vom 31. 1. 64 in WBO-IFÜ S. 3. Ebenso *WBA-Jahresbericht* 1963 S. 27. Vgl. auch das Beispiel bei *Stuckmann* S. 24. Leicht mißzuverstehen ist in diesem Zusammenhang der oben S. 153 Fußn. 9 zitierte Auszug aus dem Kriegsschulleitfaden.

[37] Nach Tageszeitung „Freie Presse" vom 25. 1. 1964 und *Stuckmann* S. 127.

dere zu behandeln. Jede Beschwerde aber ist geeignet, den besonderen Unwillen des nächsten Vorgesetzten zu erregen. Insoweit entziehen sich die faktischen Verhältnisse den Möglichkeiten des Gesetzgebers, einen in jeder Hinsicht wirksamen Schutz des Beschwerdeführers zu schaffen.

Um so größer wird damit die den Vorgesetzten gestellte Aufgabe. Sie müssen sich selber von jedem Vorurteil gegenüber dem Beschwerderecht frei machen. Sie haben weiterhin dafür Sorge zu tragen, daß auch ihre Unterführer Sinn und Zweck dieses Rechts begreifen und sich dementsprechend verhalten. Dabei ist ein unbedingtes scharfes und sofortiges Durchgreifen in den Fällen erforderlich, in denen die Benachteiligung von Soldaten festgestellt wird, die sich beschwert haben. Endlich und vor allem ist es notwendig, den einzelnen Soldaten im Rahmen der Grundgedanken vom Staatsbürger in Uniform von seiner staatsbürgerlichen Mitverantwortung zu überzeugen. Kein Vorgesetzter sollte sich auch scheuen, einen Soldaten, der sich im Einzelfall zu Recht beschwert und damit größeren Schaden verhindert hat, formell zu belobigen[38].

An dieser Stelle muß nun allerdings eine Einschränkung gemacht werden. Die vorhergehenden Feststellungen und Überlegungen beziehen sich im wesentlichen nur auf die truppendienstliche Wehrbeschwerde und die Kameradenbeschwerde. Bereits in den einleitenden Worten zu diesem Kapitel wurde gesagt, daß die Scheu vor der Beschwerde nur „zum Teil" besteht. Hinsichtlich der Verwaltungsbeschwerde und der Disziplinarbeschwerde machen die Soldaten durchaus von ihrem Recht Gebrauch[39].

Die Gründe für diesen auffallenden Unterschied dürften hauptsächlich auf psychologischem Gebiet zu suchen sein. Beschwerden gegen Disziplinarstrafen und Verwaltungsakte erfordern weniger Selbstüberwindung. Denn sowohl Disziplinarstrafen als auch Verwaltungsakte sind von relativ nachhaltiger Wirkung und werden daher als be-

---

[38] So denn auch der oben wiedergegebene Erlaß von 1940 und *Schreiber* S. 3.
[39] Vgl. *WBA-Jahresbericht* 1960 S. 20 und H. *Meyer* NZWehrR 59/19. Nach den *WBA-Jahresberichten* 1960 und 1961 S. 21 bzw. S. 18 wurden in dem Berichtszeitraum bei den Wehrdienstgerichten folgende Beschwerden eingelegt:

1960	— Disziplinarbeschwerden	517
	Wehrbeschwerden	26
1961	— Disziplinarbeschwerden	709
	Wehrbeschwerden	32

Gewiß wirkt sich hierbei auch aus, daß bei Disziplinarbeschwerden der militärinterne Beschwerdeweg kürzer ist und in Hinsicht auf Arreststrafen ganz entfällt. Alleine vermag diese Tatsache das Verhältnis von ungefähr 20:1 jedoch nicht zu erklären.

Über Verwaltungsbeschwerden war statistisches Material nicht zu erlangen. Es kann jedoch kein Zweifel daran bestehen, daß auch von ihnen ausgiebig Gebrauch gemacht wird.

sonders belastend empfunden. Zudem richtet sich die Verwaltungsbeschwerde gegen den anonymen Verwaltungsapparat, und bei einer disziplinarischen Bestrafung sieht sich der Bestrafte ohnehin schon genügend exponiert. Demgegenüber veranlaßt der Soldat mit einer truppendienstlichen Wehr- oder Kameradenbeschwerde von sich aus ein förmliches Verfahren, geht also — bildlich gesprochen — aus eigener Initiative zum Angriff auf die Autorität meist seiner unmittelbaren Vorgesetzten über.

Von Bedeutung ist in diesem Zusammenhang jedoch auch, daß sowohl Verwaltungsakt als auch Strafformel eine Rechtsmittelbelehrung enthalten. Der Soldat wird damit auf sein Beschwerderecht im Einzelfall ausdrücklich hingewiesen. Das ist bei Maßnahmen, die Gegenstand von Wehrbeschwerden im engeren Sinne sein können, nicht der Fall[40].

Hier ist auf einen letzten[41] Grund einzugehen, der dem Einlegen einer Wehrbeschwerde entgegenstehen kann. Der einfache Soldat weiß offenbar häufig nicht, wie er sich ordnungsgemäß beschweren soll. Bei einer 1964 angestellten Umfrage[42] glaubten noch 3 % der nach Ableistung ihres Wehrdienstes entlassenen Soldaten, sich während ihrer Wehrdienstzeit überhaupt nicht beschweren zu können. Nur 12 % kannten ihr Recht zur Beschwerde an den Wehrbeauftragten[43]. Und 72 % der Befragten meinten schließlich, der „Vorgesetzte" sei für die Entgegennahme von Beschwerden zuständig. Das trifft jedoch nur dann zu, wenn hiermit der nächste „Disziplinarvorgesetzte" gemeint sein sollte.

Der damit offenbarte Mangel an Wissen darf, von Einzelfällen abgesehen, nicht auf unzureichende Unterrichtung zurückgeführt werden. Schon kurz nach seiner Einberufung wird jeder Rekrut in durchaus hinreichend erscheinender Weise über seine Rechte und insbesondere über sein Beschwerderecht belehrt. Zudem kann er sich selbständig anhand zur Verfügung gestellten Materials jederzeit eingehender informieren. Wenn er seine Rechte dennoch vielfach nicht kennt, so kann der Grund für diese Tatsache nur in dem häufig geradezu erstaunlichen Desinteresse des jungen Staatsbürgers an seinen staatsbürgerlichen

---

[40] Vgl. dazu neben dem bereits oben im 5. Kapitel S. 68 Fußn. 62 und im 7. Kapitel S. 83 Ausgeführten insbesondere den Erlaß in VMBl. 60/204 f.

[41] Die Aufzählung der denkbaren Motive erhebt keinen Anspruch auf Vollständigkeit. Doch dürften die wesentlichen „negativen" Gründe erfaßt sein. Zu den „positiven" siehe oben im 6. Kapitel insbesondere S. 70.

[42] „Stern-Untersuchung". Vgl. auch das informative Beispiel bei *Stuckmann* S. 17 zu einer Zeugenaussage im Nagoldprozeß: „Man wußte ja überhaupt nicht, wie man das macht. Es ist zwar dauernd gesagt worden, Ihr könnt euch ja beschweren, wenn es euch nicht paßt. Aber keiner wußte wie."

[43] Im Frühjahr 1964 stellte *Stuckmann* (S. 137) anläßlich eines Rundfunkinterviews dasselbe fest: „Den Wehrbeauftragten und seine Aufgaben kannten noch immer 90 von 100 nicht." Siehe auch *WBA-Jahresbericht* 1962 S. 4.

Rechten und Pflichten gefunden werden. Auf diesem Desinteresse beruht auch das Fehlen jeglicher Bereitschaft, sich das nun einmal notwendige Mindestwissen anzueignen[44]. Nur allzu häufig scheint es so, als ob die Verwirklichung des Leitbildes vom Staatsbürger in Uniform, bei der ein sinnvolles Gebrauchmachen von dem Recht zur Beschwerde von nicht untergeordneter Bedeutung ist, an der Passivität der jungen Soldaten scheitern könnte.

Dreizehntes Kapitel

Hinweise auf Wehrbeschwerdevorschriften im Recht fremder Heere

Wiederholt wurde bei den Ausführungen zu dem Beschwerderecht des deutschen Staatsbürgers in Uniform vergleichend auf die Vorschriften zu dieser Materie in anderen Ländern hingewiesen. Zum Abschluß soll jenen Regelungen überblickartig noch einmal etwas größere Aufmerksamkeit geschenkt werden. Dabei wird das Beschwerderecht des belgischen, französischen, italienischen und österreichischen Soldaten sowie das des Soldaten der „Nationalen Volksarmee (NVA)" berücksichtigt.[1]

I. Das Beschwerderecht im belgischen, französischen italienischen und österreichischen Heer sowie in der „Volksarmee"

Das Beschwerderecht des belgischen Soldaten ist — wie auch in allen anderen Ländern — nicht in einer besonderen Beschwerdeordnung nach Art der WBO oder ihrer Vorgänger enthalten, sondern im „Reglement de Discipline"[2]. Jeder Soldat, der meint, Gegenstand einer un-

---

[44] Im Rahmen der noch immer anhaltenden Diskussion um den „Staatsbürger in Uniform" werden hierzu öfter auch statistische Hinweise gegeben. Als Beispiel sei folgendes erwähnt (nach *Stuckmann* S. 84): Nur acht von hundert Soldaten wissen etwas mit dem Wort „Bundestag", nur fünf mit dem „Bundesrat" etwas anzufangen. Was sich am 20. Juli 1944 ereignete, kann exakt nur ein Soldat angeben. Unter anderem finden sich folgende Antworten: „Die amerikanische Invasion". „Der Krieg war zu Ende". „Ein Aufstand der Nazis".

[1] Die Auswahl beruht vornehmlich darauf, daß das Disziplinarrecht der angeführten Heere für den Verfasser erreichbar war, wenn auch teilweise in nur etwas unvollkommenen — jedoch amtlichen — Übersetzungen. Es wurde nicht überprüft, ob das zur Verfügung stehende Material stets dem jetzigen Stand (1965) entspricht.

[2] Vom 1. 10. 1945. Verwendet wurde die Übersetzung in *DDS* S. 488 f. Text weitgehend auch bei *Langer* WK 56/409.

verdienten oder nicht den Vorschriften entsprechenden Maßnahme[3] geworden zu sein, hat das Recht, eine Beschwerde einzureichen (Art. 99). Befehle sind sofort auszuführen, Strafen und dienstrechtliche Maßnahmen aber sind von dem Augenblick an aufgeschoben, indem sich der Beschwerdeführer zum Rapport gemeldet oder seine schriftliche Beschwerde abgegeben hat (Art. 107). Beschwerden gegen Disziplinarstrafen dürfen allerdings erst nach Vollstreckungsbeginn eingelegt werden (Art. 11, Anmerkung), und der Bestrafte bleibt gegebenenfalls solange in Gewahrsam, bis die höhere Dienststelle eine Entscheidung getroffen hat (Art. 107).

Dem eigentlichen Beschwerdeverfahren muß eine Aussprache mit demjenigen Vorgesetzten vorausgehen, der die angefochtene Maßnahme veranlaßt hat (Art. 101)[4]. Die Bitte um Aussprache darf frühestens am nächsten Tage und spätestens am zweiten Tage nach Kenntniserlangen von dem Beschwerdeanlaß vorgebracht werden (Art. 101). Ist die Aussprache erfolglos, so muß die Beschwerde spätestens am nächsten Tage bei dem Vorgesetzten eingelegt werden, der sie unverzüglich an den nächsthöheren Vorgesetzten weiterzuleiten hat (Art. 101). Gegen dessen Entscheidung ist eine weitere Beschwerde[5] innerhalb von zwei Tagen an die nächsthöhere Dienststelle möglich (Art. 106). Unbegründete Beschwerden sind immer schwer zu bestrafen; jedoch werden Beschwerden gegen Verwaltungsmaßnahmen beziehungsweise ganz allgemein gegen Maßnahmen nicht disziplinarer Art nicht bestraft (Art. 108).

Als bei den belgischen Vorschriften bemerkenswert hervorzuheben sind die Pflicht zur Einleitung des Verfahrens durch eine Aussprache, die stets sehr kurz bemessenen Fristen, der nur zweistufige Instanzenzug sowie die Tatsache, daß für unbegründet befundenes Beschweren teilweise zu bestrafen ist.

Das Beschwerderecht des französischen Soldaten richtet sich nach Art. 57 des „Portant Reglement du service dans l'armée"[6]. Die Vor-

---

[3] Wie sich aus dem Zusammenhang ergibt, sind damit dienstliche Maßnahmen aller Art gemeint, Befehle (vgl. Art. 3), Disziplinarstrafen (vgl. Art. 107) und Verwaltungsmaßnahmen (vgl. Art. 108).

[4] Der Begriff der Aussprache ist hier mit dem nach § 4 Abs. V WBO nicht ganz identisch. Nach belgischem Recht muß die Aussprache jedem Beschwerdeverfahren vorangehen. Sie ist schon damit von dem Beschwerdegegenstand völlig unabhängig. Man könnte hier vielleicht eher von einem „Einspruch" i. S. des früheren süddeutschen Verwaltungsprozeßrechtes sprechen.

[5] Nach dem Wortlaut der Übersetzung: „Wird die Beschwerde zurückgewiesen, kann der Untergebene... darauf dringen, von *einer* Dienststelle gehört zu werden, die derjenigen, die ihn bis jetzt anhörte, vorgesetzt ist."

[6] Vom 1. 4. 1933 (jedenfalls 1951 noch in Geltung und zu dieser Zeit neu herausgegeben). Verwendet wurde die Übersetzung in *DDS* S. 469. Text auch bei *Langer* WK 56/403.

schrift erscheint insgesamt betrachtet etwas kurz und das Verfahren auffallend wenig durchgebildet.

Der Umfang des militärischen Beschwerderechts gleicht dem in der oben zitierten belgischen Vorschrift. Über Fristen und einen etwaigen Suspensiveffekt wird nichts ausgesagt. Beschwerden gegen Disziplinarstrafen sind jedoch ausdrücklich erst dann gestattet, wenn die Vollstreckung begonnen hat. Wie im belgischen Recht muß auch hier zunächst eine Aussprache mit dem Vorgesetzten stattfinden, der für die Maßnahme verantwortlich ist. Glaubt der Soldat auf seiner Beschwerde bestehen zu müssen, so kann er an „eine Stelle Bericht erstatten, die derjenigen, welche seine Beschwerde bisher geprüft hat, übergeordnet ist"[7]. Diese Hinwendung an eine höhere Dienststelle ist an sich die erste wirkliche Beschwerde, weil davor lediglich eine Aussprache im Sinne des deutschen Rechts[8] lag. Die angerufene Instanz entscheidet endgültig, eine weitere Beschwerde ist nicht vorgesehen. Hält sie die Beschwerde für unbegründet, so hat sie den Beschwerdeführer zu bestrafen. Auf diese Strafandrohung ist der Soldat vor Einreichen seiner Beschwerde hinzuweisen.

Der italienische Soldat kann sich nach Art. 123 ff. des „Regolamento Di Disciplina Militare Per l'Esercito" beschweren[9]. Sein Beschwerderecht ist einerseits strenger als das seiner belgischen und französischen Kameraden, andererseits aber auch wieder großzügiger und das Verfahren besser durchgebildet.

Ein Recht zur Beschwerde ist gegeben, wenn sich der Soldat auf dem Gebiet der Disziplin oder der Verwaltung in seinen Rechten verletzt fühlt, doch erst nach Ausführung des Befehls beziehungsweise nach Verbüßung der Strafe (!) — Art. 123. Die Beschwerde ist (jedenfalls gegen Disziplinarmaßnahmen, Art. 124) innerhalb von neunzig Tagen schriftlich oder mündlich auf dem Dienstwege bei dem unmittelbaren Vorgesetzten desjenigen anzubringen, gegen den Beschwerde geführt wird (Art. 123). Gegen die Entscheidung ist binnen sechzig Tagen weitere Beschwerde bei dem nächsthöheren Vorgesetzten zulässig; der Beschwerdeweg bis zu der höchsten militärischen Dienststelle steht offen (Art. 125). Unbegründetes Beschwerdeführen ist jedoch auch hier als Disziplinarverstoß zu bestrafen, wobei noch besonders der auf dieses Gebot folgende Satz bemerkenswert scheint. Denn auch „ein Soldat,

---

[7] Auch hier fällt der merkwürdig unpräzise Wortlaut auf, nach dem sich der Soldat an „*eine*" Stelle wenden kann. Es mag eventuell eine Ungenauigkeit der Übersetzung vorliegen.
[8] Vgl. jedoch Vorseite Fußn. 4. Das französische Recht gleicht auch insoweit dem belgischen.
[9] Aus dem Jahre 1949. Übersetzung in *DDS* S. 471 und bei *Langer* WK 56/403.

der sich durch häufiges Einreichen von Beschwerden aus geringfügigen Gründen von spitzfindigem und der Disziplin trotzendem Wesen erweist, muß bestraft werden" (Art. 126)! Ausdrücklich wird hervorgehoben, daß Beschwerden nur von einem einzelnen Soldaten eingelegt werden dürfen und daß Beschwerden von zwei oder mehr Soldaten als ein schwerer Verstoß gegen die Unterordnung zurückzuweisen und zu bestrafen sind (Art. 136).

Besonders charakteristisch scheinen hier einerseits die Zulässigkeit der Beschwerde erst nach Strafverbüßung sowie die sehr weitgehenden Strafandrohungen und andererseits die langen Fristen sowie die Eröffnung des Beschwerdeweges bis zu der höchsten militärischen Dienststelle.

Das österreichische Recht stellt den Soldaten nach § 11 und § 13 der „Allgemeinen Dienstvorschrift (ADV)"[10] zwei verschiedene Arten von Beschwerden zur Verfügung. Nach § 13 besteht ein Recht zur „ordentlichen" Beschwerde über erlittenes Unrecht und Eingriffe in die dienstlichen Befugnisse[11, 12]. Vor Einlegen der Beschwerde kann um eine dienstliche Unterredung nachgesucht werden, sie ist jedoch nicht zwingend vorgeschrieben (§ 13 Abs. IX). Die eigentliche Beschwerde ist innerhalb von drei Tagen, jedoch frühestens nach Ablauf einer Nacht mündlich oder schriftlich von Soldaten beim Rapport und von Offizieren bei ihren Vorgesetzten anzubringen (§ 13 Abs. IV); sie hat keinen Suspensiveffekt (§ 13 Abs. X).

Gemeinsame Beschwerden sowie die Verabredung dazu sind strafbar (§ 13 Abs. XVI). Über die Beschwerde entscheidet der Vorgesetzte vom Einheitskommandanten an aufwärts, falls dieser selber betroffen sein sollte, sein Vorgesetzter (§ 13 Abs. VIII, Abs. XII).

Über die Art der Erledigung sind verhältnismäßig eingehende Vorschriften gegeben. Ähnlich dem „Vertrauensmann" im deutschen Recht kann ein „Soldatenvertreter" mitwirken; jedoch ist dessen Stellung wesentlich stärker hervorgehoben. — Gegen die Entscheidung ist eine weitere Beschwerde an den nächsthöheren Vorgesetzten zulässig, des-

---

[10] Verordnung der Bundesregierung vom 30.'10. 56. Dazu *Pernthaler* S. 229 ff. und *Walter* TP 59/41 f.
[11] Der „Eingriff in dienstliche Befugnisse" wurde auch im früheren deutschen Recht als Beschwerdegrund gesondert hervorgehoben. Die Fassung des § 1 WBO gestattet jedoch ohne Bedenken, ihn auch heute noch als zulässigen Beschwerdegrund anzusehen. Siehe *Frahm* S. 25.
[12] Über den Rechtsschutz bei auch in Österreich unterscheidbaren Akten der „Militärverwaltung" vgl. *Pernthaler* S. 221 ff. Zum Rechtsschutz bei disziplinarer Bestrafung siehe ebenda S. 222 (es ist im wesentlichen nur Berufung an die Instanz zulässig, die der verhängenden übergeordnet ist).

Hinweise auf Wehrbeschwerdevorschriften im Recht fremder Heere 165

sen Entscheidung endgültig ist (§ 13 Abs. XIII)[13]. Das Verbot einer Bestrafung bei unbegründetem Beschwerdeführen ist zwar nicht besonders ausgesprochen, wird aber aus dem Zusammenhang der einzelnen Vorschriften hergeleitet[14].

Neben diesem förmlichen Beschwerderecht besteht noch das Recht zur „außerordentlichen" Beschwerde an die „Beschwerdekommission in militärischen Angelegenheiten", die bei dem Bundesministerium für Landesverteidigung gebildet ist[15]. Die außerordentliche Beschwerde kann auf dem Dienstwege oder auch unmittelbar eingelegt werden, die Einhaltung irgendwelcher Formen oder Fristen ist nicht zu beachten. Ähnlich dem Wehrbeauftragten des Deutschen Bundestages hat auch die Beschwerdekommission kein Recht zu Weisungen gegenüber Stellen der vollziehenden Gewalt. Ihren Empfehlungen dürfte jedoch das gleiche Gewicht wie denen des Wehrbeauftragten zukommen.

Besonderes Interesse verdient das Beschwerderecht des Soldaten der „Volksarmee". Unverkennbar baut es einerseits auf dem Recht der früheren Wehrmacht auf, enthält aber andererseits auch Vorschriften, die nur auf sowjetischen Einfluß zurückgeführt werden können. Insgesamt gesehen wird zwar keineswegs das Niveau der WBO erreicht. Doch im Vergleich zu den oben wiedergegebenen Regelungen des westlichen Auslandes — vielleicht mit Ausnahme derer Österreichs — ist eine gewisse „Fortschrittlichkeit" nicht zu leugnen. Das Wort Fortschrittlichkeit kann dabei ohne jeden politischen Beigeschmack verwandt werden.

Das Beschwerderecht ist in den Abschnitten VII und XI bis XVI der „Disziplinar- und Beschwerdeordnung"[16] enthalten. Die wesentlichen Vorschriften sollen hier im Auszug wörtlich wiedergegeben werden.

Ziff. 83: „Jeder Angehörige der NVA hat das Recht der Beschwerde, wenn in seiner Behandlung gegen gesetzliche Bestimmungen, Befehle oder andere Dokumente verstoßen oder seine Ehre durch Angehörige der NVA verletzt wird."

---

[13] Siehe dazu jedoch auch die Anmerkung von *Pernthaler* S. 234 Fußn. 266 sowie S. 235 und S. 228.

[14] So jedenfalls *Pernthaler* S. 233.

[15] Die Kommission ist besetzt mit einem vom Nationalrat zu berufenden Vorsitzenden; vier Vertretern, die von den im Hauptausschuß des Nationalrates vertretenen Parteien (proportional) zu bestimmen sind; dem Generaltruppeninspektor des Bundesheeres sowie mit einem vom Bundesminister für Landesverteidigung zu ernennenden Beamten; die beiden Letztgenannten sind ständige Berater. — Ob eine derartige Kommission tatsächlich „besser" als der deutsche Wehrbeauftragte zur Aufdeckung etwaiger Mißstände geeignet ist (so *Walter* TP 59/41), scheint zweifelhaft. Zu Einzelheiten vgl. im übrigen *Pernthaler* S. 236.

[16] DV 10/6, mit einem siebenseitigen amtlichen „Kommentar zur Disziplinar- und Beschwerdeordnung" im Anhang.

Ziff. 84: „Beschwerden dürfen nur in eigener Sache geführt werden. Das Führen von Kollektivbeschwerden ist nicht gestattet."

Ziff. 85 verweist für Disziplinarstrafen[17] auf Ziff. 65 (ff.). Nach Ziff. 65 besteht ein Beschwerderecht nur hinsichtlich eines Verstoßes[18] gegen formale Rechte im Disziplinarverfahren. Nach Ziff. 66 hat die Erstbeschwerde zum Teil aufschiebende Wirkung. Ziff. 68 verweist wiederum auf die Ziff. 83 ff.

Ziff. 86: „Unterdrückung, Verschleppung sowie nachlässige Bearbeitung von Beschwerden ... sind schwerwiegende Verstöße gegen Dienstpflichten und disziplinar zu ahnden."

Ziff. 87: „Durch das Einreichen einer Beschwerde darf dem Beschwerdeführenden keinerlei Nachteil entstehen[19]."

Ziff. 88: „Jeder Vorgesetzte hat die Pflicht, seinen untergebenen Soldaten, Unteroffizieren und Offizieren beim Einreichen einer Beschwerde auf dessen Bitte behilflich zu sein sowie Beschwerden entgegen zu nehmen und, soweit er nicht selbst zuständig ist, diese an den zuständigen Disziplinarvorgesetzten weiterzuleiten."

Ziff. 89: „Jeder Angehörige der NVA ist verpflichtet, über strafbare Handlungen und Mißstände, welche die Durchführung der in den Befehlen und Vorschriften festgelegten Aufgaben behindern, unverzüglich Meldung zu erstatten. Diese Meldungen sind wie Beschwerden einzureichen und in gleicher Weise zu behandeln."

Ziff. 90: „Zuständig für die Untersuchung und Erledigung von Beschwerden ist der Disziplinarvorgesetzte mit Befugnissen ab Kompaniechef und Gleichgestellte desjenigen, über den die Beschwerde geführt wird ..."

Ziff. 92: „Das Einreichen von Beschwerden kann erfolgen
a) Durch Eintragung der Beschwerde in das Beschwerdebuch[20]
b) durch Überreichen oder Übersenden einer schriftlichen Beschwerde."

---

[17] Disziplinarstrafen können nach sowjetischem Vorbild teilweise bereits von Gruppenführern, Hauptfeldwebeln und Zugführern verhängt werden (Ziff. 3), und zwar „Verweis" und „Arbeitsverrichtung außer der Reihe bis zu drei Malen" von Gruppenführern, dasselbe und „Ausgangssperre" von Hauptfeldwebeln und Zugführern (Ziff. 29).

[18] Auffallend ist hierbei, daß einerseits kein Beschwerderecht gegen Art und Höhe der Strafe besteht, andererseits aber nach Ziff. 55 Buchstabe f der höhere Vorgesetzte bei der Überprüfung von Amts wegen eine Strafe aufzuheben hat, „die nach Art und Höhe unangemessen ist".

[19] Entsprechend Ziff. 67: „Aus der Beschwerde wegen einer Disziplinarstrafe dürfen dem Beschwerdeführer keine Nachteile entstehen."

[20] Sie entsprechen etwa den Disziplinarbüchern (vgl. § 42 WDO) und sind nach der DV 10/6 neben diesen zu führen. Die Einführung solcher Beschwerdebücher ist im deutschen Recht neu.

Ziff. 96: „Die Überprüfung einer Beschwerde ist am Tage des Eingangs, bei dem für die Entscheidung zuständigen Vorgesetzten, einzuleiten." Dem Beschwerdeführer ist innerhalb von drei Tagen die Beschwerdeentscheidung mitzuteilen, oder wenn weitere Untersuchungen geführt werden müssen, ein Zwischenbescheid zu geben.

Ziff. 98: „Die Beschwerdeentscheidung ist mit Begründung in das Beschwerdebuch einzutragen und dem Beschwerdeführer vorzulegen, der die Kenntnisnahme durch seine Unterschrift zu bestätigen hat... Die Beschwerdeentscheidung darf nur dann einem Beschwerdeführer schriftlich mitgeteilt werden, wenn die Umstände die mündliche Bekanntgabe nicht gestatten."

Ziff. 99: „Wenn ein Beschwerdeführer mit der Entscheidung über seine Beschwerde nicht einverstanden ist, hat er das Recht, wegen der getroffenen Entscheidung bei höheren Disziplinarvorgesetzten Beschwerde einzulegen[21]."

Ziff. 102: „Jeder Disziplinarvorgesetzte, dem eine Beschwerde eingereicht wird, ist verpflichtet, unverzüglich Maßnahmen zur Beseitigung der festgelegten (sic!) Mängel und Unzulänglichkeiten einzuleiten."

Ziff. 111: „Bei Inspektionsbefragungen können Beschwerden schriftlich oder mündlich den Inspektionsoffizieren vorgetragen oder übergeben werden[22]."

Auf Einzelheiten soll hier nicht weiter eingegangen werden. Doch bedarf die Tatsache noch eines besonderen Hinweises, daß durch Ziff. 89 das Beschwerderecht weitgehend in eine rechtsverbindliche Beschwerdepflicht verwandelt wurde. In dieser Hinsicht besteht ein tiefgreifender Unterschied zu dem Recht der westlichen Demokratien. Hier ist das Beschwerderecht ausschließlich ein Recht, dessen Ausübung in das Belieben derer gestellt bleibt, zu deren persönlichen Schutz es in erster Linie gedacht ist. Nur in zweiter Linie wird durch die Gewährung dieses Rechts auch dem Ziel gedient, eine Kontrolle objektiv recht- und zweckmäßigen Handelns der staatlichen Organe zu veranlassen. Von Ausnahmen abgesehen[23] besteht keine rechtsverbindliche

---

[21] Ziff. 69: „Bei Beschwerden wegen Disziplinarstrafen ist die Beschwerdeentscheidung des Ministers für Nationale Verteidigung endgültig."

[22] Diese Bestimmung dürfte ebenfalls unmittelbar auf osteuropäische Einflüsse zurückzuführen sein. Auf ihren Zusammenhang mit der in Deutschland seit 1885 nicht mehr vorgesehenen „Musterungsbeschwerde" wurde bereits oben im 2. Kapitel S. 27 hingewiesen.

[23] Vgl. etwa § 138 StGB; § 43 WStG und dessen amtliche Begründung, nach der „Vorschriften dieser Art ihrem Wesen nach mit dem Gedanken der Kameradschaft nur schwer zu vereinen und daher auf das Notwendigste zu beschränken sind" (nach *Rittau* S. 107, siehe auch dort S. 105). Vgl. ferner *Dietz* (1941) S. 78 ff. und *Brandstetter* Einführung zur WBO. Zur allerdings etwas

Pflicht, „über strafbare Handlungen und Mißstände, welche die Durchführung der in den Befehlen und Vorschriften festgelegten Aufgaben behindern, unverzüglich Meldung zu erstatten", die wie eine Beschwerde zu behandeln ist. Die Normierung einer derart weitgehenden und im übrigen kaum konkretisierbaren Pflicht bedeutet die Auferlegung einer umfassenden Rechtspflicht zur Denunziation. Schon als solche, besonders aber in ihrer unmittelbaren Verbindung mit dem Beschwerderecht bleibt sie dem Rechtsempfinden der westlichen Demokratien im Grundsatz fremd.

II. Kurzer Vergleich zum geltenden deutschen Wehrbeschwerderecht

Im Schrifttum zum früheren deutschen Wehrbeschwerderecht und den jetzt geltenden Regelungen finden sich häufiger Hinweise allgemeiner Art, denen zufolge das deutsche Recht auf diesem Gebiet seine Entsprechungen für die Soldaten anderer Heere an Intensität des gewährten Individualschutzes nicht unerheblich übertrifft[24]. Soweit eine Beurteilung anhand der oben wiedergegebenen Vorschriften möglich ist, muß dieser Feststellung vorbehaltlos beigepflichtet werden. Insbesondere steht nur dem Soldaten der Bundeswehr die Möglichkeit offen, über die Rechtmäßigkeit von Befehlen eine Entscheidung durch unabhängige Gerichte herbeizuführen[25]. Doch auch von dieser erst seit 1956 bestehenden Möglichkeit abgesehen waren und sind die Regelungen des deutschen Wehrbeschwerderechts an Großzügigkeit und Durchbildung nur als beispielhaft zu bezeichnen.

Wenn *Pernthaler* jüngst mit Bezug auf das österreichische Recht bemerkt, „der Rechtszustand der geltenden Wehrverfassung (sei) insofern nicht über die monarchische Wehrverfassung hinausgelangt"[26], so kann diese Feststellung ohne Bedenken auch verallgemeinert und im über-

---

anders gelagerten Problematik bei einer Pflicht zur Gegenvorstellung siehe BGHStE 19/231 = NZWehrR 64/125 mit Nachweisen.

[24] z. B. *Schroeder* WK 56/88: „Es bedeutete für die Siegermächte des II. Weltkrieges eine Überraschung, ... daß das bis 1945 geltende deutsche Beschwerderecht weitgehender war als in den meisten demokratischen Staaten." Fast wörtlich ebenso *Langer* WK 56/406. *Sorge* GRSold S. 143 (Diskussionsbeitrag) gibt mit Bezug auf das Beschwerderecht private Äußerungen der bei den EVG-Verhandlungen auf deutscher Seite Beteiligten wieder: „Wenn wir es fertig bringen, bei den EVG-Verhandlungen das zu behalten, was wir schon haben, dann können wir froh sein, denn die anderen sind viel weniger modern und viel weniger human in den verschiedensten Dingen." Vgl. ferner *Salzmann* S. 136 unter Berufung auf *Brandstetter* Einführung 6 zur WBO.

[25] Kritisch zur Rechtslage in Österreich *Pernthaler* S. 221 ff., insbesondere S. 227 f. mit Nachweisen sowie S. 235.

[26] S. 229 Fußn. 253.

tragenen Sinne angewandt werden. Die allgemeine Entwicklung[27] ist kaum wesentlich über jenes Stadium hinaus fortgeschritten, auf dem sich das deutsche Wehrbeschwerderecht bereits um die Jahrhundertwende befand.

Trotz aller in Einzelfällen gewiß berechtigten Kritik am deutschen Beschwerderecht muß auch dieser Gesichtspunkt einmal deutlich herausgehoben werden. Er mag besonders jenen Stimmen entgegengehalten sein, die unter meist mehr freier als passender Verwendung der Begriffe Rechtsstaatlichkeit und Demokratie allzu schnell geneigt sind, auch den Soldaten der Bundeswehr noch als bedauernswert schutzloses Objekt obrigkeitlicher Willkür anzusehen. Daß der „Staatsbürger in Uniform" das nicht ist, haben die Untersuchungen gezeigt.

---

[27] Insoweit berücksichtigt, jedoch mangels Kenntnis der vollständigen Regelung oder aus anderen (ähnlichen) Gründen nicht namentlich herangezogen wurden auch die Vorschriften über das militärische Beschwerderecht in den USA (dazu *Edwards-Decker* S. 54 f., S. 82); in Portugal (dazu R. *Müller* WK 62/325); in den Niederlanden (dazu *DDS* S. 422 f. und *Langer* WK 56/405) und in Luxemburg (dazu *DDS* S. 503 und *Langer* WK 56/404).

Literaturverzeichnis

Vorbemerkung: Belege zu den stenographischen Sitzungsberichten und Drucksachen des Deutschen Bundestages mit Ausnahme der Jahresberichte der Wehrbeauftragten werden nur in den Fußnoten zum Text angegeben. Dasselbe gilt überwiegend für Veröffentlichungen in nicht-wissenschaftlichen Zeitungen und Zeitschriften.

Anschütz, Gerhard: „Die Verfassung des Deutschen Reiches vom 11. August 1919", Kommentar, XIV. Auflage Berlin 1933.

Arndt, Herbert: „Probleme der Wehrgerichtsbarkeit", in: NJW 55/1013 ff.

Bachof, Otto: „Reflexwirkung und subjektive Rechte im öffentlichen Recht", in: Forschungen und Berichte aus dem öffentlichen Recht, Gedächtnisschrift für Walter Jellinek, München 1955.

— „Verwaltungsakt und innerdienstliche Weisung", in: Verfassung und Verwaltung in Theorie und Wirklichkeit, Festschrift für Wilhelm Laforet, München 1952.

Baden-v. Mitzlaff: „Wehrdisziplinarordnung (WDO)", Kommentar, V. Auflage Frankfurt/M. 1962.

Barth, Eberhard: „Das materielle Beschwerderecht in der Rechtsprechung der Wehrdienstsenate", in: NZWehrR 65/97 ff.

— „Militärisches Beschwerderecht und öffentliche Kontrolle", in: GRSold.

Beck, W.: „Zur Geschichte des militärischen Beschwerderechts", in: ArchMilR 3 (1911/12)/99 ff.

Bettermann, Karl August: „Die Unabhängigkeit der Gerichte und der gesetzliche Richter", in: GR III/2 S. 523 ff. (Berlin 1959).

— „Wahlklage und Schlußklage im Anfechtungsprozeß", in: DÖV 58/165 ff.

Bigler, Rolf R.: „Der einsame Soldat — Eine soziologische Deutung der militärischen Organisation", II. Auflage Frauenfeld (Schweiz) 1964.

Blomeyer-Bartenstein/Närger: „Die Dienstaufsichtsbeschwerde und die sogenannte Beamtenbeleidigung", 1950.

Bochalli, Alfred: „Bundesbeamtengesetz", Kommentar, II. Auflage München und Berlin 1958.

„Bonner Kommentar": Kommentar zum Bonner Grundgesetz, Loseblattsammlung, Hamburg 1950 ff.

Brandstetter, Elmar: „Handbuch des Wehrrechts", Loseblattsammlung, Köln-Berlin ab 1956.

Dähnert, Johann Carl (Herausgeber): „Sammlung gemeiner und besonderer Pommerscher und Rügischer Landes-Urkunden ..." III. Band, Stralsund 1769.

Demeter, Karl: „Das Deutsche Offizierskorps in Gesellschaft und Staat 1650 bis 1945", Frankfurt/M. 1962.

Dietz, Heinrich: „Beschwerdeordnung für die Angehörigen der Wehrmacht", III. Auflage, Leipzig 1941.

— „Die Beschwerdeordnungen für das Heer und für die Kaiserliche Marine", Kommentar, Rastatt 1911.

Dreher-Lackner-Schwalm: „Wehrstrafgesetz", Kommentar, München und Berlin 1958.

Drews-Wacke: „Allgemeines Polizeirecht", VII. Auflage, Berlin-Köln-München-Bonn 1961.

Dürig, Günter: „Der Grundrechtssatz von der Menschenwürde", in: ArchöR n. F. 42 (1956)/117 ff. — Siehe auch bei Maunz-Dürig.

Edwards-Decker: „The Serviceman and the Law", VI. Auflage, Harrisburg (Pen., USA). 1955.

Eitel, Walter: „Das Grundrecht der Petition", Tübinger Dissertation 1960.

Eyermann-Fröhler: „Verwaltungsgerichtsordnung", Kommentar, München und Berlin 1960.

Fischbach, Oskar-Georg: „Bundesbeamtengesetz", Kommentar, II. Auflage, Köln und Berlin 1956.

Fleiner, Fritz: „Institutionen des Deutschen Verwaltungsrechts", VIII. Auflage, Tübingen 1928.

Forsthoff, Ernst: „Lehrbuch des Verwaltungsrechts I", VIII. Auflage, München und Berlin 1961.

Frahm, Heinrich: „Wehrbeschwerdeordnung", Kommentar, Berlin und Frankfurt/M. 1957.

Frauenholz, Eugen von: „Entwicklungsgeschichte des Deutschen Heerwesens", München ab 1935 (fünf Bände, zitiert nach Band und Halbband).

Fuchs, Günter: „Die Beschwerde in Truppenverwaltungsangelegenheiten", in: BWV 62/357 ff.

Fuchs, Klaus: „§ 13 Abs. II Satz 2 WBO aus der Sicht der Truppe", in: NZ-WehrR 64/67 f.

Gnügen, Friedrich A. G., „Gründliche Anleitung zum Kriegs-Recht", Jena und Leipzig 1750.

Groß, Werner: „Betrachtungen", in: DVBl. 57/342 ff.

Hahn, Georg: „Zur parlamentarischen Kontrolle der Streitkräfte", in: DVBl. 60/409 ff.

Hahnenfeld, Günter: „Soldatengesetz mit Nebengesetzen", Darstellung, Hamburg-Berlin 1963.

— „Wehrverfassungsrecht", Hamburg-Berlin, 1965.

Hamann, Andreas: „Das Grundgesetz", Kommentar, II. Auflage, Neuwied-Berlin 1961.

„Handbuch Innere Führung", Schriftenreihe Innere Führung, herausgegeben vom BMVtdg, 1957.

Hatschek, Julius: „Deutsches und Preußisches Staatsrecht", Berlin Band I 1922, Band II 1923.

Heckel, Johannes: „Wehrverfassung und Wehrrecht des Großdeutschen Reiches", Hamburg 1939.

Hefele-Schmidt: „Bayrisches Beamtengesetz", Kommentar, Darmstadt 1961.

Hoffmann, Diether: „Das Petitionsrecht", Frankfurter Dissertation 1959.

Hueber, Hermann: „Zur aufschiebenden Wirkung der verwaltungsgerichtlichen Klage aus dem Wehrdienstverhältnis", in: BWV 64/151 ff.

Jaeger, Richard: „Der Staatsbürger in Uniform", in: Staat und Bürger, Festschrift für Willibalt Apelt, München und Berlin 1958.

— „Die wehrrechtlichen Vorschriften des Grundgesetzes", in: BayVBl. 56/289 ff.

Jähn: „Zur Zulässigkeit einer Beschwerde", in: BWV 63/12 ff.

Jahresberichte der Wehrbeauftragten

1959 Drucksache BT 3. WP Nr. 1796 v. Grolmann
1960 Drucksache BT 3. WP Nr. 2666 v. Grolmann
1961 Drucksache BT 4. WP Nr. 371 Heye
1962 Drucksache BT 4. WP Nr. 1183 Heye
1963 Drucksache BT 4. WP Nr. 2305 Heye

Jellinek, Walter: „Verwaltungsrecht", III. Auflage, Offenburg 1948.

Karst, Heinz: „Das Bild des Soldaten", Boppard/Rh. 1964.

Khevenhüller, L. A. Graf von: „Observations — Puncten ...", III. Auflage, Wien 1749.

Kipp, Heinrich: „Entstehung, Aufgaben und Rechtsstellung von Hilfseinrichtungen von Regierung und Parlament", in: DÖV 57/513 ff.

Kleinschmid, Christoph L. (Herausgeber): „Sammlung Fürstlich Hessischer Landesordnungen und Ausschreiben", Cassel ab 1767.

Klinger, Hans: „Verwaltungsgerichtsordnung", Kommentar, II. Auflage, Göttingen 1964.

König, Hans-Günther: „Der Grundsatz des rechtlichen Gehörs im verwaltungsbehördlichen Verfahren", in: DVBl. 59/189 ff.

Körber, Hans Eberhard: „Zur Beschwerde über dienstliche Beurteilungen", in: NZWehrR 65/164 ff.

— „Probleme des § 13 Abs. II Satz 2 WBO", in: NZWehrR 64/9 ff.

— „Entspricht die Vorschrift des § 20 Abs. III WBO den Anforderungen des Art. 19 Abs. IV GG?", in: NZWehrR 64/61 ff.

Köttgen, Arnold: „Die Meinungsfreiheit des Soldaten", in: GRSold.

Kreittmeyer, Vigulaeus Frhr. von: „Anmerkungen über den Codicem Maximilianeum Bavaricum Civilem", V. Teil, München 1768.

Krüger, Herbert: „Rechtsverordnung und Verwaltungsanweisung", in: Rechtsprobleme in Staat und Kirche, Festschrift für Rudolf Smend, Göttingen 1952.

Kuhne, Dieter: „Die verfassungsrechtliche Stellung des Wehrbeauftragten", Kölner Dissertation 1963.

Lepper, Manfred: „Die verfassungsrechtliche Stellung der militärischen Streitkräfte im gewaltenteilenden Rechtsstaat", Bielefeld 1962.

Langer, Franz-Ulrich: „Wehrmachtsdisziplinarstrafordnung und Beschwerderecht", in: WK 56/402 ff.

Lerche, Peter: „Grundrechte der Soldaten", in: GR IV/1 S. 447 ff. (Berlin 1960).
— „Wehrrecht und Verwaltungsgerichtsbarkeit", in: DVBl. 54/626 ff.

Lünig, Johann Christian: „Corpus Iuris Militaris Des Heil. Röm. Reichs ...", Leipzig 1723.

v. Mangoldt-Klein: „Das Bonner Grundgesetz", Kommentar, II. Auflage, Berlin und Frankfurt, Band I 1957, Band II 1964.

Mann, Siegfried: „Grundrechte und militärisches Statusverhältnis", in: DÖV 60/409 ff.

Martens, Wolfgang: „Grundgesetz und Wehrverfassung", Hamburg 1961.

Mattern, Karl-Heinz: „Bundestag und Wehrbeauftragter", in: DÖV 59/841 ff.
— „Petitionsrecht", in: GR II S. 623 ff. (Berlin 1954).

Maunz-Dürig: „Grundgesetz", Kommentar, Loseblattsammlung, München und Berlin ab 1958.

Maunz, Theodor: „Deutsches Staatsrecht", München und Berlin (Auflage jeweils in den Fußnoten vermerkt).

Maurer, Hartmut: „Wehrbeauftragter und Parlament", in: Recht und Staat in Geschichte und Gegenwart, Heft 317/318, Tübingen 1965.

Menger, Christian-Friedrich: „Der Schutz der Grundrechte in der Verwaltungsgerichtsbarkeit", in: GR III/2 S. 717 ff. (Berlin 1959).

Mercker: „Das Wehrrecht im Grundgesetz", Beilage zum Bundesanzeiger Nr. 107 vom 6. 6. 1956.

Meyer, Heinrich: „Die Wehrdisziplinarordnung und die Wehrbeschwerdeordnung in ihrem Verhältnis zueinander", in: NZWehrR 59/18 ff. und S. 41 ff.

Meyer, Karl: „Der Rechtsschutz der Grundrechte im Wehrdienst", in: DÖV 54/66 ff.

Mitzlaff, Hans Jürgen von: „Die Beschwerde gegen einfache Disziplinarstrafen und ihr Verhältnis zur WBO", in: TP 58/13 ff.
— „Wer entscheidet über eine Beschwerde, die sich gegen ein bestimmtes Verhalten des Offiziers vom Standortdienst während seiner Dienstzeit richtet?", in: NZWehrR 64/22 f.

Möller, Franz: „Der Wehrbeauftragte des Deutschen Bundestages", in: BWV 64/145 ff.

Müller, Rudolf: „Vom Beschwerderecht des Soldaten", in: WWR 62/570 ff.
— „Erfahrungen und Gedanken eines Staatsanwaltes für Wehrstrafsachen", in: NZWehrR 60/12 ff.
— „Über portugiesisches Wehrdisziplinar- und Wehrstrafrecht", in: WK 62/323 ff.

Münch, Ingo von: „Freie Meinungsäußerung der Beamten", in: ZBR 59/305 ff.

Mylius, Christian (Herausgeber): „Corpus Constitutionum Marchicarum ...", Berlin und Halle ab 1737.

Nawiasky, Hans: „Die Verpflichtung der Regierung durch Beschlüsse des Landtages nach bayerischem Verfassungsrecht", in: Staat und Bürger, Festschrift für Willibalt Apelt, München und Berlin 1958.

Neubauer, Hans: „Probleme des Petitionsrechts", in: BayVBl. 59/75 f.
— „Das Petitionsrecht der Beamten", in: ZBR 58/303.

Obermayer, Klaus: „Der Rechtsschutz des Soldaten auf Grund der WBO und der WDO", in: DVBl. 57/263 ff.
— „Verwaltungsakt und innerdienstlicher Rechtsakt", Stuttgart-München-Hannover 1956.

Pernthaler, Peter: „Der Rechtsstaat und sein Heer", Wien 1964.

Picht, Werner: „Die Wandlungen des Kämpfers", Berlin 1938.

Plog-Wiedow: „Bundesbeamtengesetz", Kommentar, Loseblattsammlung.

„Privilegia, Statuta und Sanctiones Pragmaticae, -Kayser- und Königliche". II. Teil, Breßlau 1731.

Reinfried, Hubert: „Die Grundlagen der Bundeswehrverwaltung", Hamburg 1958.

Rengier, Wilhelm: „Zur Rechtsnatur der Beurteilungen in den Verwaltungen", in: BWV 65/97 ff. und S. 137 ff.
— „Rechtsschutz gegenüber dienstlichen Beurteilungen", in: BWV 66/25 ff.

Rittau, Martin: „Soldatengesetz", Kommentar, München und Berlin 1957.
— „Wehrstrafgesetz", Kommentar, Berlin 1958.

Röhl, Hellmut: „Die Nennung des eingeschränkten Grundrechts nach Art. 19 Abs. I Satz 2 des Grundgesetzes", in: ArchöR 81 (1956)/195 ff.

Runte, Hans: „Der Wehrbeauftragte des Bundestages und der Wandel von Funktion und Struktur des Parlaments in der modernen Demokratie", Freiburger Dissertation 1959.

Sagmeister, M.: „Die Fahnenflucht im Römischen und altdeutschen Kriegsrecht", in: ArchMilR 2 (1910/11)/19 ff.

Salzmann, Joachim: „Der Gedanke des Rechtsstaates in der Wehrverfassung der Bundesrepublik", Bonn 1962.

„Sammlung der Gesetze, Verordnungen und Ausschreibungen für das Königreich Hannover", Hannover ab 1818.

„Sammlung von Gesetzen, Verordnungen, Ausschreibungen und sonstigen allgemeinen Verfügungen für die kurhessischen Staaten", Cassel ab 1813.

Schäfer, Hans: „Grundgesetz und Bundeswehr", in: NJW 56/529 ff.

Scherer, Werner: „Soldatengesetz", Kommentar, II. Auflage, Berlin und Frankfurt/M 1960.

Scheyhing, Robert: „Eine Lanze für die Vermittlung", in: DÖV 58/77 ff.

Schirmer, Berthold: „Ist die Einführung der Militärstrafgerichtsbarkeit in Friedenszeiten wünschenswert?", in: NZWehrR 65/106 ff.
— „Innere Führung. Probleme, Grundsätze und Folgerungen", in: Zeitschrift Kampftruppen 65/9 ff. und S. 43 ff.

Schmidt-Räntsch, Günter: „Deutsches Richtergesetz", Kommentar, München und Berlin 1962.

Schreiber, Jürgen: „Probleme des § 13 Abs. II Satz 2 WBO", in: NZWehrR 64/11 ff.
— „Der Soldat und das Recht", Frankfurt/M. 1957.

Schreiber, Jürgen: „Wehrbeschwerdeordnung", Kommentar, Frankfurt/M. 1957 (II. Auflage ebenda 1959; soweit bei der Fundstellenangabe nichts anderes vermerkt ist, wurde die I. Auflage benutzt). Zitate ohne nähere Angabe beziehen sich auf diesen Kommentar.

— „Das faktische Wehrdienstverhältnis", in: WK 60/38 ff.

— „Faktisches Wehrdienstverhältnis bei Verzögerung der Mitteilung über die Neufestsetzung der Dienstzeit?", in: NZWehrR 63/150 ff.

— „Was bedeutet in § 13 Abs. II Satz 2 WBO, daß die getroffene disziplinare Entscheidung dem Beschwerdeführer mitzuteilen ist?", in: NZWehrR 63/60 f.

Schroeder, Ulrich: „Beschwerdeweg und Bundesinspizient für die Streitkräfte", in: WK 56/88 ff.

Schwinge, Erich: „Die Entwicklung der Mannszucht in der deutschen, britischen und französischen Wehrmacht seit 1914", II. Auflage, Berlin 1941.

Schwinger, Alfred: „Nochmals: Wer entscheidet über Beschwerden gegen den Offizier vom Standortdienst?", in: NZWehrR 64/151 ff.

v. Senger und *Etterlin:* „Die Publikationsfreiheit des Soldaten", in: WK 59/299 ff.

„Der deutsche Soldat in der Armee von morgen", Veröffentlichungen des Instituts für Staatslehre und Politik, Mainz; München 1954.

Spangenberg, Ernst von (Herausgeber): „Sammlung der Verordnungen und Ausschreiben, welche für sämmtliche Provinzen des Hannoverschen Staates ergangen sind", III. Teil, Hannover 1821.

„Stern-Untersuchung": Repräsentativumfrage der Zeitschrift Stern in Zusammenarbeit mit dem Institut Infratest GmbH & Co. KG, München — vom Juli 1964. „Stern" Nr. 43 vom 25. 10. 1964.

Stuckmann, Heinz D.: „Es ist so schön, Soldat zu sein — oder Staatsbürger in Uniform", Hamburg 1964.

Ule, Carl Hermann: „Militärisches Beschwerderecht und öffentliche Kontrolle", in: GRSold.

— „Das besondere Gewaltverhältnis", in: VVDStRL 15/133 ff.

— „Verwaltungsprozeßrecht", II. Auflage, München und Berlin 1961.

— „Der Wehrbeauftragte des Bundestages", in: JZ 57/422 ff.

„Verordnungssammlung für die Herzogl. Braunschweigischen Lande", Braunschweig ab 1814.

Volz, Eugen: „Der Wehrbeauftragte des Deutschen Bundestages", Tübinger Dissertation 1958.

Walter, W.: „Das Beschwerde-, Disziplinar- und Wehrstrafrecht in Österreich", in: TP 59/41 ff.

Weber, Werner: „Gewaltenteilung als Gegenwartsproblem", in: Festschrift für Carl Schmitt zum 70. Geburtstag, Berlin 1959.

— „Spannungen und Kräfte im westdeutschen Verfassungssystem", II. Auflage, Stuttgart 1958.

„Wehrbeschwerdeordnung": Schriftenreihe Innere Führung, Reihe Soldatische Ordnung Heft 1; herausgegeben vom BMVtdg; IV., veränderte Auflage 1964.

Wertenbruch, Wilhelm: „Beamter, Richter und Soldat — Begriffe auf bundesrechtlicher Grundlage", in: DÖV 60/672 ff.

Willich, Friedrich-Christoph (Herausgeber): „Churfürstliche Braunschweig-Lüneburgische Landesgesetze und Verordnungen", Teil II, Göttingen und Dessau 1782.

Willms, Gerd: „Parlamentarische Kontrolle und Wehrverfassung", Göttinger Dissertation 1959.

Wolff, Hans Julius: „Verwaltungsrecht I", III. Auflage, München und Berlin 1959.

Wunderlich, Winfried: „Kritische Bemerkungen zur WBO", in: NZWehrR 65/11 ff.

Ziegeler, Georg Adolf: „An-Merckungen über das Fürstliche Braunschweigische Kriegsrecht ...", Erffurth 1677.

Gesetzesregister

Grundgesetz
  Art. 17: 12, 55, 88, 117 ff., 143, 145, 156. *Art. 17 a:* 61, 120 ff. *Art. 19 Abs. I:* 147. *Art. 19 Abs. IV:* 35 f., 51, 88, 90, 98 Fn., 99 Fn. *Art. 33 Abs. V:* 118 Fn., 121. *Art. 45 a:* 147 Fn. *Art. 45 b:* 120, 138, 141.

Militärregierungsverordnung Nr. 165
  § *25:* 38, 46 Fn., 79 Fn.

Gesetz über die Rechtsstellung der Soldaten
  § *1:* 57. § *6:* 93, 119, 124 Fn. § *7:* 125. § *10:* 15, 94. § *12:* 49, 65. § *17:* 102. § *24:* 41. § *25:* 41. § *29:* 51, 53, 58 f. § *30:* 41. § *31:* 15, 41, 94 f. § *55 Abs. V:* 60: § *59:* 36, 42, 94.

Verwaltungsgerichtsordnung
  § *47:* 46. § *68:* 91 Fn., 114. § *71:* 78. § *73:* 83 Fn., 84, 115. § *80:* 60, 69 Fn., 115 f. § *113:* 64, 78, 79, 100.

Gesetz über den Wehrbeauftragten des Bundestages
  § *2:* 141 f. § *3:* 143. § *7:* 12, 13, 128, 138, 142 f., 145, 155. § *8:* 142.

Wehrbeschwerdeordnung
  § *1 Abs. I:* 41, 45 ff., 62, 64 f., 87, 114, 132, 164 Fn. § *1 Abs. II:* 49, 62 Fn., 84 f., 112. § *1 Abs. III:* 50 ff., 112, 132. § *1 Abs. IV:* 61, 120, 127, 131, 136. § *2:* 54, 69, 155 f. § *3:* 60, 64, 69, 112, 113, 115. § *4:* 68, 70 ff., 112. § *5:* 66, 115, 132, 136. § *6:* 58, 66, 132, 135, 136. § *7:* 67 Fn., 68, 84 f. § *8:* 14, 94 Fn., 112. § *9:* 75 f., 112, 115, 132, 136. § *10:* 77, 136. § *11:* 66 Fn., 68, 132, 136. § *12:* 14, 68 Fn., 77, 82 Fn., 83, 112, 133, 135, 137. § *13:* 14, 46, 64, 78 ff., 112, 137. § *14:* 14, 137. § *15:* 58, 113. § *16:* 83 ff., 87, 112, 115, 132, 137. § *17:* 92 ff., 112. § *17 Abs. I:* 37, 41, 50, 93 ff. § *17 Abs. II:* 37. § *17 Abs. II:* 37. § *17 Abs. III:* 96 Fn., 101. § *17 Abs. IV:* 100 Fn. § *17 Abs. VI:* 69, 113, 115, 116. § *18:* 103, 104, 110, 112. § *19:* 64, 78 f., 82, 96 Fn., 100, 109, 112. § *20:* 85 ff., 112, 132. § *21:* 47, 76, 88, 91 f., 104, 115. § *22:* 42, 67, 69 Fn., 91 Fn., 112, 114 ff.

Wehrdisziplinarordnung
  § *30:* 42, 111 ff. § *30 Ziff. 1:* 69, 113. § *30 Ziff. 3:* 112, 113. § *30 Ziff. 4:* 80, 113. § *30 Ziff. 5:* 113. § *30 Ziff. 6:* 85 Fn., 112, 113. § *33:* 102. § *50:* 102. § *53:* 103. § *54:* 103, 106. § *55:* 103. § *56:* 103 Fn. § *57:* 106, 107.

Wehrstrafgesetz
  § *29:* 21 Fn. § *35:* 154 f. § *37:* 107.

Stichwortregister

Abhilfekompetenz des Bundestages 128
— des Wehrbeauftragten 143 f.
Adressat der Beschwerde 66 f., 115, 136, 145 f.
Allgemeinverfügung 46, 48
Ambassaden 21
Anhörung des Beschwerdeführers 71, 77
— des Betroffenen 77 (siehe auch unter Gehör, rechtliches)
Anfechtungsbeschwerde 43
Anstoßbeschwerde 14 ff., 50
Aussetzung des Verfahrens 77
— der Vollziehbarkeit 69, 116 (siehe auch unter Suspensiveffekt)
Aussprache 68, 70 ff.

Beamte 57, 64, 120 f.
Bedeutung des Beschwerderechts 13 ff.
Befehle 46 f., 96 Fn., 100, 101 f.
— mit normativem Charakter 48
Begründetheit der Beschwerde 100 ff.
Behandlung, unrichtige 45 ff.
Berufssoldat 57, 121, 124 ff., 157
Beschleunigungsgrundsatz 67
Beschränkung des Beschwerderechts 55 ff., 50 f., 136, 142, 147
Beschwer 56, 62 ff., 88, 90, 132
Beschwerde 13
— gemeinschaftliche 61, 120, 127 f., 136
— persönliche 44, 66, 75, 98
— sachliche 44, 65, 75
— weitere 44, 83 ff., 87, 112, 137
— des entlassenen Soldaten 58 ff., 113
Beschwerdearten 39 ff.
Beschwerdebegehren 43, 95

Beschwerdebescheid 83, 87 f., 133, 137 (siehe auch unter Inhalt der Entscheidung)
Beschwerdefrist 58, 67 f., 83 f., 86, 100 Fn., 133, 143
Beschwerdeführer 57 ff., 83, 143
Beschwerdegegenstand 40 ff., 45 ff., 84 f., 87, 132, 148
Beschwerdegegner 56, 64 ff.
Beschwerdepflicht 167
Beschwerdezug siehe unter Instanzenzug
Betriebsverhältnis 35 ff., 92 Fn., 95, 96
Betroffener 56, 72, 83
Betroffensein 48, 63, 97 ff.
Beurteilung, dienstliche 50 ff., 132, 156
Bundesminister der Verteidigung als Beschwerdeinstanz 44, 85 ff.
Beschwerden gegen den — 44, 91 f., 104, 115

De-facto-Soldaten 57
Dienstaufsicht 14, 133, 152
Dienstaufsichtsbeschwerde 38, 55, 65, 90, 97 Fn., 129 ff.
Diensterschwerung 157
Dienststellen 65
Dienstvergehen 80
Dienstvorschriften, Anfechtung von — 46 f.
Dienstweg 129, 132, 133 f.
Disziplin 16, 21, 23, 61, 72, 153
Disziplinarbeschwerde 41, 59 Fn., 111 ff., 159
Disziplinarstrafen 41, 81, 111 f., 159
Disziplinarvorgesetzte 75, 92
Doppelcharakter der Wehrbeschwerde 13 ff., 23, 80

Stichwortregister

Doppelstellungstheorie (WBA) 140 f.

Duellmandate 24

Einheitsbeschwerde 37 ff., 131, 135 f.

Entlassung, Wirkung der E. auf das Beschwerderecht 58 ff., 113 f.

Entscheidungskompetenz 75 f., 85, 91, 94 ff., 104, 133 f., 145 f.

Ermessen 52, 100 f.

Erstbeschwerde 44, 75 ff., 83, 87, 112

Feststellungsbeschwerde 44, 64

Feststellungsinteresse 64, 79, 100

Form der Beschwerde 66, 135, 143

Frist der Beschwerde siehe unter Beschwerdefrist

Fürsorgepflicht 15, 71, 94 f.

Gegenvorstellung 13, 71, 97 Fn., 150 Fn.

Gehör, rechtliches 71, 77, 103 Fn.

Generalklausel 45

Gerichtsqualität der Wehrdienstgerichte 105 ff.

Gesetzesvorbehalte 121 ff.

Gewaltverhältnis, besonderes 35, 100, 119 ff., 126

— militärisches 11, 35, 46, 119 ff., 126

Grundbeschwerde 41, 45

Grundrechtsgeltung im militärischen Gewaltverhältnis 119 ff.

Grundverhältnis 35 ff., 52, 96

Individualbeschwerde 13

Inhalt der Beschwerdeentscheidung 78 ff.

Instanzenzug 44, 45, 86, 91, 92, 103 f., 110, 112 f., 149

Kameradenbeschwerde 41, 49 f., 65, 75, 159

Kriegsartikel 19 ff.

Landsknechte 18 ff.

Maßnahme 46 f., 96 Fn., 99 f.

Meldung 13, 150, 152, 158 Fn.

Meutereiklausel 61

Ministerbeschwerde 40 (siehe auch unter Bundesminister der Verteidigung)

Musterungsbeschwerde 26 f., 167 Fn.

Petitionsrecht 12, 55 Fn., 88, 97 Fn., 117 ff., 145 ff., 156

Petitionen an die Volksvertretung 127 ff., 134 Fn., 140, 156 Fn.

Rechtsmittelbelehrung 68 Fn., 83 f., 135, 160

Rechtsreflexe 49, 93

Rechtsschutzbedürfnis, —interesse 14 f., 48, 63, 90, 100 (siehe auch unter Beschwer)

Rechtsverletzung 48, 88, 93 ff.

Rechtsweg 36 f., 42, 92 ff., 99 Fn., 113

reformatio in peius 79 f., 88, 113

Scheu vor Beschwerden 151 f., 156 ff.

Schutz des Beschwerdeführers 154 ff.

Soldat auf Zeit 57, 124 ff., 157 (siehe auch unter Berufssoldat, De-facto-Soldat, Beschwerde des entlassenen Soldaten)

Sprungbeschwerde 86 ff., 132, 137

Suspensiveffekt 60, 69, 113, 115 f. (siehe auch unter Aussetzung des Verfahrens)

Staatsbürger in Uniform 11, 33, 117 ff., 161

Statusbeschwerde 39, 60 Fn.

Truppendienstgerichte 103 f.

Truppenverwaltungsangelegenheiten 42 Fn., 114 Fn.

Unabhängigkeit, richterliche 105 f.

Unkenntnis über das Beschwerderecht 160 f.

Untätigkeitsbeschwerde 40, 43, 49, 83, 84 f., 87

Untersuchungsgrundsatz 15, 56, 103

Unzufriedenheit der Soldaten 16, 19 ff.

Unzweckmäßigkeit 34, 48, 87, 92, 93, 113, 142

Vereinheitlichung 34, 37 ff. (siehe auch unter Einheitsbeschwerde)

Verfahrensbeteiligte 56
Vermittlung 68, 70, 73 f.
Verpflichtungsbeschwerde 43
Verteidigungsausschuß 139, 141, 146, 147 Fn.
Vertrauensmann 74 Fn., 77
Vertretung des Beschwerdeführers 62
Verwaltungsakt 46 f., 51 Fn., 52, 96, 97, 159
Verwaltungsangelegenheiten 42, 67, 69 Fn., 114
Verwaltungsbeschwerde 42, 114 ff., 159
Verwaltungsgerichte, allgemeine 36, 59, 94, 113
— besondere 37, 108
Vollziehbarkeit, sofortige 60, 116
Vorbereitung der Entscheidung 76 ff.
Vorgesetzte 64, 72, 75, 92, 151 ff.
Vorgesetztenpflichten 15 f., 93 f., 159
Wahlklage 86, 88 ff., 132

Wehrbeauftragter 12, 67 Fn., 120, 138 ff., 160
Wehrbeschwerde, truppendienstliche 40 f., 159
Wehrbeschwerderecht in Belgien 161 f.
— in Frankreich 162 f.
— in Italien 163 f.
— in Österreich 164 f.
— in der „Volksarmee" 165 ff.
Wehrdienstgerichte 91, 94, 102 ff.
— Verfahren der W 103 f., 109 f.
— Besetzung der W. 103, 104, 105 ff.
Wehrdienstsenate 91, 103 ff.
Wehrpflichtige 57, 124 ff.
Werturteil bei Beurteilungen 53
Wiedergutmachung 79
Widerspruch (VwGO) 42, 67, 78, 79, 83, 90, 91 Fn., 115

Zuständigkeit siehe unter Entscheidungskompetenz

Printed by Libri Plureos GmbH
in Hamburg, Germany